中国社会科学院　学者文选

杨坚白集

中国社会科学院科研局组织编选

中国社会科学出版社

图书在版编目（CIP）数据

杨坚白集／中国社会科学院科研局组织编选. —北京：中国社会
科学出版社，2001.6（2018.8 重印）
（中国社会科学院学者文选）
ISBN 978 - 7 - 5004 - 2973 - 9

Ⅰ.①杨…　Ⅱ.①中…　Ⅲ.①杨坚白—文集②经济学—文集
Ⅳ.①F0 - 53

中国版本图书馆 CIP 数据核字（2001）第 022832 号

出 版 人	赵剑英
责任编辑	李树琦
责任校对	李小冰
责任印制	郝美娜

出　　版	中国社会科学出版社
社　　址	北京鼓楼西大街甲 158 号
邮　　编	100720
网　　址	http://www.csspw.cn
发 行 部	010 - 84083685
门 市 部	010 - 84029450
经　　销	新华书店及其他书店

印刷装订	北京市十月印刷有限公司
版　　次	2001 年 6 月第 1 版
印　　次	2018 年 8 月第 2 次印刷

开　　本	880 × 1230　1/32
印　　张	13
字　　数	309 千字
定　　价	79.00 元

凡购买中国社会科学出版社图书，如有质量问题请与本社营销中心联系调换
电话：010 - 84083683

出 版 说 明

一、《中国社会科学院学者文选》是根据李铁映院长的倡议和院务会议的决定，由科研局组织编选的大型学术性丛书。它的出版，旨在积累本院学者的重要学术成果，展示他们具有代表性的学术成就。

二、《文选》的作者都是中国社会科学院具有正高级专业技术职称的资深专家、学者。他们在长期的学术生涯中，对于人文社会科学的发展做出了贡献。

三、《文选》中所收学术论文，以作者在社科院工作期间的作品为主，同时也兼顾了作者在院外工作期间的代表作；对少数在建国前成名的学者，文章选收的时间范围更宽。

中国社会科学院
科研局
1999 年 11 月 14 日

目　录

穷且益坚　永葆清白

（代前言）

　　新世纪头一年，是著名经济学家杨坚白教授 90 寿辰之年。杨坚白教授青年时代参加革命，历经艰险，自 1941 年初进入革命根据地做经济管理工作和经济研究工作起，经济理论研究成为杨坚白教授的终身事业。从解放区的经济管理教学与研究，到新中国建立初期综合平衡理论的开创性研究，从"文革"前夕生产价格理论的不屈探索，到改革开放时期社会主义经济中价值规律、商品经济直至市场经济理论的热烈讨论，杨坚白教授驰笔半个多世纪，激扬文字，搏击风雨。杨坚白教授是新中国建立五十年以来长时期活跃于经济学理论前沿的少数几位著名经济学家之一。作为从革命道路走上经济学研究之路的马克思主义经济学者，杨坚白教授不循教义，锐意创新，在社会主义经济建设、发展和改革的理论探索中屡屡取得领先性进展，为推进中国经济学研究作出卓越贡献。杨坚白教授 1958 年 10 月调入中国科学院经济研究所任综合平衡研究组（以后先后改名为中国社会科学院经济研究所国民经济问题研究室、宏观经济研究室）组长，主要围绕国民收入、国民经济综合平衡、宏观经济等主题进行研究，在这里展开他激越而淡泊的学术生涯。值杨坚白教授 90 寿辰之际，将其有代表性的论文结集收入中国社会科学院科研局组织编选的《中国社会科学院学者文选》。受篇幅限制，很多重要文章未能收入文集。本书收集的杨坚白教授论文大体分四类：宏观经济理论、统计学理论、生产价格理论、经济改革理论。下面，根据文集所选文章及受篇幅限制未能收入文集的重要文章，对杨坚白教授的学术思想和贡献作一介绍。

一、关于宏观经济理论

新中国建立之初，杨坚白先后主持东北地区和全国的国民收入计算和国民经济综合平衡统计工作，在工作过程中开始了在新中国首创的国民收入和国民经济综合平衡研究，自此之后，杨坚白终身致力于综合平衡理论即以后改称为宏观经济理论的研究事业。

1. 坚持社会主义经济适用性原则

杨坚白组织计算和研究国民收入和国民经济综合平衡，所依据的理论是马克思的社会再生产理论。从那时起，杨坚白就始终认定社会主义经济与资本主义经济运行机制基本相同，马克思对资本主义经济的社会再生产理论等原理同样也适用于社会主义经济。由于坚持这一原则，杨坚白在以后长时期的社会主义经济理论的学术研究和争论中，不受以社会性质划界的教条主义禁锢，不惧风雨冲击，不断取得开拓性成果。从社会再生产过程中的流通、交换到诸如价值、价值规律、商品、商品经济、市场、市场经济等一系列理论范畴是否适用于社会主义的争论中，杨坚白从不纠缠于所谓社会性质的教条式划分，而强调这些理论范畴对社会主义经济的适用性，从而不仅在这些范畴的理论争论上采取开放采纳的态度，获得被事后实践证明正确的理论先见性，而且也为自己所进行的国民收入、国民经济综合平衡及后来的宏观经济理论研究奠定了坚实的方法论基础。

2. 关于宏观经济理论

杨坚白的主要研究领域是宏观经济理论。杨坚白在这一领域发表了大量文章，自著和主编了多本著作，重要的文章有《国民收入的生产和计算方法》（1955 年）、《社会主义国民收入的分配和使用》（1955 年）、《国民收入与综合平衡》（1982 年）、《论社会主义积累的使用方向》（1979 年）、《国民经济核算体系的理论基础问题》（1987 年）等，重要的著作有《社会主义社会国民收入的若干理论问题》（1983 年）、《国民经济综合平衡的理论和方法论问题》（1984 年）、《社会主义宏观经济论》（1990 年）、《中国国民收入实证分析》（1992 年）、《宏观经济调控与政策》（2000 年）等。杨坚白的宏观经济研究从对国民收入的计算开始，1955 年发表文章，依据马克思再生产理论，对社会主义国民收入的基本概念、计算方法、分配及使用作出开创性研究。自 50 年代至改革开放时期的 50 年里，杨坚白本人和他领导的国民经济综合平衡研究组研究人员以及他所指导的硕士、博士研究生等几代人，对社会主义宏观经济理论进行着梯队式的不懈研究，在宏观经济研究领域取得很多前沿性研究成果。杨坚白本人在他所自著和主编的宏观经济论著中，对社会主义宏观经济理论的主旨、结构、体系、基本问题等进行了全面完整的论述，对中国社会主义宏观经济理论的建立和发展作出了时代性贡献。

3. 关于国民经济重大比例问题

杨坚白着重对国民收入及社会再生产重大比例关系等宏观经济问题进行深入研究。自新中国成立以来，经济建设中不断发生偏重追求速度忽视平衡发展而造成经济大起大落的问题。早在

50 年代的调查研究中，杨坚白就对当时经济建设中的急躁冒进问题提出过批评意见。以后，杨坚白本人及他所领导的研究组就国民经济按比例平衡发展问题进行了大量理论与实证研究。改革开放初期，杨坚白发表《论社会主义积累的使用方向》、《论我国农轻重关系的历史经验》、《人口发展与经济发展》等论文，对我国长期以来重积累、轻消费，重视重工业、忽视农业和轻工业，忽视控制人口，造成经济失衡、大起大落的教训作了实证性和理论性的分析和总结。杨坚白对新中国建立以来各个时期屡次出现过高积累率和过度发展重工业的问题作了细致的数据分析，揭示出高积累挤压消费、重工业发展规模脱离和压抑农业和轻工业造成比例失调、效益下降、欲速不达的严重恶果，对产生这种错误的体制和认识根源作了深刻的理论分析，指出把生产资料部门优先增长突出到不应有高度所造成的理论谬误，主张坚决改变过高积累率和过度发展重工业的倾向，把经济建设转到以农轻重为序的发展道路上来。同时期，杨坚白还发表了《关于苏联工农业关系的经验教训》、《美国农业是怎样发展起来的》的长篇研究论文，对美苏两国走不同的农业发展及经济发展道路所形成的成败差异作出详细的比较研究，对我国受苏联式道路影响所形成的发展走向提出警诫。杨坚白论文的发表，是这一研究领域中的重要成果，对推进经济发展中重大比例等问题的理论研究和认识转变以及经济发展政策的调整产生了重大影响。

二、关于统计学理论

杨坚白从事经济理论研究始于统计学。早在太行山革命根据地时期，杨坚白就出版了《实用工业会计和成本计算》、《实用统计方法》两本书。

1. 关于统计监督

1954 年，杨坚白发表了一篇主张统计监督的文章，《加强统计监督为促进总路线的正确贯彻而奋斗》。这是杨坚白学术生涯中首次在学术文章中对当时体制弊病提出不同看法并引起风波的一次事件。杨坚白在这篇文章中提出，统计监督是国民经济发展的客观要求，为发展社会主义经济，统计部门必须全面计算和研究国民经济的各种指标和比例关系，并加强检查监督工作。这篇文章发表之后，受到了不指名的批评，被指责为把统计工作及统计监督提高到高于党政领导的位置。此文是杨坚白针对当时所观察到的体制弊病有感而发之作，暗含了几十年以后才得以清楚阐明的统计部门应具有独立性的思想萌芽。该文以列宁关于加强统计监督的论述为立论依据，从理论依据和逻辑上找不出错。有关部门领导人从政治上而不是学术上对此文提出批评指责。在当时条件下，杨坚白没有讲理的余地。这是杨坚白学术生涯首次遭遇政治风险。后来，反右运动中有人因说了和杨坚白同样的主张统计监督的话而被打为右派。杨坚白所在的统计部门领导认为这篇文章没有错，不作追究，杨坚白逃过一劫。杨坚白从事理论研究，挑战体制时弊初试锋芒，经历了一次磨砺。

时隔 27 年后的 1981 年，杨坚白在《人民日报》发表论文《论统计监督》，对几十年前就已提出但一直无法张扬的主张作了透彻的阐述。杨坚白文章痛陈统计工作和统计监督工作长期以来未受到应有重视、十年浩劫对统计工作造成的严重破坏。杨坚白重提当年主张，并提出了统计监督的新内容。杨坚白不避锋芒地指出，轻视统计监督，把统计监督看作是统计部门职权超越了党政领导部门的说法是不正确的，统计监督的对象应该包括党政领导机关和领导人，任何领导机关或领导人都不得任意篡改和滥用统计数字，杨坚白建议，国家应该立法保障统计业务不受任何部门或长官意志的干扰，以保证统计数字的科学性和客观性。知道当时情况的老朋友看到这篇文章后说杨坚白自己给自己平了反。时间终于作出了公正的评判。打倒"四人帮"后，学术争鸣空气浓厚。杨坚白把被压了几十年不许争辩的道理畅快淋漓地倾吐出来。两年后，《统计法》颁布，统计监督列为正式条文。

2. 关于共同性的统计学原理

自50年代初期起的长时期里，我国统计学界受苏联统计学影响，极左倾向的教条主义盛行，强调社会经济统计学的阶级性及其与数理统计学的区别，定义社会经济统计学为实质性科学而非方法论科学，排斥数理统计学方法在社会经济统计学中的使用，将其斥之为形式主义、抹杀阶级性，等等。

杨坚白经过长时期痛苦的研究思索，从人云亦云的重重浓雾中走出。1962年，杨坚白在《经济研究》发表《社会经济统计学理论的几个问题》，提出不同的看法：（1）统计学是研究统计方法论的科学，而不是政治经济学那样的实质性科学，有些人以为把统计学看作研究方法论的科学就使之沦于形式主义的说法是没有道理的。（2）数理统计方法对于社会经济统计也起作用，社会经济统计学所使用的基本统计方法是基于数理统计学的一般原理而来的。这篇文章对当时奉为权威的苏联教科书提出挑战，是杨坚白与贴政治标签的统计学决裂的起点。

1964年，杨坚白在厦门大学作题为《社会经济统计学与数理统计学同异辨》的讲演，强调社会经济统计学与数理统计学具有共同的基本原理和基本方法，在当时引起轰动。这种观点，在当时的统计学界无异于触犯天条，而且居然敢在大学课堂上公开宣讲！这次讲演后来整理成文章。杨坚白考证了各种统计方法的产生及发展、各个统计学派的演变与分化，论证了数理方法对统计学发展的积极作用，针对当时的正统观点鲜明地指出，概率论等数理统计方法的发明及运用于社会经济统计学中，不是使统计学走向反动，而是走向科学。排斥概率论等数理方法在社会经济统计学中的应用无异于否认数学及统计学方法的科学价值。社会经济统计学的大量统计方法包含着数理统计学因素，在社会主义经济统计实践中到处使用的抽样调查、数据分析、计划编制、指标测定等，都离不开数理统计的原理及方法。无论从历史渊源、方法原理还是功能作用上，两种统计学都存在共同点。从社会主义经济实践及未来发展趋势看，社会经济统计学不但不应排斥数理统计学，而且还要创造性地发展数学方法和数学公式。在当时统计学界大讲阶级观点、批判数理统计之风甚烈的环境下，杨坚白跟踪国外统计学发展动态，冒着被扣上政治帽子的风险，闯入禁区，为我国社会经济统计学引进数理统计方法打开一道突破口。

改革开放初期，社会经济统计学界中的政治性禁忌被打破，出现了争论。杨坚白按自己所主张的共同性统计学的观点，与几位统计学者合著出版了一本和当时通行教科书不一样的《统计学原理》。杨坚白写出《论共同性的统计学原理》一文，作为该书绪言。杨坚白对他60年代就已提出的共同性统计学观点作了更为系统全面的阐述，对在我国统计学界影响仍然很大的认为统计学是实质性科学的观点进行了更深刻的批评。杨坚白分析指出，把统计学归于实质性科学的观点偏重于这一学科所具有的社会科学及阶级性属性，忽视了社会经济统计学所具有的与数理统计学一致的共同性及无阶级性的另一属性，所谓统计学属实质性科学的观点存在着自身矛盾，既强调阶级观点，避免混同于资产阶级，又始终避不开无阶级性、具有共同性的统计方法及方法论，这种观点强调社会阶级属性，不利于对人类共同科学成果的吸收和利用。杨坚白指出社会经济统计学作为方法论科学，引进具有共同性原理的数理统计学方法，是一种具有历史必然性的趋势。杨坚白在学术研究上尊重科学，不跟政治风潮，为新中国建立以来统计学的科学发展作出了重要贡献。

三、关于生产价格理论

杨坚白1964年12月发表了重要文章《国民经济平衡和生产价格》，从宏观经济运行角度提出和论述社会主义经济的生产价格形成机制。当时，"文革"前夕山雨欲来，孙冶方提出的利润观点已经遭到非难，杨坚白站出来响应孙冶方的观点，主张生产价格，强调资金利润率，立时掀起轩然大波。当时，认为社会主义经济中不存在利润和生产价格的观点占统治地位，认为社会主义产品不是资本的生产物，生产的目的和推动力不是利润，因而不存在平均利润、生产价格，说社会主义经济中存在生产价格就是混同于资本主义经济。杨坚白在当时情况下提出和论述社会主义经济的生产价格理论非常困难。一是要面对政治性的非难及风险，另一是要应对教条主义经院式考证的繁缛诘难。杨坚白坚持采用他所熟用的方法论原则，即马克思以资本主义经济为背景论述的商品或市场经济运行机制原理同样也适用于社会主义经济。杨坚白指出，在社会主义政治经济学中，沿用和资本主义经济同名的经济范畴，譬如商品、货币、价值、价格、工资、成本等等比比皆是，利润、生产价格等不过是诸如此类的同名的经济范畴中的一两个而已。利润并不只是资本主义才有，社会主义经济讲求投入和产出对比的经济效果，不能没有超出投入成本的产出剩余即利润；生产价格在资本主义经济中通过竞争而形成，利润变成平均利润，社会主义经济讲求经济效果同样也要服从这个规律。杨坚白从国民经济综合平衡即宏观经济角度论述生产价格存在于社会主义经济的现实性，各部门、各生产单位独立核算，为使同量资金发挥更大的经济效果，需要有统一的资金利润率即平均利润率作为衡量尺度，因此各部门之间客观上存在着生产价格的联系。杨坚白在当时严苛限制条件下，采用当时通用的术语，以对马克思经济理论深刻的活的理解及其对现实经济运行机制的深切感悟与把握，娴熟地运用理论逻辑及现实证据的力量，对认为社会主义经济不应存在生产价格的论点条分缕析，一一批驳，有理有据、清晰完整地将社会主义经济中的生产价格理论树立了起来。文章发表之后，立即被视为反动学术观点，定罪为与孙冶方联盟。杨坚白遭到狂风暴雨般的批判，发生胃穿孔，经抢救而脱离危险。在随后的"文革"动乱中，杨坚白遭受反复批斗，失去学术争辩权利，但杨坚白对自己所作的研究探索始终信念不移，无愧无悔。

打倒"四人帮"后的 20 世纪 80 年代前半期，社会主义经济逐步被承认是商品经济，利润和价格的存在性已无需再辩，这时候离杨坚白提出社会主义经济中生产价格理论已经过去了20 年，生产价格的学术讨论已无政治风险，然而，生产价格是否可以存在的理论分歧依然很大。杨坚白投入新的论战，连续发表再论、三论、四论生产价格及《关于所谓"转形"问题论争的简单考察》等文章，对所谓生产价格背离价值、社会主义条件下利润平均化、"转形问题"等理论问题再作深入讨论。针对国内学者认为生产价格背离价值的观点和国外学者提出的生产价格理论与劳动价值学说相矛盾的所谓转形问题，杨坚白细致地论证阐明，马克思的劳动价值理论是揭示利润源泉和资本内在运动的理论，不是价格决定的理论，在资本主义经济和社会主义经济中决定价格的是生产价格，而不是原始的价值；剩余价值之转化为利润、利润之转化为平均利润，不是用以说明价值的创造，而是用以说明剩余价值的再分配和价格形成的市场机理；承认社会主义经济中存在生产价格，并不是对社会主义商品经济或市场经济中价值决定机制的偏离，马克思的生产价格理论并不是对劳动价值理论的否定。杨坚白以他对生产价格理论的长期研究积累、对马克思经济学理论的深刻造诣以及学术论辩的深厚功力，理清了生产价格形成和价值决定关系问题上的理论纷争，在这一理论难题的研究上，站在了国内和国际学术界的前沿。

四、关于价值规律、商品经济、市场经济理论

1. 关于价值规律

关于社会主义经济中的价值、价值形式、价值规律的讨论，自50年代起就已展开，绵延几十年，一直到改革开放的80年代和90年代，思想、政治、理论上的一道道障碍被冲破，从承认社会主义经济存在价值规律到社会主义经济是商品经济直至确认社会主义经济是市场经济。这场宏大而又漫长的讨论，吸引了中国几乎所有经济学者的关注，新观点此起彼伏，然而像杨坚白这样长期几十年持续活跃在讨论最前线的学者则屈指可数，寥若晨星。回顾漫漫征程，我们发现，杨坚白以马克思关于资本主义经济机制的理论原理也适用于社会主义经济的这一方法论原理为指南，以生动的社会主义经济现实为路标，一步步艰难跋涉，走出了一条在前探路的正确路径。

1959年，杨坚白发表《略论价值实体》一文，就当时讨论的价值实体和价值交换形式是否在公有制社会中消亡的问题提出自己的看法。按照当时经济学界对马克思经典论述的考据及理解，马克思明确说过在生产资料公有的社会中价值将不起作用，

后经研究学者论证，马克思所指将会消失的不是价值实体，只是
交换价值即价值的表现形式。据此，学术界普遍认为公有制经济
中由劳动量、劳动生产率决定的价值实体可以永久存在，而以商
品、货币交换表现的价值形式将会消亡。杨坚白从对社会主义经
济无法脱离价值和价值交换及形式的现实出发，对马克思的价值
理论作出自己的理解和论证，认为无论从经济现实还是从理论上
看，对价值都不应作割裂的理解，交换价值及价值形式与价值实
体的起因及存续不决定于社会形态，在未来的公有制社会经济形
态中，价值形式无论怎样变化或怎样称呼，都将永久存在。杨坚
白提出这一观点，从严格考据上看，似有越规逾矩之嫌，然而这
一观点的正确性为以后社会主义经济理论与实践的进展所证实，
在当时这样提，冒有风险，需要很大的理论勇气。

20世纪60年代至70年代，杨坚白在对社会主义经济生产
价格理论的研究中，将社会主义经济中价值、商品、交换、市场
的研究推向深入。事实上，杨坚白提出和论证社会主义经济生产
价格理论一开始就是以社会主义经济中的价值、商品、商品经
济、市场经济理论基础为前提而展开的。生产价格理论研究遭遇
不白之诬，更激发杨坚白对社会主义经济的价值、商品、市场问
题作深入研究。70年代中期，杨坚白研读马、恩、列经典著作，
写下读书笔记，后于1979年题以《关于价值和价值规律的考
据》发表。在文章中，杨坚白对否认、割裂社会主义经济中价
值规律的理解认识提出批评。有学者考证出马、恩、列经典著作
在论及公有制经济时只提价值概念和价值决定而未提过价值规
律，认为应当将价值决定及其规律本身与价值规律区别开来。这
一考证具有权威性，得到当时学术界普遍赞同。杨坚白不同意这
种割裂式的考证及理解，认为价值和价值规律二者是一脉相承
的，无论从理论上还是现实的社会主义经济看，既然存在商品货

币价值等经济范畴，价值规律就不能不存在不能不发挥作用。关于社会主义经济中是否存在价值规律及其作用的问题在经济学界争论不休，到 80 年代中期才大致形成共识。杨坚白在 80 年代初大讨论之前的年代里就明确提出社会主义经济中存在价值规律及其作用的观点，在大讨论中身处劣势的情况下也一直坚持这一观点，据理力辩，从而在突破传统理论障碍的理论进程中，始终领先前行。

2. 关于社会主义商品经济

杨坚白 1981 年发表《论社会主义的市场实现问题》，提出社会主义经济是有计划的商品经济。当时学术界主要观点认为社会主义经济是计划经济，或者是有商品经济因素的计划经济。杨坚白是最早将社会主义经济形态明确定义为商品经济的少数学者之一。杨坚白之所以最早提出社会主义经济是商品经济，与他长期以来进行的国民经济综合平衡理论及社会主义经济生产价格理论研究在逻辑上是一致的。社会主义经济是商品经济，是杨坚白据以研究国民经济综合平衡理论始终不弃的理论基础。杨坚白在这篇文章中明确指出，国民经济要实现生产和消费的平衡发展，把千百万种产品同千万个单位和亿万个个人的需要联接起来，不可能仅靠计划的安排和组织，而要靠商品流通即市场交换；在社会主义经济中的市场实现问题不是单纯的商业问题，而是市场机制问题。杨坚白 1983 年发表《论社会主义的商品货币关系》。当时，关于计划经济与商品经济的关系、计划调节与市场调节的关系的争论正在进行，计划经济为主的意见占上风。杨坚白明确提出商品货币关系是社会主义经济的内在因素，在社会主义经济现实中普遍存在，理论应当根据事实作出社会主义经济就是商品经济的概括。针对商品货币关系被很多人认为是趋于消亡的事物而不愿积极承认的问题，杨坚白阐述了早先提出过的商品货币交换将永久存在的观点，即使未来共产主义社会也存在分工、交换、计值问题，即存在商品货币关系，因此，承认社会主义经济存在商品货币关系，是商品经济，并不是很多人所担忧的历史倒退或停滞，而是历史发展的必然趋势。在社会主义经济是商品经济的提法写进中央文件以后，杨坚白在《从孙冶方的流通理论谈起》（1985 年）一文中，更加流畅地阐述了自己所一贯主张的商品货币交换永存论观点，商品货币关系为资本主义、社会主义以及未来社会所共有，不会走向衰亡，而将日趋兴旺，与人类社会共存。杨坚白提出反复论述的商品货币永存论观点，代表性地表现出了杨坚白在社会主义经济理论研究中的理论彻底性。

3. 关于社会主义市场经济

1986 年，杨坚白发表《再论社会主义的市场实现问题》，把社会主义商品经济的提法推进到市场经济。80 年代中期，社会主义经济被确认为商品经济以后，很多讨论集中于市场经济与商品经济的区别，有学者直接将市场经济定义为资本主义经济的同义语，市场经济又成为新的忌讳用语。对此，杨坚白指出，商品经济与市场经济是同义语，没有必要回避市场经济用语，更没有必要在用语的差别上大做文章。商品经济离不开市场，建立社会主义商品经济也就是建立社会主义市场经济。在市场经济还被较多地看作与私有制经济联在一起而在理论上被排斥于社会主义经济之外的时候，杨坚白根据对现实经济中市场实现问题的观察，指出社会主义经济中的市场机制对商品交换和商品生产起刺激和抑制作用，在微观上作用于企业，在宏观上作用于国民经济。杨坚白所指的市场机制，已经不只是当时多数人所指的在商品流通领域中所起的那种作用，而是从微观到宏观各个方面经济运行全过程中所起的全面作用。在《计划·市场·企业》（1987 年）一文中，杨坚白指出，长期以来对社会主义经济的研究存在障碍，先是不准讲商品生产和商品交换，承认商品生产和商品交换以后不准讲商品经济，肯定了商品经济后又不准讲市场经济，问题出在把商品、货币、价值、市场等等看作是与私有制联系在一起的东西。杨坚白始终坚持认为商品、货币、价值、市场与私有制或公有制的社会经济形态无关，依此原理，既然承认社会主义经济是商品经济，商品经济与市场经济并无本质的不同，那就可以更准确更完整地将社会主义经济概括为市场经济。根据有关研究人员对改革以来市场经济理论争论过程所作的考察研究，杨坚白1986年发表的《再论社会主义的市场实现问题》论文，较早提出社会主义经济是市场经济。① 在此之前，可能有学者使用过市场经济的用语，但主要是从社会主义经济中的商品交换场所或商品流通等意义上使用，没有人从社会经济形态的意义上将市场经济的用语用于社会主义经济。杨坚白最早从社会经济形态意义上提出社会主义经济是市场经济，第一个对社会主义经济的改革方向作出这样的理论概括。杨坚白还就社会主义市场经济改革过程中的所有制改革、国有企业改革、劳动制度改革等问题发表了多篇有影响的论文。

在半个多世纪社会主义经济理论艰辛探索的曲折征程中，杨坚白走在前列，突破一个又一个障碍，取得一步接一步的进展。在社会主义经济的生产价格、商品货币、价值规律、商品经济、市场经济等一系列理论争论中，杨坚白提出和论述的很多观点，遭到过批判、压制、排斥、质疑，终被社会主义经济理论和改革实践的进展所证实而成为学术界共识，起到推进社会主义经济理

---

① 张问敏、钟培华：《社会主义市场经济理论的讨论》，《经济研究资料》2001年第1期。

论和改革实践进程的积极作用。杨坚白在革命生涯中，经受过牢狱生死磨炼，经历过险被枪决之危；在学术研究探索中，受到过非学术性的政治打击和压力，也受到过学术教条主义的羁绊和困扰。杨坚白屡陷逆境而不沮丧，信服马克思主义，不惟书本词句，面对经济现实，追索科学真理。自 1941 年初到太行山解放区从事经济管理和教学研究起，到新中国建立，社会主义经济建设，改革开放，直至跨入 21 世纪，杨坚白从事经济学理论研究60 年，笔耕不辍，取得累累学术硕果。20 世纪 80 年代以来，出版自著书 4 本，主编合著书 8 本，同时，指导硕士、博士研究生，严以治学，宽以待人，培养出博士 17 名，硕士 2 名。杨坚白不屈不挠追求真理的治学精神，也成为指导研究生的教学原则。杨坚白淡泊名利，心胸坦荡，视学问教育为人生至乐，年届90 高龄而身心俱健。杨坚白以诗明志，人若其诗："磨而不磷，涅而不淄；穷且益坚，永葆清白。"

　　杨坚白老师文章道德，为我师表。我们后辈学生蒙受杨坚白老师辛勤培育之恩，感激之情堪难言表。值杨坚白老师 90 寿辰之际，我们全体学生谨祝杨坚白老师身心愉快，健康长寿！

中国社会科学院经济研究所

宏观经济研究室　袁钢明

2001 年 3 月 23 日

风雨人生剪影

穷　学　生

　　我，杨坚白，1911 年 4 月生，辽宁本溪人。七岁入学，断断续续读过十几年书，但什么学校也没毕业。是一名老白丁。

　　我生长在一个穷困的家庭，没有房、地产，靠父兄薪资，维持家庭生活。十几岁时家居沈阳南站附近，离城内中学较远，不能走读，而住宿又花不起钱，乃入日本人办的日本语学校学日语，可是两年左右，因家庭由城迁乡而缀学。所幸我的父亲是教书先生，我可以在家从父读书。除了读学校的课本外，还读古文、古诗。我的父亲是当时本溪教育界数学科的佼佼者，因而也给我打下了较好的数学基础。

　　我家的收入，以家长兄的工资为主要支柱，他是南满铁路的一名职员。可是，1926 年他失业了，致使家庭生活无法维持，于是我在十七八岁时当了两年小学教员。1928 年春，父亲、长兄和我都出去教书，二哥随父亲去做校役。我感而赋诗：

弟兄父子各西东，衣食奔波今古同。

他日天伦重聚会，一樽美酒话春风。

（这首小诗曾在当时大连的某报刊出）

革命，被捕——满洲囚徒

过两年，长兄找到了工资较优的工作。我得以重新入学读书。本想学理工科，但因用钱较多，无能为力，乃入师范学文科。可是不到两年，遭逢"九·一八"事变，又被日本帝国主义的炮火赶出了校门。

日寇入侵，东北沦为殖民地，三千万同胞陷于水深火热之中。我下决心为抗日救亡而工作，并与同学们相约，谁有革命出路即相互关照。1932 年，我的同学张晓岩在辽阳地区的义勇军中结识了李烈生（即李兆麟）。继而李兆麟、孙己泰、侯新三人由组织上派往本溪，在煤矿中当矿工，藉以开展革命工作。张晓岩介绍我结识了李兆麟。1932 年冬由李兆麟介绍我参加共产党组织。开始参加党的地下工作，在本溪发展革命组织。翌年春被调往奉天特委，做刻蜡版和油印党的文件、宣传品等工作。

1933 年 6 月，在一个深夜里，有个无耻的叛徒带领日本警察查户口，把我查出来。我被捕了，等待杀头。不料敌人当时认为共产党是作文字宣传。我们这批被捕者没有被杀头，而是被带到法院判罪。我作了五年的满洲囚徒，饱尝铁窗之苦。

奉天监狱，由于历届被捕共产党人的艰苦工作，有些狱方管理人员成为我们的朋友、同情者。我和孙寄舟同志在监狱医务所劳动——当"杂役"。这里除日本人外，大夫、看守、勤务员等大都是我们的同情者。狱中有党的活动，曾经发展过党员，也曾把党的秘密文件带进来。后来因政治形势严峻，对外面的组织联系中断了。当时狱中党的领导人是杨一辰同志，他是我最尊敬的导师。正是他的谆谆教导，奠定了我的革命人生观。

监狱是我的大学。狱中有前期被捕共产党人秘密传下来的几本马列主义书和左翼文学书。这是我们的最好读物。如《子夜》，我最初是在狱中读的。我们也设法偷偷从外面购买书刊。如林房雄、小林多喜二的小说选（改造社版）。当时有个日本的《世界知识》刊物，左派的右派的消息、文章，它都刊登。例如，《八一宣言》，斯诺访问延安的某些报导，我们就是从这个刊物上看到的。

1938 年 6 月，我走出牢狱。喜赋留别狱友小诗一首：

> 身陷囚笼五度秋，不生欢喜不生愁。
> 而今鸿鹄高飞去，万里长空任遨游。

当 难 民，要 饭 吃

与世隔绝五年。出狱后，在东北、在北平都联系不上党的组织。于是决定绕道香港到武汉去。可是，在我从天津至香港的海上航行中，武汉失守了，广州撤退了。抵港后无可奈何，改由澳门登陆，绕道粤、桂、黔到重庆去。时在 1938 年 10 月末。可是路费用完了，行抵广东肇庆就当了难民。开始阶段，凭难民证，吃、住、舟车都免费，到达了柳州。从柳州开始不能免费搭车；过了柳州也不再有难民收容所。只好作难民，要饭吃，跋山涉水，徒步 2500 里流亡到重庆。到达时已是 1938 年末了。所幸设在重庆的东北救亡总会，其领导诸公对我倍加关注，把我留下来工作，在总会任《反攻》编辑。不久，党的关系也解决了。1939 年 6 月成立宣传队，由我任队长。

渡黄河，上太行

东北救亡总会组织宣传队，并对队员进行培训，目的是为了到华北战地去。质言之，就是为了给八路军地区输送干部。东北救亡总会是驰名的左派团体，要去华北战地，途中会受到各种阻挠。于是采用统战关系。1940年初，适值王葆真组成军事委员会党政委员冀察分会，要到华北战地去，而且要组织个宣传队。王是国民党进步人士，东北救亡总会领导乃同他协商，要把我们这个宣传队参加到他们的宣传队中去，取得同意。于是我们跟着他们于1940年初从重庆出发，经西安到洛阳。

可是到洛阳后，由于国共摩擦加剧，国民党顽固派军队已被赶出华北战地。王葆真率领的这个国民党政府军事委员会下的军事机构，也就停滞在洛阳，不能到华北战地去了。

由于王葆真同八路军有往来，蒋介石对他不放心，于1940年夏下令调王葆真回重庆。接着，我们这个宣传队也随之而解散了。

当此之时，适值孟用潜来洛阳组建工业合作协会晋豫办事处。东总领导指示，我们这批来自东总的青年，可去参加孟主持的工业合作工作。这也是我走上经济战线的开端。

当时有一笔工合国际赠款拨给八路军总部所在地，孟用潜派我到这个地区创办工业合作组织。于是在1941年初，我得以渡黄河，登上太行山！

整风，"二进宫"

到太行山上，未办几个工业合作社。组织决定我去做公营工业管理工作。我在工业管理机构中当过科长，也当过厂长，积累下了具体的经验。这对我后来从事写作、研究，大有裨益。

1943年秋，到党校整风。开始时按整顿三风要求，学习文件。不久，康生的《抢救失足者》发下来了，转为审干。我因被捕过，又去过国民党地区，就把我作为失足者来抢救。到1944年初，整风班结束。我以及另几个被疑者被留下来，送到公安局前院听候处理。名为继续整风，实则是候补囚徒。过了个把月，又把我们这几个人转移到军区司令部的大整风班，进行批斗、审查。到1945年春，大整风班结束，我的问题仍未解决。又同几个人一起被送到公安局前院。我已经是第二次进公安局了，故曰："二进宫。"

这个所谓整风班，不批不斗，是背靠背审查。被审查的几个人，按整风纪律外出必须集体行动，可以游山，可以玩水，行动也算自由。只是前院的门，夜间从外面锁起来，实质上是软禁——候补囚徒！一直拖到1946年秋，我找到了过去领导人的证明，才被解除倒悬！

其实，我这个候补囚徒，准确地说，是在等待处决。在解放战争后期，原太行区党委领导人同我在狱中的领导者相遇于中原，在同一个党委中担任领导。两人在闲话往事中说起狱中的杨坚白。那位原太行区领导人说："我们认为杨坚白是个顽固不化的叛徒、特务，本来决定枪决他，只是什么证据也没有，所以暂放在那里，等待处理！"

在软禁期间，我把本地当时所有马列主义书和进步文学书，尽可能地设法找来，潜心学习。我喜欢读《中国革命战争的战略问题》、《论持久战》、《实践论》和《矛盾论》（这后两本书，我当时读的还是油印本）。公安局前院成为我的马列学院，它使我较为系统地学习了马列的书和毛泽东著作，为我后来从事研究工作打下了基础。

胃 穿 孔 了！

软禁解除后，从 1946 年秋到全国解放初期，我先后在太行、辽北、辽西作研究工作。1951 年调作统计工作，主要是研究国民收入和综合平衡问题，后又调到国家计委研究世界经济。1958 年 10 月调到中国科学院经济研究所（后来改隶于中国社会科学院），从事经济理论研究，遂成为我的终生事业。1964 年，我写了一篇生产价格文章，主张按资金利润率定价，强调资金利润率的重要。当时把利润观点视为反动，而主张资金利润更是大逆不道。因此，受到大批判。

1964 年 10 月，一个近百人的大工作组进驻经济研究所，重点批判孙冶方兼及其他。我因生产价格问题，已被批在案。被新加给的罪名为：与孙冶方是"联盟关系"。当然也是个批判重点。

我有胃溃疡病，每天抱着热水袋参加批判会。可惜我没经得住考验，被整得胃穿孔了。时在 11 月中旬。经过两位热心的同志——刘国光、乌家培的关注，立即把我送到北京医院急救。经确诊为胃穿孔，连夜作了抢救手术。手术很成功，使我幸免于死。一周后转移到香山红叶村疗养院疗养。回首往事，感慨万千，乃赋小诗以寄慨：

> 湔肠伐胃后，死去活来时。
> 须发条条丑，文章处处疵。
> 寒梅应更瘦，塞雁亦何知。
> 风雪难明夜，吠声绕梦思。

在 劫 难 逃

1966 年 5 月，"文化大革命"开始了。我又是在劫难逃。经济研究所还算文明。不打不骂，"喷气式"也不多。反复批斗，住牛棚，下干校劳动就是了。

强加给我的罪名是叛徒、反革命修正主义分子。反复批斗，话似车轮。只得逆来顺受。我已看破红尘，人家爱怎么说就怎么说吧。我仰不愧于天，俯不怍于人。内省不疚，何忧何惧。来了诗兴，还悄悄写道："昔未叛兮今未反，谓牛谓马任人呼。"（注：庄子曰："子谓我牛也而呼之牛；谓我马也而呼之马。"）

几十年来，几番风雨，几番坎坷。我不死于敌人刀下；幸免于太行枪决；胃穿孔后又起死回生，而且身体一年比一年好起来！真可谓三生有幸，不幸中之大幸。我坚信马列主义。以辩证唯物的观点来分析，任何伟大的政党、伟大的个人，总难免有所失误。但我确信总有政治清明的一天，错误终于要纠正。所以，我并不悲观失望。相反，坎坷，挫折，炼成了我的钢铁意志。我把它归结为：

磨而不磷，涅而不缁；
穷且益坚，永葆清白。

春 天 来 到 了！

果然，在拨乱反正后，春风送暖，政通人和，平反冤假错案开始了。强加给我的罪名，在 80 年代初期全都平反了，并经党中央批准。我住了五年监狱。1943 年整风，提出历史问题。本来早已有了结论，但以后"运动"一来就把我拉出来敲打敲打，到最后结论，算来将近40年了！个中滋味有谁知！！！

平反后，我又迎来了学术的春天。我虽已年逾古稀，然而身心俱健。孔子曰："七十而从心所欲，不逾矩。"果然，我可以畅所欲言了。80年代以来，先后出版了自著书4本，主编合著书8本。其中《国民经济综合平衡的理论和方法论问题》、《杨坚白选集》可算作我的代表作，而《社会主义宏观经济论》又以坚持马列，汇通东西而别具一格。与此同时，又培养出博士14名，硕士2名。

我的治学态度是：追求真理，实事求是。不作风派，不作造神派。哪怕风急天高，还是走自己的路。我的书（自著和主编合著）基本上贯彻了这个原则。这也是我指导研究生的原则。

白首丹心，淡泊宁静。读书，研究，写作，其乐无穷。得天下英才而教育之，更是人生之至乐！

（2000年3月）

铁窗岁月纪实

我是1932年末在本溪市由李兆麟介绍加入共青团的。翌年4月调到奉天特委做刻印秘密文件和宣传品工作。由于本溪党团组织遭破坏,我被叛徒出卖,于1933年6月22日夜在沈阳被捕。1934年被判徒刑12年。上诉后,于1935年初改判5年徒刑。1938年6月刑满释放。

组 织 被 破 坏 经 过

1933年6月中旬,本溪开运动会。本溪党特支组织委员陈相谷在会场上撒发传单,被本溪日本警察署逮捕。陈被捕后供出了孙己泰、徐殿孚和我。孙、徐当即在本溪被捕。由于我当时已调到奉天特委工作,敌人通过我与家中通信的线索,由奉天日本领事馆警察署把我逮捕。我是由叛徒王树德(奉天团特委宣传部长)带领日警逮捕的。王还逮捕了张柏生。张当时是奉天团特委书记。

张柏生被捕后叛变。又带敌人抓了王德海、何清晏、何李氏、李超坤等人。田玉清(奉天团特委组织部长)听到组织被破坏后,马上去给王毓南送信,但王早已被捕,敌人在那设了坐探，田刚一到就被捕了。田被捕后受不了刑也叛变了，带敌人抓了兵工厂的韩锦华、叶兴武、白金凯和肇新窑业的孟庆海、解多润、杨奎斗，以及打入伪警察署内部工作的张玉琛等同志。这次破坏使本溪党团特支和奉天党团特委遭到严重损失。

6月末，本溪抓的人也被送到日本领事馆警察署，不久一并转送到伪满奉天警察厅，大约9月移送到伪满奉天高等法院，关押在奉天地方法院看守所（即未决监）。

我们来到看守所时，赵毅敏、李维周同志也关押在那里。不久，李维周被释放，赵毅敏转到已决监（南监）。1934年春，杨一辰被判处12年徒刑，孙己泰被判处6年徒刑，都转到已决监去了。我于1935年二三月间（春节后）也转到了已决监。

狱中的党组织和活动

1. 狱中党组织的形成

奉天监狱中，同志们与狱外党组织联系时称做"狱支"。实际上狱中没有正式的党组织，只是形成了一个以杨一辰（原奉天特委书记）为核心的集体。其中有孙己泰和我，还有栾佐臣、刘锡纯、张玉琛、张适（被捕时化名张有才）等同志。

张适是在奉天特委组织被破坏后，由满洲省委派来接任奉天特委书记的。可是他刚到沈阳，还未来得及工作，就被叛徒于冀贤出卖，被奉天日本宪兵队逮捕了。他坚贞不屈，只字未吐，被判处了12年徒刑。

狱内工作由杨一辰总的负责。当时同狱外党组织是有联系的，奉天特委书记夏尚志（是在张适被捕后又派来的），曾通过王惠风、王常泰等人往狱内给我们送党内信件及学习材料。

2. 关于查叛徒斗争

奉天党团组织的大破坏是由于张柏生、王树德、田玉清叛变造成的。在看守所时，由杨一辰领导进行了查叛徒、查破坏经过的斗争。叛徒们交代了他们叛变经过。例如：王树德说他带着敌人查户口把我查出来。张柏生讲了他的叛变经过，并说：他向敌人提供了一个"告密名单"。查本溪组织的破坏经过是由孙己泰主持查的。这就使叛徒的嘴脸暴露出来了。

3. "信"字 1 号的活动

未决监有孝、悌、忠、信四个号筒，信字号是"优待号"，总共有 10 个监房。"信"字 1 号为杂役房（犯人在狱中参加某些劳动，叫"杂役"），可以说是"犯人办公室"，白天门不上锁。住在这里的犯人可以到其他号筒去。曾经住过"信"字 1 号的，以前是黄云腾（廖如愿）、赵毅敏，后来是杨一辰、王德海，再下来就是我。

在狱中住"优待号"或出来劳动，是要向看守送钱的。我们能够住在这儿和劳动，既不是花钱买的，也不是看守对政治犯的优待，而是靠我们的政治教育工作的影响，赢得了看守人员的同情，使"信"字 1 号一直由共产党"犯人"交替住。

我们这些人先后住在"信"字 1 号，给犯人写呈子（包括上诉、辩诉、申请、声明等）。狱中犯人要写呈子就找到"信"字 1 号，我们也可以到各号筒直接找犯人交换意见。求人写呈子一般是要花钱的，或者请吃饭，送东西，而我们什么都不要，这就扩大了党的影响，连看守人员也称赞我们。特别是得到减轻处罚或获释的犯人，更是一片感激之情。这是我们在特殊环境下所能做的一点儿事情。

4. 狱中的学习活动

我们在"信"字 1 号，把《国际歌》词写出来贴在墙上，教人学唱。

"信"字1号有以前被捕的革命者留下来的几本书，有《社会科学概论》，还有文艺刊物等，都成了我们后来人的学习材料。监狱不准犯人看报纸。我们为了解社会上的情况，由别人代订报纸，偷偷送给我们看。在"北未决"时，由王惠风代订，在南监由监狱医官王常泰代订，再以后由看守马世清代订。当时在日本书店可以买到日文的小说和杂志。我们在医务所托李树久（勤务员）去买日本的《改造》杂志，小林多喜二著的《蟹工船》，林房雄著的小说集《无画画本》、《牢狱的五月祭》等。我有选择地翻译了一些，或者讲给大家听。后来经常请李树久去买日文的《世界知识》杂志。这个"月刊"是日本资产阶级自由主义者办的，它对左派的东西及法西斯的情况都敢登载、介绍。例如：《八一宣言》、救国会七君子被捕、西安事变、红军长征到达延安等，都刊登过。此刊物也摘译了斯诺《西行漫记》的片断，如周恩来骑着一匹大马的照片，肤施（延安）儿童学共产主义 ABC 的照片等，至今记忆犹新。我不断从这个刊物上翻译点东西传送给狱中的同志和同情者看。

5. 医务所成为我们秘密活动的联络点

监狱医务所的工作是由赵毅敏同志开辟的。接着孙己泰也来到这里。孙知道我判决后，事先就同王常泰大夫说好，把我安排在这里劳动。所以，我一到"已决监"就来到这里。我和孙在这里一直劳动到 1938 年出狱。孙担任的是文书报表之类的杂役活，后来他还帮助医务科长做试验。我干药剂方面的活，也兼做翻译。我到这里来，本来早由自己人做了安排，但在形式上是经过日本看守长批准的。王大夫向日本人说要找一个会日本语的犯人来帮助工作，这个日本人对我做了口试以后就同意我到这里劳动了。这是个极好的掩护。

赵毅敏、孙己泰两人来到医务所之后，还不断对医生王常泰、勤务员曹鸿祥等进行工作，他们虽然没有入党，但是完全可以信任。例如：王常泰曾为我们往狱中带进党的秘密信件；曹鸿祥充当我们的"联络员"去和外面的党组织负责人接头。至于在生活方面，他们对我们的帮助更不在话下。尤其是王常泰，我们处处倚重他，外面党组织同我们的秘密通信，也主要是通过他，把来信寄到他家，再转给我们。后来到医务所工作的人员有勤务员李树久，医师李银波，看守李荣珠等，由于我们的影响，都成了自家人，对我们的帮助也很大。监狱需用科的工作人员马世清也因受我们的影响，常到医务所来聚谈。我们的进步书籍也交给马世清保管，他把书藏在他管的库房里某个角落。医务所这块地方，只要"头头"不在，日本人不在，就是我们的"小天下"。我们可以谈政治，谈革命，骂鬼子和汉奸，宣传中国、苏联的革命形势，以及法国和西班牙的人民阵线等。在我们的影响下，李树久、李银波等人也参与我们的交谈，他们曾经说，你们是共产党，我们是人民阵线。我们当即劝告他们，千万别这样说，这要传出去可不得了。

保持医务所这块活动阵地，既有利于同外边党组织的联系，也有利于狱中同志的互相往来。孙己泰和我在这里劳动，常以随诊为名跟着大夫或看守到监狱工厂去转转，趁便与同志们通信息。同志们生病可以通过看病来住病监（杨一辰当时就"住过院"），如果谁太累了或有事需要商谈，也可以通过大夫把他作为病号来此"住院"、"休养"。自从刘伯刚、赵毅敏等同志出狱后，狱中同志除孙和我在医务所劳动外，杨一辰一案的四个人和张适同志均在工厂服劳役。1937年后，又有李子敬、牛平甫（现为辽宁省政协副主席）等关进来。他们是受左翼群众组织的牵连而被捕的。他们来后，我们都主动地与之联系，互相关照。

为了保持医务所这块活动阵地，我们也做了些上层应付工作。如孙己泰帮助医务科长李士赢做临床实验，受到李的重视（医务所后改为医务科）。李是满洲医科大学毕业的，技术职称为保健技正，月薪200余元，与日本人来往很多，我们当时对他有警惕（附记：解放后我见到了李士赢，他在解放战争中由北平去张家口，参加了解放军，改名李岩。据他说，他当年看出我们这些人在狱中是有活动的，不过假装不知。他还说，他去参加革命也是受了我们的影响。此人已去世）。我有时给医务所的那位日本看守长当口头翻译，有时把汉文材料译为日文。后来医务所来了日本大夫（嘱托医），诊断时由我做口译。当时李士赢要翻译一本日本的《法医学》，绝大部分是我代译的。这样一来，我们虽然有些活动，也未引起狱方的注意。

6. 联系群众

杨一辰经常教导我们要联系群众。他说，监狱工作人员，他们的工作不大体面，是与人民为敌的，然而其中大多数人是迫于生活而干了这行（当时的看守工资每月不过十几元），所以是可以教育、争取的。至于其他犯人，他们犯罪原因虽很复杂，然而大多数人也是为了弄几个钱而出此下策，所以也是可以教育、争取的。我们狱中的同志依此教导，在各自的周围都团结、联系了几个人，包括监狱工作人员。除上面提到的与我和孙己泰关系较深的人之外，还有两位值得提出。

一位是秦乃仁先生。他是西医，因气愤杀人而入狱。从在"未决监"起，他就同共产党案犯的同志有来往，判刑后一直在医务所工作，同我们是患难之交，狱中知己。他的医术比一般大夫要高明些，对我们帮助很大。解放后曾任辽宁省政协委员，现已去世。

一位是宋大公，原名宋思禹，是监狱的教诲官。有趣的是，教诲犯人的教诲官，反而接受了我们的"教诲"，跟我们走了。

他主要是接受牛平甫同志的影响而转变的。他对我们的帮助很大，特别是杨一辰的出狱，他帮了大忙。解放后，他在党的领导下工作，与我们常来往。遗憾的是，在"文化大革命"中，他帮助杨一辰出狱这件事被说成是"策反"，而被关押了两三年。后来真相大白才得以平反。

杨一辰于1940年冬感染丹毒，病情危急，幸亏李士赢大夫及时确诊，并特许批准购入丹毒血清，才保住了性命。在抢救中，秦乃仁大夫在具体治疗上出了大力气。接着宋大公、牛平甫等暗中出力，杨一辰乃得于1940年12月以假释名义获释出狱。出狱时他的病尚未痊愈，由监狱铁工厂的王宏久技师代出车票钱，又求人把他抬上火车，才回到他的家乡——山东金乡。到此时，在奉天监狱中的党员只有张适、牛平甫两人了。其他同志均于1938年和1939年先后出狱。不久，牛也出狱。张适也于1942年出狱，然而他不幸于1945年冬在哈尔滨被国民党特务暗杀。

总之，这个阶段被捕入狱的同志，除王德海（安哲）病死狱中外，其他人都先后出狱了。

7. 同外面党组织断绝联系

最后，我还要说明一下我们忍痛同外面的党组织断绝联系这件事。

1936年春，杨一辰又被日本宪兵队提去审讯，过一两天才送回监狱来。杨一辰又一次受了酷刑，但敌人并未得到什么。杨一辰来住病监养病，他说，从审讯情况看，无疑是组织又被破坏了。他同孙己泰和我商量，政治形势日趋紧张，这样下去，如果外面组织破坏，暴露了狱中活动情况，不仅我们要做无意义的牺牲，同时还要牵连好多人，看来，不如向外面党组织说明情况，主动要求断绝联系。我们同意这个意见，并起草了秘密信发出。从此忍痛与外边党组织断了联系。杨一辰当时说，只要我们决心

革命，出狱后一定能找到党。果然，后来我们都找到了党的关
系。

（原载《铁窗丹心》，中共沈阳市党史研究室编）

关于宏观经济理论的研究

我的理论研究轨迹

我是从实际经济工作走上经济理论研究道路的。在经济工作中，经常努力学习经济理论和实际经济知识，并重视经济管理经验总结。在解放战争时期，为了训练干部，曾经编著工厂管理、工业会计、统计方法三种讲义。后来作为三本书由华北新华书店出版。正是由于在太行山上出版了《实用统计方法》这本书，我竟乃被视为统计专家，于1950年被调到东北统计局。1951年又以统计为认识武器，开始计算国民收入，并在此基础上进行国民经济综合平衡。这在新中国尚属首创。而这项工作竟成为我后半生的事业。就是由于积累了这方面的知识，后来才转为综合平衡理论，即宏观经济理论研究。

所谓国民经济综合平衡同宏观经济在内容上是基本一致的。尽管在我们新中国，先称之为综合平衡，后来又改称为宏观经济。就我的研究来说，两者同是从国民经济总体出发，研究全面情况、各部门关系、总供求关系，以及其间平衡与不平衡、按比例与不按比例的矛盾，等等。而当出现不平衡时，就要研究如何进行宏观调控。

统计学是我从事研究的出发点，所以也来谈谈我对统计学的两种观点。

我主张统计监督。1954年初，为了贯彻过渡时期总路线的实施，写了篇关于统计监督的文章。接着受到了不指名的批判（当时没有其他人发表这种言论）。在这种形势下，有理说不清，我也未加反驳。乃至1981年，形势不同了。我在《人民日报》上发表了一篇《论统计监督》的文章。一位知情的老统计读到此文后，戏谓我曰："坚白自己给自己平反了！"又过两年，国务院公布《统计法》，将统计监督列为正式条文。

关于共同性的统计学原理。在50年代，我写过一些关于统计学的文章，还出了一本书。但只是强调社会经济统计学，而对数理统计学认识不清。及至60年代，我重新检查自己的认识，开始改变了某些观点。1964年到厦门大学讲学，我用《社会经济统计学与数理统计学同异辨》的题目，讲述了自己的观点。指出了两种统计学各自的特点以及它们的共同点。特别是提出两者的基本原理和基本方法是共同的。这个讲话，在当时引起轰动。到80年代，上海人民出版社要求按我的观点写一本统计学原理。于是我约莫曰达、冯杞靖、邵祥能，同我合写了一本《统计学原理》，即所谓共同性的统计学原理。

科学地总结历史经验

新中国成立后，我经常考察我国经济发展变化的情况。曾经编著我国《恢复和发展国民经济的成就》、《我国八年来的经济建设》、《当代中国经济》、《新中国经济的变迁和分析》等书。

这些书都是表述宏观经济的全面发展的，同时还力求准确地总结历史经验。不论是自著的或合著的，都坚持实事求是的科学态度。即是非分明，指明得失，既不夸大成绩，也不隐瞒错误。涉及个人错误，也不为贤者讳。试举一、二例。

我国新民主主义革命胜利了，已经建立起以工农联盟为基础的国家政权，当然要前进到社会主义，即进行社会主义改造，转变为社会主义社会。这具有历史的必然性。然而这种变革在什么时间，什么条件下开始，才算合适？本应从长计议。是在 50 年代早期，新民主主义革命政权建立不久，立即进行社会主义转变好呢？还是等一段时间，待到工业化达到较高水平时再进行这种转变好呢？当 1953 年，讨论过渡时期总路线并进行社会主义改造时，刘少奇提出"确立新民主主义社会秩序"，本来是说，等待一个时期，调动各种力量进行建设，待工业化水平较高时再进行社会主义革命。可是立即被毛泽东作为右倾机会主义观点予以批判。[①] ……过了 25 年即到 1978 年，开始实行改革开放政策，中央规定允许个体经济和实行雇佣劳动力的私人经济（实际上是资本主义经济性质）发展，并且引进外资，既有合营，又有独营。实践证明，改革开放政策促进了我国经济发展。这恰好是验证了刘少奇曾经说过的：过早地消灭了资产阶级，以后还要把它请回来的。历史清楚地表明，毛刘的那番争论，不是刘少奇"右"了，而是急于求成的毛泽东"左"了！

还有农业合作化问题。1952 年互助合作运动开展起来，出现某些急躁冒进苗头，当时主持农村工作的领导人主张稳步发展，1955 年进行整社。接着，毛泽东把它批判为右倾机会主义，像小脚女人走路，进而作了农业合作化的报告。于是在 1955 年

---

① 参阅《毛泽东选集》第五卷。

冬掀起了农业合作化高潮。原计划在十五年左右实现农业合作化，高潮一到来，一冬一春就实现了初级合作化，接着又大张旗鼓，从初级社向高级社转化，不到一年的时间就实现了高级合作化。而且并未到此止步，到1958年又开展了"一大二公"的人民公社运动，同时还搞起冒进的所谓大跃进。在这种急于求成的左倾思想指导下，不仅在经济上带来了不良后果，而且在思想上助长了急躁冒进思潮，随之而来的是后患和隐忧。

在人为的瞎折腾期间，50年代末，又遭受天灾，造成农业歉收，以致许多人挨饿，有些地区还饿死了不少人。在这种形势下，从1961年以来，全国许多农村自发地搞起包产到户，从而有利于农业生产。当时从直接主持农村工作的中央领导直到另几位中央领导同志都赞成包产到户。人们所熟悉的"黑猫白猫论"就是在这时发表的。可是毛泽东批判说，这是主张"分田到户"，是刮"单干风"，于是被制止了。……及至改革开放前夕——1978年之前，农村改革走在前面，搞起了联产承包责任制，亦即包产到户，效果很好。进而推动了整个宏观经济的体制改革。历史又一次证明，60年代初反对包产到户的主张是左倾！

总之，我国的社会生产力水平还很低，虽然建立起了社会主义，但不过是低水平的社会主义，直到现在还属于社会主义初级阶段，而且这个阶段，今后还要持续若干年。我在70年代写的一篇读书笔记中，即开始认识到我国的社会主义尚处于初级阶段，即不发达的社会主义阶段。[①] 在1986年编著的《当代中国经济》的结束语中我又说，贫穷不是社会主义。社会主义的首要任务就是要发展生产力。

---

① 此文发表于1979年《经济研究资料》第14期；后又收入拙著——《杨坚白选集》，请参阅第37页。

着重研究农轻重比例关系

在宏观经济诸多的比例关系中，我着重研究了农轻重比例关系。其所以如此，就是因为这个比例关系与宏观经济发展的全局有关，也与全体人民生活有关。

农轻重比例基本上相当于两大部类比例。重工业生产是为各生产部门提供各种生产资料；轻工业生产是提供工业日用消费品；农业除生产一部分工业原料外都是消费品生产。

我国的工业化道路，从优先发展重工业开始。同时早在第一个五年计划时期就提出工农业并举、轻重工业并举的方针，旨在达到农轻重协调发展。可以说在路线方针上是正确的、鲜明的。可是执行结果，却偏偏适得其反。农业被挤了，轻工业也被挤了。究其原因是有些负责人的头脑中已经形成片面地突出发展重工业的习惯势力。从我国实际出发，当然应该优先发展重工业。然而把正确的东西突出到不应有的高度，于是真理转化为荒谬。而且稍加分析就可以看出，这种错误，实际上是政治因素大于经济因素！为了改变这种农轻重失调的情况，毛泽东进而提出"以农业为基础，以工业为主导"的指导方针。以后，农业生产形势有所改变，但也不可能立竿见影。

农业之所以成为国民经济的基础，因为从社会发展史上看，只有农业劳动生产率提高了，才有各部门生产的发展和社会发展；同时农产品又具有使用价值上的特点，它是人类生存之本，衣食之源。

我国是一个人口众多的大国，发展农业的重要性尤为突出。工农业协调的关键在于加强工业支援农业，并落实各项农业政策；调动起亿万农民的生产积极性，尽可能早些实现农业机械化、现代化。重工业要改变其结构，达到与发展农业、发展轻工业的需要相适应。

我国农业必须向实现农业产业化和包括农、林、牧、渔的大农业发展，并因地制宜，发展生态农业，发展乡镇企业，逐步达到亦工亦农、农业工业化、农工商一体化，进而实现农村城市化。

国民收入和综合平衡研究

对于国民收入，过去只是在读经济学时有个抽象的概念。在我们组织计算国民收入之前，新中国没有这方面的数字；在旧中国，也只有巫宝三组织计算的 1933、1936、1946 三年的国民收入资料。1951 年，我们开始计算东北地区的国民收入，继而在全国也开始了这项工作。

国民收入是个综合性经济范畴。我们是把它放在社会再生产体系中进行考察，研究的。也就是以国民收入为中心，通过它并围绕它来分析研究宏观经济诸方面的发展、变化。

在组织计算国民收入过程中，我开始写关于国民收入的文章。后来在 80 年代，又主编、写作了《社会主义社会国民收入的若干理论问题》、《中国国民收入实证分析》两本书。与此相辅而行的还有《国民经济综合平衡的理论和方法论》、《社会主义宏观经济论》两本书。于是形成了较为完整的研究成果。

马克思的社会再生产理论和国民收入理论，是在对资本主义经济的分析研究中形成的。社会主义虽然在生产关系上不同于资本主义，然而两者同属于社会大生产，经济运行机制基本上相同。所以，那些原理原则对社会主义经济也是适用的。国民收入是以价值形式表现出来，但其价值的承担者则是具有使用价值的物质产品。再生产理论指出，社会产品在价值形式上分为 c + v + m，在实物形式上分为生产资料和消费资料。社会总产品是在一定时期社会生产的全部成果（c + v + m），从中扣除消耗了的生产资料价值 c，余下来的 v + m 是劳动者新创造的价值，即国民收入。

从社会再生产总体上考察，国民收入反映社会生产的全过程。从生产开始，经过分配、再分配、交换，直至消费。而消费与积累的比例关系又联系到下一个生产过程。产品生产出来，在扣除物质消耗后，就对国民收入在生产者间进行分配，再在非生产者间进行再分配，进而形成消费基金和积累基金。人们在分配中得到的是货币，而不是本生产单位生产的实物。货币持有者要在流通过程中经过交换才能得到他所需要的实物，所以必须把流通过程视为生产过程的继续。

关于国民收入在消费和积累方面的使用，是与两大部类产品在交换中进行的实物替换、价值补偿结合在一起。例如列宁所说的：I（v + m）＞Ⅱc 的扩大再生产公式，就是表明这种关系的。至于消费与积累应占什么样比例要根据具体情况而定。

宏观经济发展需要综合平衡。综合平衡的基本任务就是要力求社会总生产与社会总需求之间的平衡，以及两大部类之间、各个部门之间的平衡，实现按比例的发展。这就是说，综合平衡要以社会总产品和国民收入为主体，以速度和比例为核心。综合平衡要把国民收入与社会总产品两个指标同时使用。因为国民收入是扣除了物质消耗的纯产品，然而任何实物都包括其所消耗的物质在内。对社会再生产进行综合平衡时，不论在价值上还是在实物上都需要对补偿基金进行统筹安排。宏观经济的各个部门，再生产的各个环节，是相互依存，相互制约的。因而它们的发展速度、发展规模，惟有保持适当的比例，才能保障国民经济的高速度发展。社会主义社会还存在着商品、货币、价值。各种社会需求，都是指有支付能力的需求。商品持有者的商品与从分配中取得收入的货币持有者的货币要经过交换才能得到实现。所以从全社会考察要进行实物与货币流通之间的平衡。而商品交换，一般是通过市场实现的。当出现不平衡的矛盾时就必须采取必要的措施，进行适当的宏观调控。这种情况，在中央提出建立社会主义市场经济体制之前，即已存在，我在1981年就曾发表过关于社会主义市场实现问题的文章。

按人口平均的国民收入实物是衡量经济发展最基本的可靠指标，同时也是提高人民生活水平的可靠指标。我国是一个人口众多的大国，经济发展必须保持适当的速度。我一向强调按人口平均的国民收入生产速度，后期不应低于前期，以保障人民生活的提高。

关于消费与积累比例，我一向主张积累率一般在25%—30%之间为宜。如果积累率连年超过30%，则将影响人民生活。

宏观经济的理论和方法论

上文已经谈到，我们的国民收入研究是以马克思的社会再生产理论为指导。在这里再简单地提一提关于以社会产品生产为中心的资本流通。我国多年来回避"资本"一词，把它改称资金。其实，作为资本的货币流通同作为货币的货币流通应该加以区别。在社会生产过程中，我们的所谓资金运动同资本主义的资本运动是一模一样的。马克思分析产业资本的三种循环——货币资本循环、生产资本循环和商品资本循环，以及三种循环统一的理论，对我们社会主义社会再生产也完全适用。我国长期实行资金"供给制"，不重视资本效果，甚至企业经营者对亏损也不以为耻，这是同缺乏资本流通理论的正确指导分不开的。不论任何生产品的生产都必须有所需物质资料的投资和所需劳动力的投资，然后才能有产品的产出。假如对资本没有清醒的认识就很难做好经济工作。近年来，在中央文件中已经使用过"资本金"的术语，这是合乎科学的。即作为投资用的这宗货币，当其未用时是资本金，而一经投入，进入经济运行之中它就成为资本了。也许是受习惯势力的影响，还很少看到有人使用这个术语。

关于二重性问题。上文中已经谈到，社会产品与国民收入既具有实物形式，又具有价值形式，就是指商品二重性而言。而商品二重性又是同劳动二重性相联系的。

商品二重性是指商品分为使用价值和交换价值，劳动二重性是指劳动分为抽象劳动和具体劳动。商品中包含劳动的二重性是理解综合平衡的枢纽。马克思说："劳动，作为劳动力的耗费，创造价值；作为具体的有用的劳动，创造使用物品（使用价值）。"[1] 作为相同的、抽象的人类劳动物化在商品中形成商品价值，这样才能使不同的使用价值得以按等量劳动相交换，并使商品交换关系比例适当。社会产品的再生产过程同时就是价值再生产和使用价值再生产的统一的运动过程。而综合平衡就是按实物和价值两方面，从社会再生产总体上来考察社会总产品的生产和流通的全过程。

所谓平衡问题，是就宏观经济运动的发展趋势而言。平衡是相对的，不平衡是绝对的。社会主义经济如同其他事物的发展变化一样，总是在平衡与不平衡的矛盾运动过程中前进。宏观经济的综合平衡，不过是要求在社会总供给与总需求之间，以及各个部门之间的发展，大致上保持相互适应就是了。而且社会经济的

① 《马克思恩格斯全集》第 24 卷，第 418 页。

协调发展，又必须以生产关系与生产力之间、上层建筑与经济基础之间的协调发展为前提。这一条非常重要。

在方法论方面，只谈一个问题。即关于国民经济核算体系问题。

全国解放后，我国从 50 年代起就开始建立国民经济核算体系。当时是以五大物资生产部门为基础计算社会总产值（社会总产品的价值即 $c + v + m$）和国民收入，用以表示宏观经济总量。及至 80 年代，改用国际通行的所谓 SNA 体系，以国民生产总值（GNP）指标表示宏观经济总量。这个指标包括物资产品产值和劳动服务产值，因其中已扣除物质消耗，故称新创造的价值，但其中仍包括折旧费（因为折旧费也是新创造的价值）。故 GNP 减去折旧费就是国民收入。

人的认识总是具有知识的局限性和时代的局限性。从前我是主张按五大物资生产部门计算产值和收入的。后来经过研究，认为产值中应该包括劳动服务产值。但仍不赞成把非营业性的劳动服务，如把不收费的科教文卫事业，以及党政军等社会组织人员的劳动收入计入国民生产总值（GNP）中去。因为这些人的收入是从国民收入再分配中取得的。

总之，我们应该吸收外国的经济理论和方法，取其所长，为我所用。但必须结合我国实际，融会贯通，变成自己的东西，而不是照搬照套。

最后，再说一句，做好宏观经济综合平衡工作的关键，首先在于制定科学的社会、经济发展战略。当然，发展战略在不同时期要因形势变化而有所不同。但其基本原则，必须是高瞻远瞩，把局部利益与全局利益、当前利益与长远利益很好地结合起来。

（1998 年稿）

国民收入与综合平衡

　　国民收入是马克思主义再生产理论的科学范畴，也是国民经济计划和统计上的一个重要的综合性指标，因而它在社会主义经济中占据主要的地位。

　　在社会主义国民经济计划化过程中要运用国民收入这个综合性指标来把握社会再生产的总过程。例如一个国家的经济发展水平、发展规模和经济实力等都要以国民收入指标来反映；在制定国民经济计划时，国民经济的发展速度和比例关系还要以国民收入为主体进行综合平衡。本书的任务，主要是为国民经济计划化服务的，它以国民收入这个综合性指标作为理论探讨的重点。同时结合我国实际，探讨国民收入生产、分配和使用的状况、趋势、因素分析、财政和人口问题，以及国民收入计划和计量上的经验教训等等，并简述国民收入理论的历史。至于有关国民收入经济范畴的理论问题，那是政治经济学的任务，本书不把它列为重点，只是结合有关问题作些必要的阐述。

　　另外，在资产阶级经济学中关于国民收入学说充满着糊涂观念。尤其近几十年来，宏观经济学说盛行，许多资本主义国家都在计量国民生产总值（GNP）和国民收入。但他们把国民收入视为各阶层收入的总和，同我们马克思主义者的国民收入概念并不相同，因而他们关于国民生产总值和国民收入的计算范围和方法也与我们不同。

一、作为社会主义经济范畴的国民收入

国民收入是全社会在一定时期内（例如一年）物质生产部门新创造的价值，亦即该时期内所生产的社会总产值的一个组成部分。社会总产品的价值是物化劳动和活劳动的年消耗量的总和，其中一部分用于补偿垫付的生产资料资金，即在生产中消耗了的生产资料的价值；另一部分是由新投入的活劳动所创造的价值，即国民收入。在生产过程中，生产资料的使用价值被消耗了，但它们的价值被保留在新生产出的使用价值之中。所以，生产资料是作为价值的承担者进入生产过程的；进行更新和发生变化的只是它的价值的表现形式。① 国民收入是按价值计算的，但也是以一定的实物作为它的承担者。这就是说，在价值上，从生产出的产品的总价值中扣除了物质消耗价值后余下来的价值，就是国民收入；在使用价值上，从产品总量中扣除了消耗的生活资料后余下来的产品，就是实物形态的国民收入，即纯产品。纯产品由年生产的消费资料和可用于积累的生产资料所构成。其中消费资料用于个人的和社会的消费方面；生产资料则用于积累。

马克思关于国民收入的理论，是对资本主义生产所作的经济分析。在《资本论》第一卷中是从剩余价值生产过程的角度论证了国民收入的一个侧面；在《资本论》第二卷特别是第三篇中，是从再生产和实现的角度，以再生产公式分析的形式阐明了

---

① 参看《马克思恩格斯全集》第24卷，第429页。

有关国民收入的问题；在《资本论》第三卷的终篇，是以各种收入及其源泉的形式，对国民收入进行了总括的分析，全面地阐明了各种因素的联系，并且把生产中各阶级的地位给了个明确的规定。具体地说，在《资本论》中，马克思是把社会产品从价值上区分为总产出和纯产出、总收入和纯收入。[①] 社会总产品或总产出是一定期间社会生产的全部结果，马克思在论述资本主义再生产时经常用符号来表示它，即 c + v + m。从总产出中扣除 c 即为 v + m，这就是纯产出，也就是全部生产劳动者新创造的价值。按照马克思的定义，国民收入就是总收入，相当于纯产出。年生产物并不能全部形成收入，只有纯产品即纯产出是新附加的价值，才能转化为收入。从总收入中减去工资，余下来的部分为 m，即剩余价值，它的转化形态分解为利润和地租。马克思说：“如果考察整个社会的收入，那么国民收入是工资加上利润加上地租，也就是总收入。但是，这也是一种抽象。因为在资本主义生产的基础上，整个社会持有资本主义的观点，认为只有分解为利润和地租的收入才是纯收入。”[②] 马克思在这里说国民收入是一种抽象，旨在表明在国民收入的背后还隐藏着一种秘密，即资

---

① 在《资本论》中把“总产出”和“纯产出”译为“总收益”和“纯收益”。按原文和现在的通用术语，改译为“总产出”和“纯产出”较好。在本书中，除引文外一律采用“总产出”和“纯产出”。

　　总产出（Rohertrag；gross output）

　　　　即 c + v + m

　　纯产出（Reinertrag；Net output）

　　　　即 v + m

　　总收入（Roheinkommenig gross income）

　　　　即 v + m

　　纯收入（Reineinkommen；Net income）

　　　　即 m

② 《马克思恩格斯全集》第 25 卷，第 951 页，并参看前后文。

本主义生产的目的是为了攫取利润或纯收入。

现在需要进一步讨论的是马克思关于国民收入的理论对于社会主义经济的有效性问题。本文在一开头就已指出，国民收入在社会主义经济中占有主要地位。它的理论依据就是马克思关于社会再生产的理论、关于社会总产品和国民收入的理论。我们认为这些理论不仅对资本主义经济是适用的，对社会主义经济也是适用的。兹简要说明如下：

马克思关于社会总产品和国民收入的理论及其关于社会再生产的理论，都是对社会生产和再生产的总过程所进行的分析，但是侧重面有所不同。《资本论》第二卷第三篇所作的再生产分析，是关于社会总资本的再生产和流通的理论，是对特定的历史阶段——资本主义经济所作的分析，它具有资本主义的特征。但另一方面，从社会生产一般来说，它也含有适用于社会主义再生产的要素。马克思在研究资本主义再生产规律时没有明确提出，它的再生产公式是否适用于社会主义，但在其他场合则有过这种表示。特别是在《哥达纲领批判》中，马克思实质上是把他关于再生产理论的一些命题也应用于分析社会主义和共产主义经济了。在那里，是从分配的角度提出这个问题的，但它所涉及的不限于分配，而是对社会总产品的分配、补偿和使用做了总括的论述。① 列宁进一步发展了马克思主义的再生产理论，提出了在扩大再生产过程中两大部类非平行发展的对比关系和第一部类生产优先发展的问题；在对布哈林的《过渡时期的经济》一书的评注中更加明确地指出：即使在纯粹的共产主义之下，也存在第一部类的 $v + m$ 与第二部类的 c 的对比关系。斯大林在1929年就提

---

① 参看《马克思恩格斯选集》第3卷，第9—10页。

出过马克思主义的再生产理论适用于社会主义社会。[①] 尤其是在《苏联社会主义经济问题》一书中更加鲜明地提出：在社会主义社会的国民经济计划化中不应用马克思的再生产理论的基本命题是不行的，并且建议在《政治经济学教科书》中加上国民收入一章。[②] 上面是经典作家关于社会主义下的国民收入的论述。再从实践方面来考察，在社会主义社会再生产中，如果不把社会产品从实物构成上划分为两大部类，从价值构成上划分为 c、v、m，在生产与消费的各要素之间就无法进行代置和补偿，社会再生产和国民经济计划化也就无从谈起。国民收入在社会主义经济中的重要意义也正在这里。

总之，我们不能否认马克思主义关于资本主义下的社会再生产和国民收入理论对社会主义再生产的有效性，关键问题在于从理论上分清两种制度下的社会再生产和国民收入的根本区别。这种区别，概括说来就是：第一，国民收入所反映的生产关系各不相同。在资本主义制度下，国民收入所反映的是资产阶级同无产阶级、剥削者和劳动人民之间的剥削和被剥削的关系；而在社会主义制度下，它所反映的是人民内部，即国家、集体、地方、个人相互之间的经济关系，他们之间在根本利益上是一致的。第二，生产目的不同。资本主义的国民收入生产是资本家以攫取最大利润为目的；而社会主义的国民收入生产的目的则是最大限度地满足全体人民的物质和文化需要。第三，表现形式不同。资本主义再生产是在竞争和无政府状态下，经过不平衡和平衡的矛盾和不断发生危机的波动中进行的；社会主义的社会总产品和国民收入的运动则是经过有计划的调节按比例发展的。

---

① 《斯大林全集》第 12 卷，第 127 页。
② 参看《斯大林文选》第 605、636 页。

二、综合平衡要以国民收入的运动为主体

国民经济综合平衡是从社会再生产总体上考察再生产过程的各个环节以及有关各个方面的平衡关系。这种平衡是以社会总产品和国民收入的运动为主体的。

在社会再生产过程中，物质产品的运动就是社会总产品和国民收入的运动。计划工作上的所谓国民经济综合平衡就是从社会再生产的总体出发，按比例地分配人力、物力和财力，求得全社会的总生产及其构成与全社会的总需求及其构成之间的平衡，从而达到社会总产品和国民收入在价值和使用价值之间得到实现。

无论任何社会，如果不是简单的捕捞或掠取，就要先投入人力、物力进行生产，然后才能得到物质产品；生产出的产品一般都要从生产领域进入流通领域，经过分配和交换达到实现；又转入再生产。这样，在社会化大生产中就存在一个综合平衡问题，即所谓宏观经济的平衡。资本主义经济是通过价值规律的自发调节和危机来达到某种平衡的；在社会主义社会则是以满足全体人民的物质和文化需要为目的，以节约劳动、按比例分配劳动的规律为依据，运用市场机制，进行有计划的调节来达到综合平衡的。

在这里有必要说明一下，本文在谈到综合平衡时是把国民收入与社会总产品并提的。这一方面是因为它们是相辅而行的两个指标；另一方面是因为国民收入虽然是极为重要的综合性指标，但它还不能包括社会再生产所有的要素。因为国民收入是纯产品，而对社会再生产进行综合平衡时，不论在价值上还是在实物上都需要对补偿基金进行统筹安排。所以，在讨论国民收入时也不能离开社会总产品。

列宁在分析资本主义的社会再生产时指出："单独提出'国民收入'和'国民消费'的问题是绝对得不到解决的，……只有分析了社会总资本的生产过程，这个问题才能得到全面的解决。并且，只有阐明了国民消费对国民产品的关系和如何实现这种产品的每个单独部分时，这个问题才不再单独存在。"[1] 在解决资本主义社会的国民收入问题时，必须阐明社会总资本的再生产和流通过程。它所依据的两个基本原理就是社会产品在价值构成上分为 c、v、m；在实物构成上分为生产资料和消费资料。在分析社会资本再生产时需要把产品按实物形式进行分类，因为这里所考察的不仅是价值的补偿，而且是产品实物形式的补偿。问题在于工人和资本家如何获得消费品？资本家如何获得生产资料？产品怎样满足这些需要和怎样使扩大再生产成为可能，也就是实现问题。关于马克思主义社会再生产的这些基本原理，对于社会主义经济也完全适用。我们的国民经济综合平衡就是社会再生产原理的具体运用。

国民经济综合平衡的基本任务是研究社会总生产及其构成与社会总需求及其构成之间的平衡，这就决定了它必须以社会总产品和国民收入为主体，以速度和比例为核心。这就是说，国民经济发展的总速度是以社会总产品和国民收入来表示的，而国民经济的各个部门、再生产的各个环节是一环扣一环，互相依存、互相制约的。因而它们的发展速度、发展规模惟有保持适当的比例关系，才能保证国民经济的高速度发展。

国民经济的速度与比例的关系，在物质产品运动中具有客观的必然性。速度要受比例关系的制约，把效果和经营管理问题等对速度的影响除开不说，合理的比例将促进速度的上升，而不合

---

[1] 《列宁全集》第 3 卷，第 42 页。

理的比例不仅不能提高速度，甚至会使速度下降。在计划经济的条件下，速度和比例不是自发地形成的，而是有计划安排的结果。在同样的物质资源、劳动资源的条件下，可以按这种比例分配社会劳动（包括人力、物力、财力），也可以按另一种比例分配社会劳动，而不同的比例安排就将出现不同的速度。在社会总资源（人力、物力、财力）为已定的条件下，它决定着社会生产和社会需要的总规模，从而对社会生产构成和社会需要构成也起着制约作用。这就必须从社会产品和国民收入的使用价值（实物形式）和价值（货币形式）两方面的联系中研究速度和比例的数量界限。

社会生产是为了满足各种不同需要的，这就要根据社会总资源的情况，按比例地安排各种不同产品的生产数量。社会总产品是由千千万万种产品构成的，由于社会分工而互相独立的各个生产部门，它们各自生产特定产品，以满足社会对某种使用价值的特定需要。在社会劳动的分配和使用上，不仅每种商品只能使用必要的劳动时间，而且在社会总劳动时间中也只能按必要的比例量使用在各种不同的商品生产上。从全社会的观点来考察，为满足某种需要而进行的某种产品的生产，只有使用这样多的劳动时间才是必要的。在一定的社会生产力水平的条件下，由于社会总资源的制约，某种产品的生产只能这样多，某种需要的满足只能达到这种程度，不能再多。多了就挤占了其他生产，破坏了整个社会生产的按比例发展。马克思说："如果说个别商品的使用价值取决于该商品是否满足一种需要，那么，社会产品总量的使用价值就取决于这个总量是否适合于社会对每种特殊产品的特定数量的需要，从而劳动是否根据这种特定数量的社会需要按比例地分配在不同的生产领域……在这里，社会需要，即社会规模的使用价值，对于社会总劳动时间分别用在各个特殊领域的份额来说，是有决定意义的。"① 马克思的这些理论原则是针对价值规律在分配社会劳动方面的作用来说的。但它对我们也还适用，因为我们今天还存在着商品、货币、价值。而且对节约劳动时间、有计划分配劳动时间规律的要求来说，在实质上也是一致的。因而它是我们进行国民经济综合平衡时所必须遵循的准则。

从上面的论述中看出，以国民收入为代表的社会总生产的速度要受各种不同产品生产比例的制约。归根到底，社会尺度的需要取决于社会总劳动时间的多少和社会再生产的全局。实际上任何一种产品的生产都是社会总生产的一个组成部分，它们不能离开社会生产总体来独自安排。

在社会再生产中，国民收入的生产表现为起点，消费表现为终点。人们不是为生产而生产，生产的目的，归根到底是为了满足人的消费需要。在社会主义条件下，在计划社会总产品和国民收入的生产时，就要注意安排第一部类和第二部类的比例关系。第一部类发展的重要性，从本质上说，是为了给第二部类制造生产资料。所以，第一部类的发展，只有服务于并服从于第二部类生产的要求，才符合于社会主义生产的目的。我国在计划工作上提出以农轻重为序，其基本用意就是为了在扩大再生产过程中首先要树立起扩大消费品生产的目标，也就是要按消费品生产的需要来扩大第一部类的再生产。我们实行的是计划经济，必须足够地估计到计划的指导作用。因为生产结构的命运，在生产之前，就已经由活劳动和物化劳动的分配结构决定下来了。

在产品分配阶段中，扣除物质消耗价值之后就进行国民收入的分配和再分配。分配的对象只是生产的成果。分配和再分配最后结果就是最终收入的形成，也就是消费基金和积累基金的形

---

① 《马克思恩格斯全集》第25卷，第716页。

成。消费和积累比例本身也体现着生产与消费的矛盾，亦即生产建设与人民生活的关系。在积累基金的使用上还要区分生产性积累和非生产性积累，这又是生产和消费之间的矛盾的另一种表现形式。消费与积累之间应该力求保持合适的比例，既能保证最大限度地提高消费水平，又能保证最大限度地提高国民收入的增长速度。

为了正确地安排消费和积累比例，应该对计划期内国民收入的新增加部分进行专门的研究。例如，这个新增加部分首先要保证新增加人口的消费需要，使之保持不低于原来按人口平均的消费水平；扣除这部分之后，再考虑用于消费增长和用于积累增长的部分各占什么比例。譬如说，或者把积累增长安排得比较多一点，或者把消费增长安排得比较多一点。总之，这种调节只能在一定的幅度内进行。

在商品交换和流通阶段中，从表面上看，好像与国民收入的关系不大。实际上商品持有者的商品量与经过分配而取得收入的货币持有者的货币量都是由生产决定的。他们要经过交换才能得到实现，然后才能进行消费，并进行再生产。交换是生产的媒介要素，它也是当作生产要素包含在生产之内的。从社会的观点考察，流通是从总体上看的交换，所有商品都要经过流通领域进行交换，这也就是社会资金的流通和实现问题。所以，我们必须把流通过程看作是生产过程的继续。

在交换过程中出现的是供求关系，它本质上是生产者与消费者之间的关系的反映。商品转化为货币，不简单是形态上的变化，而是在商品货币的机制下，检验商品生产的数量、质量及其构成是否符合消费者需求的问题；检验实际形成的有支付能力的货币需求与商品供应之间是否平衡的问题。

在社会生产正常进行的情况下，商品经过交换得到实现，就是生产全过程的结束。至于这些商品如何使用于生活消费或生产消费，那就属于再生产范围的问题了。

消费和需要是有联系而又有区别的两个概念。需要是生产观念上的动机，而实际的消费水平则是生产发展水平的反映。从历史发展的观点看，正如社会生产的发展是无限的一样，人类需要的增长也是无限的。

以上就社会再生产过程的几个环节，简要地指出国民收入运动与综合平衡的关系。至于有关国民收入的诸多问题，将在本书的各篇章中分别展开论述。

三、关于编制国民收入计划的作用和方法

以上我们论述了国民经济综合平衡是对社会再生产总体的平衡，而对社会再生产总过程的考察也就是对社会总产品和国民收入的运动过程的考察。在这里，将进一步讨论编制国民收入计划的作用和方法问题。

计划经济的实施需要编制系统的、完整的国民经济计划。如社会发展和人口计划、科学技术发展计划、工业生产计划、农业生产计划、商品流转计划、服务性生产计划、物质供应计划、劳动工资计划、成本计划、物价计划、教育文化卫生计划、财政计划、信贷计划和社会购买力计划等等。除了部门计划，还要编制地区计划。部门之间、地区之间，以及部门与地区之间的所有计划都是相互交错、相互为用的。另一方面，还要编制社会总产品和国民收入综合平衡计划。综合平衡计划对部门和地区的计划起指导、统御和控制的作用，但它又要以部门和地区的发展为基础，不可能孤立地编制出来。这样，在方法论上就有国民经济计划的编制从哪个环节开始的问题。关于先编制综合性计划，还是

先从部门或主要产品着手？历来是有争议的。我们的意见是分工协作，同时并进。但从局部与全局的关系来说，则应以综合计划为先导。综合计划的一般形式就是社会总产品和国民收入计划。

让我们就我国编制国民经济计划工作的经验教训来谈谈。

我国从第一个五年计划开始实行计划经济以来，编制计划的方法是采取部门法。主要方式是围绕重点建设项目或以若干重要产品为中心进行计划安排。基本的指导思想是突出重点，兼顾一般。历次的计划大体上都是这样编制的。现在看来，如果制定国民经济发展的方针、政策是正确的，指导思想和工作方法又是实事求是的，那么，采取这种计划方法，也可以使国民经济大体上得到协调发展。例如，我国的第一个五年计划是以 156 项重要项目为中心进行计划安排的，实践证明这个计划基本上符合当时的客观实际，国民经济发展也比较协调。当然，到第一个五年计划的后期，农业、轻工业没有得到相应发展的缺点暴露出来了；这也表明这种计划方法不能令人满意地达到综合平衡。

至于"二五"（主要是前三年）、"三五"、"四五"和"五五"计划基本上都是以重工业为中心，特别是"以钢为纲"，为了"保"钢铁煤电等重工业的高指标而进行计划安排。当时把它形象地比作"一马当先，万马奔腾"。然而实际上不是万马奔腾，而是一马狂奔，万马齐喑！其结果是挤了农业、轻工业，挤了非生产性建设，挤了人民生活，就是重工业内部也是不平衡的。一句话，整个国民经济比例失调。实践证明，这种指导思想和计划方法是不足取的，它不仅不符合综合平衡的要求，也违反了社会主义生产的目的。

另一种方法是以农轻重为序。1958 年的盲目冒进引起了国民经济比例失调之后，毛泽东同志提出来以农轻重为序进行计划安排。看来，这个方法是有利于提高人民生活水平和国民经济的协调发展的。在60年代的三年调整期间，就是在贯彻调整、巩固、充实、提高的八字方针下，按照这一方法进行计划安排的。到1965年已经收到明显的效果。然而调整阶段一过，又回到钢铁高指标、重工业高指标的老路上，所谓以农轻重为序，不过是"口头禅"而已！

还有一种方法是从估算国民收入的增长可能开始，研究消费和积累比例，研究基建投资总额，先确定综合计划方案（所谓"总盘子"），然后进行各方面的具体平衡，我国的第二个五年计划的建议，就是在周恩来总理的亲自主持下，在总结第一个五年计划经验的基础上采取这种方法制定的。可是，这个建议还没有来得及具体实施，就被1958年盲目冒进的风暴给吹垮了！二十多年来，经过"左"倾思想的长期干扰，经过林彪、"四人帮"的严重破坏，左一次右一次的折腾，造成了国民经济比例关系的严重失调。打倒"四人帮"后，经过党的十一届三中全会在政治路线、思想路线上拨乱反正，正本清源，人们痛定思痛，深感在计划方法上有从国民收入着手，制定综合计划，加强综合平衡的必要。这就是要先安排好社会总生产，以及有关全局的重要比例关系，然后再作具体部门的计划安排，俾能避免出现较大的比例失调。我们主张在计划方法上要以国民收入计划为先导。不这样做，就很难达到真正的国民经济综合平衡。

回顾国民收入计划之所以不被重视，在颇大程度上是由于在理论界，尤其在计划工作部门中有很多人认为国民收入是个综合概念，这种计划只能是间接的，而不是直接的；它只能在各物质生产部门的基础上计算，而不能先于部门的生产计划计算出来。因为国民收入是依存于各生产部门的物质消耗和劳动生产率的，只有在生产部门的任务确定之后，才有可能算出国民收入来。基于这种看法，他们虽然也承认国民收入是计划的范畴和对象，但是，只把它看作是部门生产计划的总计，而不是把它看作是国民经济计划的出发点。多少年来，在我国的计划工作中，国民收入计划没有得到贯彻实施，是与这种方法论上的片面认识和狭隘经验有关的。

现在需要进一步讨论的是国民收入计划应该不应该成为国民经济综合平衡的出发点和归宿点。

从认识论上说，从具体到一般，再从一般到具体是合乎逻辑的。这个原理也适合于国民经济计划的编制。因而一般地说，把国民收入计划建立在部门生产计划的基础上是无可厚非的。然而当我们考虑局部与整体的关系时，究竟是局部服从整体呢，还是整体服从局部呢？这又是问题的另一个方面。可以说，当这样地提出问题时，人们会毫不迟疑地答复说："局部应该服从整体"。那么，我们进一步问，国民经济计划这个整体以什么为代表呢？我们认为这就是国民经济综合平衡计划，也就是国民收入计划。如果承认局部服从整体的必要性，承认先编制出综合计划的必要性，那也就是承认了国民经济计划的编制应以国民收入计划为出发点。既然承认国民收入计划是个出发点，那么，国民收入计划就要在各部门计划之前制定出来。当然，国民收入计划与部门计划是密切地联系在一起的。各部门的计划最后都要归结到国民收入计划上来，并且形成一个统一的整体。

回顾我们在计划工作上的经验教训，主要是没有安排好国家建设和人民生活的关系。多少年来，我们总是强调积累，忽视消费；强调第一部类，忽视第二部类；强调重工业，忽视轻工业和农业；强调高速度，忽视按比例，等等。除政治上的"左"的错误和思想方法上的片面性之外，从计划方法上说，主要是缺乏统御全局的综合平衡计划即国民收入计划。既然没有国民收入计划，对于重要的比例关系未能计划于前，那么，当出现比例失调时就必须调整于后。1958 年以来，关于国民经济的两次大调整，就是最明显的例证。

我们认为接受过去的教训，今后应该把国民收入计划以及综合财政计划放到重要的位置上来。那么，怎样编制国民收入计划呢？

国民收入计划可以用两种方法来编制。一种方法是在各种生产计划的基础上编制；另一种方法是在前期国民经济成果统计的基础上编制，也就是在分析研究前期的各种生产统计资料和国民收入统计资料的基础上，采取统计预测的方法，测算在计划期国民收入可能达到的增长水平。前一种方法是从具体计划到综合计划；后一种方法是从前期具体的统计指标到综合计划。两者都符合从具体到一般的认识论上的逻辑。在实际工作上这两种方法是可以同时并进，互相校正的。

在国民经济计划的编制上需要有个综合计划，就如同在实施某一工程、某种生产时需要有个总体设计是一样的。如果没有总体设计，让各个部分各干各的，那就不可能符合总体要求。马克思说过，建筑师和织工比蜜蜂、蜘蛛高明之处，就在于他们在施工之前就已经有个蓝图，成竹在胸了。我们又常常形象地把国民经济比做一部大机器。众所周知，一部大机器，当它装配起来之后，各个零件、部件，乃至大大小小的螺丝钉，都能互相吻合，各得其所，原因就在于事先有个总体设计，各个部分都是严格按照图纸的要求制造，决不是任意拿来若干零部件就能装配成一部机器的。至于国民经济这部大机器是一个变化多端的有机总体，比那个真实的机器要复杂得多。假如没有一个总体设计，既不在事先提出一个综合计划，使各方面有所遵循，统一行动，又怎么可能使它的各个部分互相适应，合规律地运转呢？再以作战来作比喻，假如一个重大战役（例如淮海战役、平津战役、攻克柏林），总参谋部如果不是在事先提出全面规划，统一部署，而是让各兵团、各兵种各打各的，又怎么可能取得战争胜利呢！

就国民经济发展的本身来说，它具有多部门性、多因素性的特点。社会总产品和国民收入的运动，纵向流程和横向流程互相交错，既有部门间的联系，又有地区间的联系，这就决定了国民经济计划的编制必须具有比例性和综合性。从现实的生产力水平出发，求得资源与需要的平衡，是编制计划的基本原则和基本方法。从总体与局部的关系来说，社会总生产及其构成，从而社会总需求及其构成是受全社会的人力、物力、财力资源的制约的，任何部门的计划都是社会总生产的一个组成部分，不可能离开总体单独定案；从部门间的联系上看，各个部门、各个因素都是你中有我，我中有你，环环相扣，它们在发展中各占什么样的比重都要受客观比例性的制约，不可能单独定案。所有这些都表明先编制综合计划即国民收入计划的必要性。有了这个计划才能衡量部门计划是否符合社会总生产的要求，是否符合各部门、各环节之间平衡关系的要求。反之，只重视部门计划而不重视国民收入计划，只把部门计划汇集起来，截长补短，作为综合计划，实际上是只见树木不见森林，未必符合综合平衡的要求。

综上所述，编制国民经济计划必须从国民经济核算开始，也就是先要"算大账"。在开始阶段，可根据资源条件，生产力水平，结合科学技术进步在生产上的运用，实事求是地估量可能发掘的生产潜力，初步匡算出社会总产品和国民收入的规模和增长速度，定下个"总盘子"亦即综合性的轮廓计划。这对于控制国民经济发展的全局，进一步编制具体计划将是大有好处的。这个"总盘子"当然不能很准确，然而没有它就没有个总概念，所谓对全局的总部署也只能是原则的议论，缺乏数量关系的依据。

在编制这个综合计划的同时，也要编制部门的、地区的、单位的具体计划，提出它们各自的要求，借以同综合计划相验证；在条件允许时，还应该采取各种不同的计划方法（例如以农轻重为序，从最终产品出发，专题纲要法等），以及按各种不同设想提出各种方案，借以集思广益，互相比较、借鉴。计划的编制过程是一个反复酝酿、反复核算、反复比较和平衡的过程。各部门、各地区、各单位都受社会总生产和部门间联系的制约，不经过综合平衡，哪项计划也不能单独定案。只有从综合到具体，再从具体到综合，上下左右，四面八方，几上几下，反复磋商，达到了综合平衡的要求，然后才能最后定案。因此，我们主张以国民收入计划为先导，用它来统御全局，导致国民经济各部门、各方面达到有计划、按比例的发展。

为了编好国民收入计划，需要建立完整的国民经济核算体系，掌握比较系统的统计资料，并运用科学的方法进行计算和分析。从理论研究方面说，需要总结和制定出一套科学的方法和方法论来为计划实践服务。

最后，为了编制好国民收入计划，让我们再对国内外倡导的一些计划方法作一简要的比较和分析。

第一，关于宏观经济数学模式。各国的不同学派，不同学者对此提出了各种不同的设计和试验。尽管设计的模式有所不同，但归纳起来，资本主义国家一般是使用国民生产总值（GNP）指标，社会主义国家一般是使用社会总产品和国民收入指标，而在方法论上一般都离不开投入和产出的比较、分析。实际上都是计量社会产品在生产、分配、交换、消费之间的数量平衡关系。仅就这类模式所用的平衡方法来说，它们之间并没有本质上的区别。不过在计算技术上，我们现在用的方法是粗放的，而经济数学模式、投入产出法等是比较科学的。因而也可以说，这些模式和方法是平衡法的发展和提高。

第二，关于最终产品法。从最终产品出发进行计划安排的观点和方法，是近两三年来在我国经济理论界倡导的。这个原则可以同意。所谓最终产品，按价值计算就是最终产值，而全社会的最终产值在统计处理上就是国民收入加折旧基金。在资本主义国家叫国民生产总值；在我们这里，应是指按我们的计算口径计量的国民收入加折旧基金。其实，折旧属于补偿性质。从理论上说，全社会的最终产值就是价值形式的国民收入。[①]

最终产品是对中间产品而言的。它被使用于消费、积累、出口和补偿年内消耗了的劳动手段；而中间产品则是指为生产最终产品而使用的原材料、燃料、辅助材料和动力等等。上面关于最终产品的观点，是一般流行的概念。另外，还有一种窄派观点。他们为了把经济计划的目标同社会主义生产的目的一致起来，只把消费品和非生产性积累视为最终产品。

又，不论对最终产品的哪种观点，都要对最终产品计算价值，而不能只计算实物。而且在计算社会最终产值时，是要先计算出国民收入，再把折旧基金加上去。在进行国民经济综合平衡时，当然要把国民收入同折旧基金结合起来研究；然而在研究消费问题时也不能不研究积累问题。由此可见，从最终产品出发同按社会总产品和国民收入编制计划的主张，原来是同出一辙的。

第三，关于专题纲要法、纲要目标法。这两者实质上是相同的或接近的，是从资本主义国家的"系统法"演变而来。特点是突出经济、社会和科学技术发展的基本目标，预先估价经济效果。尤其在研究、解决跨部门、跨地区的专项建设上有重要作

---

① 参看《马克思恩格斯全集》第26卷，第1册第3章。西方的国民生产总值实际上是国民最终产值，它不只计算物质产品的产值，而且囊括了所有的非物质生产部门。它与我们马克思主义者的社会总产值和国民收入在理论和方法上是不同的。

用。这无疑是编制长期计划的一种重要方法。但是，这种方法必须与综合平衡法结合起来，才能相得益彰而发挥更好的作用。归根到底，还是在重点与全局之间保持平衡关系的问题。越是突出专项问题的重要，综合平衡问题就越变得迫切和尖锐。我国多年来实行计划经济的经验教训证明，无论任何重要项目，重要指标，都不能在全面的综合平衡之前定死，而是要经过综合平衡之后再最后定案。否则专题纲要法也会像"以钢为纲"或"十个大庆"的方法一样，变为造成比例失调的因素。

第四，关于最佳方案法。在这方面，有些理论上和方法上的问题尚未解决。原则地说，把国民经济发展的比例性与最佳方案的选择结合起来，是一个根本性问题。最佳标准是什么？归根到底，离不开社会生产的最终目的。也就是以最小的劳动消耗，取得最大的经济效果，从而最大限度地满足全体人民的物质和文化需要。从综合平衡的角度来说，就是要安排合理的速度和比例，从而形成最大的国民收入实物量，也可以说，社会最关心的是最大的最终产品量（但其中的折旧基金是已定的转移价值），最大的消费基金加非生产性积累。

"最佳"总是就一定的空间、时间和条件来说的；而且所谓最佳方案又都离不开各种不同方案的比较。采取不同的方法，制定多种方案，提供选择，这应该是计划工作者努力以赴的。由于计算技术现代化，用电子计算机运算，可在短时间内算出几种不同计划平衡方案来。这就更加有利于比较选择了。

总之，国内外对于如何编制国民经济计划提出许多新方法、新意见，值得我们参考、借鉴。我们应该汲取各种方法的优点，综合上升，创造性地运用，把我们的综合平衡工作做得更好。

（本文是为《社会主义社会国民收入的若干理论问题》写的导言）

论我国农轻重关系的历史经验

中华人民共和国已经成立 30 年了，我们在社会主义建设事业上得到了正反两方面的大量经验教训，总结这些经验和教训，从中探索规律性的东西，显然具有重大的现实意义和深远的理论意义。

农业、轻工业和重工业是国民经济的重要组成部分。社会主义国家在发展经济的事业中，如何安排农业、轻工业和重工业三者的关系，建立农轻重三者协调发展的国民经济结构，实质上是如何实现工业化和现代化的道路问题。30 年来，我国农轻重三者关系是在艰难曲折的道路上不平衡地前进的。在此过程中，既取得了巨大的成就，又暴露出了十分严重的问题。过去，由于在思想上、理论上设置了禁区，不能对暴露出来的问题进行分析研究，以致造成了同样的错误一犯再犯。现在打倒了"四人帮"，应该严肃认真地总结这些经验教训了。

一、我国农轻重关系的基本情况和主要问题

第一，30 年来的基本成就。

全国解放以来，我国人民在共产党领导下，艰苦奋斗，在发展农业、轻工业、重工业，以及整个国民经济的事业中，取得了很大成就。

我国国营企业固定资产原值，已由1952年的240.6亿元，上升到1978年的4471.3亿元。其中国营工业企业固定资产原值已由1952年的107.2亿元，上升到1978年的3041.5亿元。

我国的国民收入，1978年达到3011亿元，为1949年358亿元的7.8倍；为1952年589亿元的4.6倍。其中工业净产值1978年达到了1406亿元，为1949年45亿元的31.2倍，[①]为1952年115亿元的12.2倍；农业净产值1978年达到1072亿元，为1949年245亿元的4.3倍，为1952年340亿元的3.1倍。1952—1978年的26年期间的年平均增长速度：国民收入为6%，工业净产值为10.1%，农业净产值为4.5%。

我国工农业总产值1978年达到5685亿元，为1949年的13.8倍，为1952年的7.8倍。其中农业总产值1978年达到1454亿元，为1949年的3.4倍，为1952年的2.3倍；轻工业总产值1978年达到1806亿元，为1949年的20.8倍，为1952年的9.7倍；重工业总产值1978年达到了2425亿元，为1949年的91.6倍，为1952年的27.8倍。1952—1978年的26年间的年平均增长速度：农业为3.3%，轻工业为9.1%，重工业为13.7%。

从主要产品产量上看，我国农业、轻工业和重工业也有很大的进展。（见下页表）

随着我国农业、轻工业和重工业生产力的不同程度的提高，社会主义工业化事业的进展，农轻重三者关系的结构也发生了很

---

① 速度按可比价格计算。下同。

主　要　产　品	单位	1949 年	1952 年	1978 年	1978 年为 1949 年倍数	1978 年为 1952 年倍数
粮　食	亿斤	2264	3278	6096	2.69	1.85
棉　花	万担	889	2607	4334	4.87	1.66
油　料	万担	4655	7457	9135	1.96	1.22
生　猪	万头	5775	8977	30129	5.22	3.85
棉　布	亿米	18.9	38.3	110.3	5.83	2.88
机制纸及纸板	万吨	11	37	439	39.90	11.85
煤　炭	亿吨	0.32	0.66	6.18	19.31	9.36
发电量	亿度	43	73	2566	59.67	35.15
原　油	万吨	12	44	10405	867.08	236.47
钢　材	万吨	13	106	2208	169.84	20.83
农用化肥（100%）	万吨	0.6	3.9	869.3	1448.8	222.9
拖拉机①	万台		0.1②	11.35		113.5（为 1958 年倍数）
金属切削机床	万台	0.16	1.37	18.32	114.5	13.4

　　注　① 不包括手扶拖拉机。

　　　　② 1958 年产量。

大变化。据统计，在工农业总产值中，农业所占比重，已由
1949 年的 70%，1952 年的 58.5%，大幅度下降到 1978 年的
25.6%；重工业所占比重，已由 1949 年的 7.9%，1952 年的
14.8%，大幅度地上升为 42.6%；轻工业所占比重，也由 1949
年的 22.1%，1952 年的 26.7%，扩大到 1978 年的 31.8%；轻
重工业合计所占比重，则由 1949 年的 30%，1952 年的 41.5%，
上升到 74.4%。

　　再从国民收入中工农业净产值所占比重上看，农业净产值比
重，由 1949 年的 84.5%，1952 年的 76.8%，下降到 1978 年的

工农业总产值增长率　　（比上年增长的%）

（年）	工农业总产值	农业总产值	轻工业总产值	重工业总产值
1950	23.4	17.8	30.1	54.1
1951	19.0	9.4	33.6	49.1
1952	20.9	15.2	23.5	43.5
1953	14.4	3.1	26.7	36.9
1954	9.5	3.4	14.3	19.8
1955	6.6	7.6	0	14.5
1956	16.5	5.0	19.7	39.7
1957	7.9	3.6	5.7	18.4
1958	32.2	2.4	33.7	78.8
1959	19.5	−13.6	22.0	48.1
1960	5.4	−12.6	−9.8	25.9
1961	−30.9	−2.4	−21.6	−46.6
1962	−10.1	6.2	−8.4	−22.6
1963	9.5	11.6	2.3	13.8
1964	17.5	13.5	17.8	21.0
1965	20.4	8.3	47.7	10.2
1966	17.3	8.6	14.5	27.5
1967	−9.6	1.6	−7.1	−20.0
1968	−4.2	−2.5	−5.0	−5.1
1969	23.8	1.1	25.2	43.9
1970	25.7	11.5	18.1	42.3
1971	12.2	3.1	6.5	21.4
1972	4.5	−0.2	6.2	6.9
1973	9.2	8.4	10.6	8.7
1974	1.4	4.2	2.7	−1.6
1975	11.9	4.6	13.0	16.8
1976	1.7	2.5	2.4	0.5
1977	10.7	1.7	14.3	14.3
1978	12.3	9.0	10.8	15.6

43.3%；工业净产值比重，则相应地由 1949 年的 15.5%，1952 年的 23.2%，上升到 1978 年的 56.7%。

在农轻重三者结构演变过程中，尽管有各种不合理的因素起过作用，但总的前景还是清晰地告诉我们，我们国家已由 50 年代农业占优势的农业—工业国，变成了工业占优势的工业—农业国。经过 30 年的辛勤劳动，我国人民初步建成了独立的比较完整的工业体系和国民经济体系。

第二，经历的曲折道路。

我国国民经济的发展所取得的这些成果，来之不易。30 年来，由于林彪、"四人帮"的破坏，也由于我们在工作指导上发生过一些错误，我们远远没有能够得到本来应该得到的成就。我们走过的路，并非笔直的，而是曲折的。

就拿国民经济的综合指标——国民收入来看，在过去的 29 年（1949—1978 年）中，就有 6 个年头比上一年的总额下降。再拿工农业总产值来看，也有 4 个年头比前一年下降。如果把农业、轻工业和重工业分开来看，那么三者也各有 5 个年头比上一年下降。这种从上升到下降的变化，恰恰说明农轻重比例的由协调到失调的变化。

工农业（农、轻、重）总产值增长率（比上年增减%）的变化曲线，非常鲜明、突出地说明了我国以农业、轻工业和重工业为主体的国民经济 30 年来所走过的曲折的道路和农轻重增长的频繁而严重的动荡。

30 年来，作为整个国民经济主体的工农业生产两次大起大落。第一次起落幅度特大，但延续时间短；第二次起落幅度较小，但停滞动荡的时间长；在调整时期情况好转一些，但总起来看，生产很不稳定，虽然绝大多数年头，生产是比上年增长了，但幅度相差悬殊，农轻重各有 5 个年头比上年下降，而且下降幅度相当大，这就形成了农轻重比例严重失调。按照时间顺序来说，恢复时期和第一个五年计划时期，工农业生产逐年增长，波动较小，从年平均增长速度上看，农轻重的比例，恢复时期是14.1%：29.0%：48.8%，"一五"时期是4.5%：12.9%：25.4%。"二五"时期就呈现出陡升陡降的情况，农轻重从1958年比上年分别上升2.4%，33.7%，78.8%连续下降到1961年的－2.4%，－21.6%，－46.6%，经过3年调整，生产有了恢复和发展，从曲线上是明显可见的。到了"三五"时期，又一次出现大起大落，农轻重年增长速度的比例由1965年的8.3%：47.7%：10.2%，降为1968年的－2.5%：－5.0%：－5.1%。再一次出现了"二五"前3年的类似恶兆。当时由于林彪、"四人帮"的干扰，国民经济没有得到及时的调整就开始了第四个五年计划。"四五"时期，农轻重三者都出现了下降、停滞、徘徊而蹒跚行进的情景。"三五"时期开始的农轻重比例失调延续下来，从"三五"开始到打倒"四人帮"，十多年来，曲线的形象可以使人得到关于农轻重比例迁延性失调的清晰印象。直到粉碎"四人帮"以后，我们才又一次取得了调整恢复的条件。现在让我们把这一过程分为基本协调（1949—1957年）、严重失调（1958—1962年）、调整恢复（1963—1965年）、迁延性失调（1966—1976年）、再调整恢复（1977年至今）5个阶段分别概述如下：

第一阶段：是恢复时期（1949—1952年）和第一个五年计划时期（1953—1957年）。在这8年时间内，工农业生产是上升的，农轻重比例关系是基本协调的。

全国解放后到1952年，我们完成了经济恢复工作。这3年农业以14.1%、轻工业以29.0%、重工业以48.8%的年增长率迅速恢复起来，为全国开始有计划的经济建设打下了基础。

　　第一个五年计划时期，我国工农业生产的发展都比较快，农轻重的比例关系，大体上是合适的。在这个时期，农业生产每年平均增长4.5％，同期人口增长速度为2.2％，农产品中的粮食和棉花的增长速度，也都超过了人口的增长，因而农业的发展基本上保证了人民对粮食、轻工业对原料的需要。轻工业生产每年平均增长12.9％，远比人口增长为快，保证了人民对工业消费品的需要（在当时的消费水平和消费构成的条件下）。当时重工业的年平均增长速度达到25.4％，进行了以"一五六"项为中心的重工业建设，从而建立了我国工业化的初步基础。重工业的发展基本上保证了生产、建设和增强国防的需要。由于我们当时注意了生产、建设和人民生活以及整个国民经济的综合平衡，再加上民族资本的补充作用和国外资金的辅助作用，重工业的发展规模没有超过农业和轻工业的承担能力。而农业和轻工业的较快发展，又为建设重工业提供了资金、物资和人力。由此可见，在"一五"期间，我国农轻重比例关系是基本协调的。

　　但是，由于我们当时对"农业是基础，工业是主导"的客观规律缺乏认识，所以在农轻重关系上仍然存在着一些问题，主要是：（1）农业和轻工业生产很不稳定，特别是在农业歉收年份，农产品的采购供应都很紧张，于是开始实行粮棉油等主要农产品的统购和配售制度。轻工业时常因为农产品原料供应不足而有部分生产能力闲置；（2）轻工业和手工业生产潜力没有得到充分发挥，除了缺乏农产品原料的原因以外，还由于我们对从工业方面开辟轻工业原料注意不够；（3）在安排重工业的产品结构上，对于为农业和轻工业服务考虑不够，这就对加速农业技术改造和轻工业的充分开工发生了不利影响。

　　正因为"一五"时期在农轻重基本协调情况下仍然发生了上述一系列矛盾，所以毛泽东同志在总结第一个五年计划执行过程中的经验时，提出了中国工业化道路问题，主张在优先发展重工业的条件下，工农业并举，用多发展一些农业和轻工业的办法，发展重工业。① 可惜，这一极端重要的思想，在后来的实践中，没有得到认真的贯彻。

第二个阶段：第二个五年计划时期（1958—1962 年）。在这5 年过程中，特别是前 3 年，工农业生产大起大落，农轻重三者关系陷入了严重失调。请看下列两表：

工农业生产（总产值）比上年增减　　（％）

	1958 年	1959 年	1960 年	1961 年	1962 年
农　业	2.4	- 13.6	- 12.6	- 2.4	6.2
其中：粮食	2.5	- 15.0	- 15.6	2.8	8.5
轻工业	33.7	22.0	- 9.8	- 21.6	- 8.4
重工业	78.8	48.1	25.9	- 46.6	- 22.6

1958—1962 年 5 年平均增长　　（％）

农业总产值	- 4.3
轻工业总产值	1.1
重工业总产值	6.6
全部工业总产值	3.8
国民收入	- 3.1

这里的数字非常清楚地告诉我们，在"二五"的前 3 年，农业生产在 1958 年略有增加以后，连续大幅度减产，而同时期

①　参见《毛泽东选集》第 5 卷，第 268、400 页。

重工业生产却大幅度陡升，轻工业在前两年也有很大发展。结果工业的发展脱离了农业这个基础，轻工业从1960年、重工业从1961年开始都随之而大幅度下降。具体说来，农轻重三者的主要问题是：（1）农业生产在1958年是个丰收年，但弄虚作假，在浮夸风中自我陶醉，结果陷入被动。接着连续3年大幅度减产。1959年农业总产值下降13.6%，粮食下降15%；1960年农业总产值下降12.6%，粮食下降15.6%；1961年农业总产值下降2.4%，粮食上升2.8%；1962年农业总产值和粮食总产量才有较大的回升，前者为6.2%，后者为8.5%。在这3年困难时期，部分地区粮荒严重，出现了饿死人的情况，全国人口总数，从1959至1961年，不但没增加，反而绝对减少了1300多万人。当时虽有自然灾害，但主要是共产风、浮夸风和瞎指挥所造成的恶果。（2）轻工业继农业之后，也连续3年大幅度减产，1962年轻工业总产值只有1959年的64.4%；而棉布按人平均的消费量比1957年下降了45.7%。这就是说：全国人民以吃穿为主要内容的现实生活水平严重地下降了。（3）主观上想以钢铁带动整个重工业的发展，要在1958年钢铁翻一番。于是调动2000万人上山，大炼钢铁。但土法炼出的钢质量很差，造假凑数，虚报完成了翻一番的任务，而又不得不说其中洋钢800万吨。1959年、1960年又继续蛮干，不分好坏，只勉强达到钢产量1387万吨。到1961年和1962年，工业分别下降38.2%和16.6%。这样干，不仅严重削弱了农业，也把工业搞得大幅度下降了。

　　第三阶段：调整恢复时期（1963—1965年），一般称作3年调整，其实早在1961年下半年，周恩来总理就针对当时国民经济重大的比例失调，首先是农轻重比例的严重失调而亲自主持进行调整，并且提出了"调整、巩固、充实、提高"的八字方针。并由于在以后的几年中努力逐步采取了有力措施，才扭转了局势。这主要是：（1）根据农业的承担能力，坚决地把工业生产的高指标压下来，钢 1960 年是 1866 万吨，1962 年降到 667 万吨；坚决压缩工业生产的规模，通过关停并转，各种工业企业数，由 1959 年的 31.8 万个，降到 1965 年的 15.8 万个；坚决压缩基本建设规模，停建、缓建了一大批项目；（2）大力加强农业战线，动员了 2000 万盲目流入城市的职工回到农业生产第一线。大幅度减少粮食征购，（征购率由 1959 年的 39.7%，降为 24%—26% 之间），减轻农民负担；（3）对"一平二调"实行经济退赔，提高粮食收购价格，使农民增加了一百多亿元的收入；（4）提高国家对农业的投资比重，由"二五"时期的 12.3%，提高到调整时期的 18.8%；（5）端正了党在农村的经济政策，主要是贯彻了《十二条》，后来增改为《六十条》，即《农村人民公社工作条例》（修正草案）。这样农轻重关系又逐步恢复了协调，生产又较快地发展起来。请看 3 年调整恢复时期（1963—1965 年）农业、轻工业和重工业逐年增长情况：

农轻重比上年增长　　　　　　　　　　　　（%）

	1963 年	1964 年	1965 年	1963—1965 年平均增长
农　业	11.6	13.5	8.3	11.1
粮　食	6.3	13.2	1.0	4.5
轻工业	2.3	17.8	47.1	21.1
重工业	13.8	21.0	10.5	14.9
国民收入	10.7	16.5	17.0	8.7

　　第四阶段：第三个五年计划和第四个五年计划至打倒"四人帮"时期（1966—1976 年 10 月）。这十几年，农轻重比例陷

入了迁延性的失调，整个国民经济被拖到了崩溃的边缘。

进入"三五"时期，林彪、"四人帮"开始篡夺了党和国家的部分领导权，国民经济的发展遭到严重破坏，农轻重比例失调，生产再一次全面下降。5 年的具体情况，可以通过农轻重生产的增减变化看出来：

农轻重比上年增减 （%）

	1966 年	1967 年	1968 年	1969 年	1970 年
农　业	8.6	1.6	-2.5	1.1	11.5
其中：粮食	10.0	1.8	-4.0	0.9	13.7
轻工业	14.5	-7.1	-5.0	25.2	18.1
重工业	27.5	-20.0	-5.1	43.9	42.3

1966 年由于继续执行了三年调整时期的方针政策，农轻重继续协调发展，粮、棉、煤炭、钢铁产量都有较大增长。进入1967 年以后，林彪、"四人帮"刮起极左的黑风，过去行之有效的成功政策，受到了批判；各级大批的领导干部"靠边站"；工人及广大群众被分裂；无政府主义和经济主义泛滥；尤其严重的是：1967 年、1968 年和 1969 年这几年，整个国民经济处于无计划和半计划的状态。1967 年，农业停滞，轻工业和重工业大幅度减产；1968 年农轻重继续减产；1969 年经济有所回升，在农业和轻工业略有增长的情况下，由于战备的需要，重工业以25.2%的速度上升；1970 年在农业丰收的情况下，轻、重工业再次大幅度上升。

总之，"三五"时期又出现了类似"二五"时期的大起大落的情况。从生产的比例，生产与生活的比例上看，农轻重关系再一次严重脱节：（1）1967 年、1968 年、1969 年 3 年农业和轻工业处于下降和停滞状态，而人口却依次以 2.5%、2.9% 和 2.7% 的年率递增，这 3 年，城乡居民每人平均粮、油、棉布消费量都下降了。（2）在农业、轻工业承担能力（用于发展重工业和其他事业）有所削弱的情况下，重工业却由于战备要求，于 1969 年和 1970 年以年增 43.9% 和 42.3% 的高速度猛升，而且在 1970 年又根据钢铁等重工业生产的过高的指标，安排了后期的基本建设规模，这就为下一个五年计划农轻重比例失调埋下了种子。

第四个五年计划（1971—1975 年），是在 1970 年工农业生产有较大增长的基础上制定的。由于林彪、"四人帮"的破坏和工作指导上的错误，农轻重关系仍然未能纳入协调发展的轨道。这 5 年的情况是：

工农业生产比上年增长 （%）

	1971 年	1972 年	1973 年	1974 年	1975 年
农　业	3.1	- 0.2	8.4	4.2	4.6
粮食产量	3.0	- 3.9	10.2	3.9	3.4
轻工业	6.5	6.2	10.6	2.7	13.0
重工业	21.4	6.9	8.7	- 1.6	16.8

总起来看，这 5 年工农业生产的发展是不快的，而且同"三五"时期一样，又有两个年头的工农业生产下降。这 5 年工农业总产值年平均增长速度为 7.8%，既低于三年调整时期的 15.7%，也低于"三五"时期的 9.6%。即使在这样的增长速度下，农轻重的比例仍然是不很协调的，其主要表现是：以钢铁为首的重工业生产指标安排过高，基建规模过大。职工人数，工资总额和粮食销量都突破了国家原定计划，人民生活水平基本上没有提高。全国居民的平

均口粮 1975 年为 383 斤，不仅低于 1957 年的 406 斤，而且低于 1952
年的 395 斤；棉布平均消费量为 18.9 尺，不仅低于 1957 年的 19.5
尺，而且低于 1970 年的 22.1 尺。这就是说，重工业的发展和基建规
模的安排，超过了农业和轻工业的承担能力。

在这 5 年过程中，1971 年对农业和轻工业说来，是个平年，
1972 年国家经济生活中发生了职工人数、工资总额和粮食销量
的"三突破"①，1973 年在周恩来总理主持下，对整个国民经济
进行了调整。但在农轻重关系稍有好转时，"四人帮"一伙于
1974 年掀起批林、批孔、批周公的恶浪，破坏生产，冲击计划，
给国民经济制造了更加被动的局面。1975 年邓小平同志主持国
务院工作，大力整顿国民经济，工农业生产有了起色，而"四
人帮"一伙于 1976 年又刮起了"反击右倾翻案"的黑风。把整
个国民经济拖到了崩溃的边缘。

第五阶段：打倒"四人帮"到现在，我们的国民经济又进
入了新的调整恢复时期。

1976 年 10 月，中国共产党中央执行人民意志，扫除了"四
人帮"的祸害，清除了发展国民经济的最大障碍。经过三年来
的艰苦奋斗，国民经济情况已趋好转。农轻重（总产值）比上
一年增长率如下：

农轻重比上年增减

(%)

	1976 年	1977 年	1978 年
农　业	2.5	1.7	9.0
粮食产量	0.6	-1.2	7.8
轻工业	2.4	14.3	10.8
重工业	0.5	14.3	15.6

---

① 指职工人数、工资总额、粮食销量三者突破了计划。

但是，国民经济重大比例严重失调的后果，不是一朝一夕可以消除的。多年来形成的农轻重比例关系和不合理的经济结构，也不是指日可变的。所以，一定要坚决地、有步骤地贯彻"调整、改革、整顿、提高"的方针，把农轻重比例调整好。

我国农轻重比例不协调的情况：

一是作为工业以及整个国民经济基础的农业仍然十分落后，这是必须首先解决的头等重大问题。如果不把农业这个基础打好，所谓按比例发展就会成为空谈。

首先，我国粮食按人口平均产量太低，一般说来，粮食按人口平均产量不超过千斤，是不能满足基本需要的。尤其在我国这样畜牧业落后，肉、奶、蛋的食用量很低的情况下，对粮食的需要更为迫切。但是，30 年来，我国粮食的人口平均产量，并没有多大提高。请看几个关键年份的按人口平均粮食产量情况（斤/人）：

人均粮食产量 （斤/人）

1949 年	1952 年	1957 年	1962 年	1965 年	1970 年	1975 年	1978 年
418	570	603	476	536	589	619	636

就拿 1978 年的这个 636 斤来说，也没有超过解放前 1936 年的 666.6 斤的水平。[1]

除去粮食以外，棉花、油料（花生、油菜籽、芝麻）、猪和

---

[1]　战前数字并不准确。根据我们考察、掌握的数字，1936 年我国粮食产量（包括大豆）为 3000 亿斤，按人口达到 4.5 亿计算，人均产量为 666.6 斤。另据农业部粮食作物生产局 1958 年公布的数字，1936 年粮食产量（不包括大豆）为 2774 亿斤（《新华半月刊》1958 年 9 月至 12 月号），人均产量为 616 斤。我国历年粮食产量也包括大豆在内。

水产按人口平均产量也都不高。

农产品人均产量

产品单位	1949 年	1952 年	1957 年	1962 年	1965 年	1970 年	1975 年	1978 年
棉花斤／人	1.6	4.5	5.1	2.2	5.8	5.5	5.2	4.5
油料斤／人	8.6	13.0	11.7	5.5	9.0	8.2	8.7	9.5
生猪头／人	0.11	0.16	0.23	0.15	0.23	0.25	0.30	0.31
水产斤／人	1.7	5.8	9.7	6.8	8.2	7.7	9.6	9.7

由于粮食产量波动大，口粮标准当然也就不稳定。再加上农产副食品产量历来太低，全国人民历来以粮食为主要食品，所以每年农村都有几千万甚至上亿人口粮不足。从 1957 年到 1977 年的 20 年，粮食增长了 1.87 倍，人口却增长了 1.91 倍。所以从"二五"时期以来，每年都要进口一千几百万吨粮食，以弥补城市口粮的缺额。就是在这种情况下，征购稍一偏高或歉收年份，就发生局部地区的饥荒。

其次，我国农业劳动生产率太低。从价值上看，我国每个农业劳动者一年所创造的净产值（用现价计算）1978 年只达到364.3 元，同期每个工业劳动者创造净产值 2809.2 元，工业为农业的 7.7 倍。如果说用净产值计算劳动生产率由于价格因素的干扰反映情况不十分确切的话，那么用粮食产量计算的劳动生产率则鲜明地告诉我们，我们的农业劳动生产率的确太低。1978年我国每个农业劳动力只生产 2071 斤粮食，而美国直接从事农业劳动的人员每人每年生产十多万斤，即使把为农业服务的工业工人算进去（为直接农业劳动者的两倍左右），劳动生产率也仍然大大高于我们。而且我们的农业劳动生产率波动又很大：解放二十多年来，粮食劳动生产率有 11 个年份比上年下降，总的来说，仍然停留在"一五"时期。历年粮食劳动生产率的统计清楚地说明，从 1960 年到 1977 年的 17 年间，生产率一直在低于 1956—1957 年的水平线上波动，直到 1978 年才稍有起色，但仍低于 1956 年的水平。这意味着，目前仍以粮食生产为主的我国农业，对于工业以及整个国民经济的承担能力，比第一个五年计划时期并没有多少提高。此外，技术作物、林、牧、渔业生产的劳动生产率也都很低，而且波动很大，这里不再赘述。马克思把超越于劳动者个人需要的农业劳动生产率，视为一切社会发展的基础，而我们至今还没有把这个基础打牢。

此外，农业内部结构也很不合理，农林牧副渔五业产值当中，农业的比重将近 70%；种植业的粮棉油麻丝茶糖菜烟果药杂 12 项当中，粮食的比重也将近 70%。这种畸形结构虽然是多年形成的，也有它一定的客观根据，如原有的农业基础，传统的经营习惯与经验，历来的食物构成等。但是，从农业现代化的要求、改善生态平衡和食物构成的需要来看，这种落后的结构，无论如何是应当改变的。

就拿农林牧副渔五业结构来说（见附表），农业比重虽然已由 1952 年的 83.1%，降到了 1978 年的 67.8%；但是，除了副业的比重有较大的增加，由 4.4% 上升到 14.6% 以外，与改善生态平衡直接有关的林、牧、渔业的比重，多年来，并没有多少提高：渔业比重从 1962 年以来陷于停滞和缓慢下降之中，1978 年只有 1.4%，比 1962 年还低 0.4%；林业比重也很不稳定，1978 年的 3% 只相当于 1974 年水平；牧业比重的波动更大，30 年来几起几落，至今仍然停留在 13% 的水平上，比我们的 70 年代 15% 左右的水平还低。而发达国家一般都在 30%—40% 以上，有的高达 50%—60%。当然，各国有自己的特殊条件，但 13%

农业劳动生产率 （按净产值和粮食产量计算）

年　　份	农业社会劳动者（万人）	农业净产值（亿元）	每个农业劳动者平均（元/人）	粮食总产量（亿斤）	每个农业劳动者平均（斤/人）
1952	17317	364	210.2	3278	1882.9
1953	18748	370	197.3	3337	1779.9
1954	18152	376	207.1	3390	1867.5
1955	18593	406	218.3	3679	1978.7
1956	18543	424	228.5	3855	2078.9
1957	19310	437	226.3	3901	2020.2
1958	15492	426	274.9	4000	2581.9
1959	16273	356	218.8	3400	2089.3
1960	17019	296	173.3	2870	1686.3
1961	19749	300	151.3	2950	1493.7
1962	21278	314	147.6	3200	1503.9
1963	22468	350	155.8	3400	1513.2
1964	22803	396	173.6	3850	1688.3
1965	23398	435	185.3	3890	1662.5
1966	24299	467	192.2	4280	1761.4
1967	25167	475	188.7	4356	1730.8
1968	26065	466	178.8	4181	1604.1
1969	27119	468	172.6	4219	1555.7
1970	27814	504	181.2	4799	1746.6
1971	28400	808	284.5	5003	1761.6
1972	28286	804	284.2	4810	1700.5
1973	28845	877	304.0	5299	1837.0
1974	29191	915	313.4	5505	1885.8
1975	29474	952	322.4	5690	1934.4
1976	29387	956	325.3	5726	1948.4
1977	29267	948	323.3	5655	1932.2
1978	29426	1072	364.3	6096	2071.2

附表　　　农林牧副渔在农业总产值中的比重

（以总产值为100 的% ）

年　份	农　业	林　业	牧　业	副　业	渔　业
1949	82. 5	0. 6	12. 4	4. 3	0. 2
1952	83. 1	0. 7	11. 5	4. 4	0. 3
1957	80. 6	1. 7	12. 9	4. 3	0. 5
1962	78. 9	1. 7	10. 3	7. 3	1. 8
1965	75. 8	2. 0	14. 0	6. 5	1. 7
1970	74. 7	2. 2	12. 9	8. 7	1. 5
1971	75. 1	2. 5	14. 8	6. 2	1. 4
1972	73. 2	2. 8	15. 4	7. 1	1. 5
1973	74. 0	2. 8	14. 5	7. 3	1. 4
1974	73. 7	3. 0	14. 1	7. 7	1. 5
1975	72. 5	2. 9	14. 0	9. 1	1. 5
1976	69. 3	3. 3	13. 9	12. 0	1. 5
1977	67. 5	3. 2	13. 1	14. 1	1. 5
1978	67. 8	3. 0	13. 2	14. 6	1. 4

左右的比重，无论如何也是太低了。

二是作为向社会再生产提供日用工业消费品的轻工业，长期以来没有得到应有的发展，目前已成为国民经济中突出的薄弱环节。

30 年来，我国轻工业始终没有克服供不应求的矛盾。

我国市场商品可供量与购买力的差额，好多年一直有几十亿元，近一二年竟高达 100 亿元左右。而在市场商品总额中，有一半是轻纺工业产品。肥皂、洗涤剂、皮鞋、家具、自行车、缝纫机等多年来供应紧张；每年纸张在压低消费的情况下还缺 200 万吨，糖也缺 100 万吨左右，不得不依靠进口来解决国内的急需。

而且我国的轻工产品花色品种单调，质次，价高，很多产品十几年、几十年"一贯制"，不受消费者的欢迎。

我国的轻纺工业产品，按人口平均产量至今仍然十分落后：1977 年我国棉布按人口平均产量只有 10 米多，比苏、日、法等国少 50% 以上；食糖，我国不到 4 斤，而苏联 71 斤、美国 57斤、法国和西德也在 50 斤以上；自行车，我国每万人才 78 辆，而美国高于我们 2 倍，日本高于 5 倍；电视机，我国每万人平均3 部，美国 300 多部，日本 1300 多部。

我国轻纺工业原材料供应不足，这是一个长期未得到解决的突出问题。纺织工业，每年都要进口 20%—30% 的原料，才能维持开工。食糖工业生产能力目前已达到 300 万吨，每年都有70 万吨左右的原料缺口，造成开工不足。我们自己的化纤、塑料等轻纺工业原料的生产也没有得到应有的发展。

其次，燃料、动力供应不足，也是轻纺工业生产能力得不到充分利用的重要原因之一。当然，轻纺工业长期落后，归根到底是同直接和间接用于轻纺工业的投资不足有关的。①

三是重工业内部结构不合理，这是一个多年形成、不易改变，而又必须改变的"老大难"问题。问题表现在很多方面，这里我们只想指出如下两点：

首先，燃料动力工业的发展，不能满足农业、轻工业和重工业，以及整个国民经济的需要。对石油、煤炭进行的强化开采，严重地侵害了储采比例和采掘比例的协调。

当前煤电油严重不足。据有关部门计算，我国目前每年缺煤

① "一五"时期轻纺工业投资占全国基建投资总额的 5.9%，"二五"为3.9%，"三五"为 4%，"四五"按同口径计算（即扣除用于发展轻工原材料的投资）只有 2.1% 多一点。

上千万吨，缺油几百万吨，缺电上千万千瓦。这种情况，已经严重地影响到农业、轻工业、重工业，以及整个国民经济的发展。由于产需缺口太大，被迫进行强化开采，长此下去，必定影响采矿业的简单再生产而造成更困难的后果。现在国家已经实行对煤、油、森林开采的保护政策，这是十分必要的。

　　同时，在我们的实际经济生活中又还存在着燃料、动力的严重浪费。据有关部门 1978 年估算，我国一年所耗能源只因管理不善就多耗电 300 亿度以上，多耗煤和不合理用煤 5000 万吨左右。而我国燃料利用系数却又很低，目前只有 28% 左右，而日本可达 50%，西欧也在 40% 以上。如果我们现在的燃料利用率能达到西欧水平，则现在生产的 6 亿吨煤、1 亿吨油，可以顶 12.7 亿吨原煤使用。

　　其次，我国钢铁工业、机械工业的发展同农业、轻工业的需要不相适应，与重工业其他部门的需要也不适应。

　　我国的钢铁工业，由于贫矿多，冶炼代价太大；轧钢能力落后，钢材品种、规格、质量都不能满足国内需要。农机、化肥、农药、化纤、塑料生产设备所需钢材，都有一部分靠进口。当然，一个国家可以根据需要进口部分钢材，但我们的情况是，在国内有上千万吨钢材积压的同时，又年年进口几百万吨钢材。

　　我国的机械工业，多年来，由于型号落后，质次、价高，货不对路，造成一般机床大量积压，而国家急需的关键的、精密的、尖端的产品，不是产量低，就是缺门。我国农机产品，多数是消耗高、效率低的陈旧结构，而急需的积肥、施肥、中耕除草机械，还不能生产，轻纺工业所需的高精尖设备，不是缺门，就是初创。

　　我国的重工业结构，从农轻重三者关系来看，可以说：多年来，已经形成了以钢铁机械为中心的、以服务于发展重工业为主的结构。这种结构是同发展农业和轻工业的需要很不适应的。

在重工业方面，除了结构不尽合理的问题以外，它目前已经形成的总规模，同农业、轻工业现有的承担能力相比，相对地说，仍然显得大了一些。这也是一个值得注意并在调整中加以解决的问题。

二、我国农轻重比例关系失调的基本原因和主要经验教训

30 年来，我国农轻重关系出现过两次严重的比例失调，而后一次是延续十年多的失调。时至今日，虽然破坏国民经济的罪魁祸首"四人帮"已经被打倒，但这种失调的后果，还在一定程度上折磨着我们。现在是痛定思痛，实事求是地分析失调的原因和总结经验教训的时候了。

农轻重比例失调是整个政治经济局势中的一个问题，它的原因，当然首先是国家的政治形势，党的路线、方针、政策所给予的重大影响，以及国内外敌对势力的阻挠破坏所造成的损害等。无疑，对这些因素的作用是不可低估的。

但是，直接制约农轻重比例关系变化的则是我们在经济工作上对农轻重三者关系的处理，是否符合客观经济规律的要求，是否符合社会主义扩大再生产的比例性。本文是从后一种见地出发来探讨我国农轻重比例严重失调的原因的。

第一，积累率过高，积累规模过大；国家投资的畸形分配，重工业挤了农业和轻工业。我国解放前原有的工业基础非常薄弱。第一个五年计划时期，以奠定社会主义工业化的初步基础为目标，以优先发展重工业为重点，着重于装备工业本身，同时相

应地发展轻工业和农业。今天看来，这个方针仍然是正确的，必要的。但在工业化过程中，重工业的发展也是一个不断成长的过程。如果当时在建设项目的安排上，把装备重工业本身的项目适当少安排一些，而把装备农业和轻工业的重工业项目多安排一些，可能更加有利于国民经济的按比例发展。实际上，在第一个五年计划的执行过程中，食品和轻工业品的紧张情况，就开始出现了。因此，对农民实行了征购、统购、派购，对职工实行了粮食、棉布、食用油的定量供应，才使这个矛盾有所缓和。正是在这种情况下，毛泽东同志在《论十大关系》的讲话中，批评了那种片面发展重工业而不重视农业轻工业的错误，告诫我们不要再走旁人走过了的弯路。同年，党的八大一次会议又建议"二五"时期适当降低重工业速度，提高农业速度，把积累限制在25%的水平上（第一个五年计划时期，平均为24%），看来这个建议是很好的。

遗憾的是"二五"一开始，就来了个大炼钢铁的"大跃进"。片面地实行以钢为纲和优先发展重工业。无根据地提出1958年钢产量翻一番（比1957年的535万吨增加一倍），1959年要求达到1800万吨。结果造成了国民经济比例的严重失调。

如所周知，建设钢铁厂需要使用大量的钢材、木材、水泥和机械设备等等，而建成投产后又要煤炭、电力、运输等的配套。因此，钢铁的高指标，必然迫使重工业的高指标；生产上的高指标，必然迫使投资上的高指标；投资的高指标，必然导致基本建设和重工业生产上物资和劳动的大量使用和高度消耗，从而挤了农业和轻工业扩大再生产（甚至有时挤了简单再生产）的条件，并迫使大大提高积累率，强制压低消费。这是经济上的客观必然性，是不以人们的主观意志为转移的。请看这几年的实际情况吧：（见下页表）

	1957 年	1958 年	1959 年	1960 年
钢产量（万吨）	535	1070[1]	1800[1]	2400[1]
		(800)[2]	(1387)[2]	(1866)[2]
比上年增长（%）	19.6	100.0	68.2	33.3
		(49.5)	(73.3)	(34.5)
冶金工业投资（亿元）	16.1	47.2	55.6	50.55
比上年增长（%）	7.5	193.1	17.8	−9
重工业投资（亿元）	71.3	152.3	195.3	212.3
比上年增长（%）	0.1	113.6	28.2	8.7
重工业产值（亿元）	330	590	874	1100
比上年增长（%）	18.4	78.4	48.1	25.9
积累在国民收入中比重（%）	24.9	33.9	43.8	39.6
国民收入（亿元）	908	1118	1222	1220
比上年增长（%）	4.5	23.1	8.2	−1.4
基本建设投资（亿元）	138.29	266.96	344.65	384.07
比上年增长（%）	−6.6	93.7	29.1	11.4

① 包括土钢的统计数字。

② 扣除土钢的统计数字。

统计数字清楚地说明了上述链锁反映：1958 年钢产量翻一番，冶金投资将近翻两番，迫使整个重工业投资翻一番多，重工业产值猛升了 78.4%。从而迫使积累率由 1957 年的 24.9% 陡升为 33.9%。1959 年表现了同样的过程，不同的是这一年农业开始大幅度下降（农业总产值 1959 年比 1958 年下降 13.6%），国民收入增长速度下降（由 1957 年增长 23.1%，下降为 8.2%），在基建投资继续高速度上升的压力下，积累率竟而高达 43.8%

的破坏性的水平。1960 年钢产量高指标虽然勉强维持下来了，但由于消费与积累的比例关系和农轻重比例关系的失调加剧，整个国民经济全面紧张，冶金工业投资不得不减下来。

这几年在钢铁翻番，重工业片面发展的压力下，在基建投资的使用上出现了畸形分配结构：

农轻重投资在基建投资总额中的比重　　　　　（％）

	"一五"平均	1958 年	1959 年	1960 年
农业	7.8	10.5	10.5	13.0
轻工业	5.9	7.3	5.2	4.0
重工业	46.5	57.0	56.7	55.3
其中：冶金工业	10.14	17.68	16.13	13.16

数字告诉我们，在重工业投资急剧增长的压力下，轻工业的投资比重下降了；农业投资比重 1958、1959 两年停留在原水平。从 1959 年开始农业连续三年大幅度减产，轻工业在迟一年之后也连续三年减产，重工业生产的高指标，包括钢铁指标，也坚持不下去了，因为我们的农业和轻工业这几年所提供的消费品，不足以供养当时从事生产资料生产的工人和家属，以及整个社会生活的需要。事实说明，牺牲农业和轻工业，片面搞钢铁、搞重工业，是不能不受到客观规律的惩罚的。

把"二五"五年综合起来看，国民收入平均每年递降 3%，其中：农业递降 5.9%，工业也只增长 1.8%。这就是说，辛勤了五年，我们不仅没有创造新的财富，反而还吃掉了一些原有的财富。所以，这种高指标、高积累、高投资、战线长、效果差的做法，是给人民带来了灾难，给国民经济带来了破坏。

由于当时不准反冒进，而且不断反右倾，因而如此沉痛的教训，没有得到实事求是的总结，没有引以为戒。

果然，第三、第四个五年计划，就重复了这个教训。加上当时林彪"四人帮"干扰破坏，使得问题更加复杂化，这次比例失调，虽然不像第一次那样急骤、猛烈，但是，是持久的、慢性的，可称做迁延性的比例失调。就其影响所及，长达十多年之久，我们还在深受困扰。

编制第三个五年计划（1966—1970年）时提出了两个方案：第一个方案是把积累率安排在25%上下，1970年的钢产量计划为1800万吨；第二个方案是把积累率安排在30%上下，1970年钢产量计划为2000万吨。结果采纳了第二个方案。计划执行过程中，正是林彪、"四人帮"横行时期，伤害了广大工农群众的生产的积极性，轻工业和重工业在1967年和1968年连续减产，1970年并未完成计划预定指标，钢产量连1800万吨也未达到，只产钢1779万吨。农业从1967年开始停滞，按总产值计算1967年只增长1.6%，1968年减产2.5%（粮食减产4%），1969年只增长1.1%，到1970年才开始转为上升。总的看来，这五年工农业生产情况并不好，实际上迁延性比例失调已经开始了。但这五年的平均积累率仍达到26.3%。但当时人们并未感到整个经济生活像"二五"前三年那样紧张，原因在于为了应付困难挖了三年调整时期留下来的库存（粮食、棉布等）。

第四个五年计划（1971—1975年）继续执行突出钢铁、突出重工业的方针。当时人们之所以坚持这一方针是有其原因的，我国工农业生产在1970年确有较大发展，农业生产增长11.5%，工业增长30.7%，财政收入增加136.1亿元，达到662.9亿元。人们把这种在前三年大破坏基础上恢复性质的一时性现象，误认为"新的跃进时期"已经到来，在批判所谓"消

极平衡论"的气氛中，提出了"四五"计划纲要草案，要求在
1975 年钢产量达到 3500—4000 万吨（1970 年钢产量只有 1779
万吨）。实际上为完成这个以钢为纲的计划，1970 年在基建投资
上就已经开始安排了。1970 年基建投资达到了 294.99 亿元，比
上年增长 109.34 亿元，其中重工业投资达到 179.62 亿元，比上
年增长 71 亿元，在重工业投资中冶金工业投资达到 40.69 亿元，
比 1969 年 20.27 亿元高一倍还多！1971 年基建投资比上年增加
26.5 亿元达到 321.45 亿元，其中重工业投资达到 197.77 亿元，
冶金工业投资 42.67 亿元；1972 年基建投资继续保持 300 多亿
元的水平，重工业投资降为 176.42 亿元，冶金工业投资降为
37.07 亿元，由于总规模仍然大大高于"三五"开始时的 1966
年 23.23 亿元水平，所以仍未能避免高投资必然带来的经济生活
紧张的后果。1970—1972 年三年中，职工增加 1275 万人，1972
年职工总数达到 5610 万人，工资总额增加 77 亿元，粮食销量增
加了 95 亿斤。这样大幅度地增加投资、增加职工，实质上是
1958—1960 年历史错误的重演！1973 年开始的调整，由于"四
人帮"的干扰，而未能贯彻到底。

农轻重比例关系第二次失调的十年教训，再一次证明，马克
思揭示的社会再生产的客观比例性，和按比例分配社会劳动的客
观规律性，是决不能违背的，我们只有在思想上真正承认它们的
存在，并在实践中按照它们的要求办事，才能得到预想的结果。

马克思在谈到投资时指出，"有些事业在较长时间内取走劳
动力和生产资料，而在这个时间内不提供任何有效用的产品。"①
实际上，建成的企业，如果属于社会生产第一部类（主要是重
工业）当它投入生产后，要继续增加人力、物力的使用而它所

---

① 《马克思恩格斯全集》第 24 卷，第 396 页。

提供的是生产资料而不是消费品，不能满足当前的消费需要。所以基本建设规模，特别是重工业投资过大，必然挤掉第二部类消费品生产（农业、轻工业等）所需要的人力和物力，从而影响农业轻工业提供消费品的生产能力。同时，随着基建投资尤其重工业投资的迅猛扩大，在国民收入的实物构成中，必然形成生产资料比重急剧上升，而消费资料比重迅猛缩小。尽管基建投资和积累的口径是不尽相同的，但是高指标的基建投资，主要是来源于积累的增加，从而高积累则必然引起消费与积累的比例失调。事实正是如此：在第二个五年计划的前三年，积累率由1957年的24.9%上升为1958年的33.9%，1959年的43.8%，1960年的39.6%。这样的高积累必然引起城乡人民消费水平的急剧下降。把吃不饱、饿死人、患浮肿病的现象除开不说，仅就综合情况来看，1957年的口粮是406斤，1958年降到396斤，1959年再降到373斤，1960年更降到327斤。食油、肉类的消费量更是大幅度下降，棉布的定量供应也开始下调。第三个五年计划的平均积累率为26.3%，但第四个五年计划又上升到33%。特别是在1970—1972年的"三突破"期间，积累率相当高。即：1970年32.9%，1971年34.1%，1972年31.6%。同时，人民消费水平下降，例如口粮由1970年的376斤下降为1972年347斤。棉布由1970年的22.1尺下降为1972年的19.2尺。上述口粮和棉布消费量都是就全国城乡居民平均来说的，农村消费量都低于此数，少数农民吃不饱，穿不上衣服。至于肉类、食油、糖类的紧张，几乎是全国的普遍现象。

打倒"四人帮"以后，国民经济情况已在日趋好转，但是已经形成的比例失调现象，并不是短时间就能够调整过来的。特别是1978年，由于生产情况好转，财政收入增加，基建战线进一步拉长，积累率高达36%，又助长了矛盾。所幸党的十一届三中全会和第五届第二次人民代表大会后贯彻执行了调整、改革、整顿、提高的方针，相信在三、五年内将会出现国民经济按比例发展的新形势。

30年来，我国人民艰苦奋斗，尽可能地限制自己消费水平的提高速度，以争取尽可能高的积累率，期望工农业生产能以更高的速度发展，并在此基础上求得生活的改善。但事与愿违，就积累率来讲，我国虽属世界上少数几个高积累的国家之列；但就生产力现代化进程和生活水平提高的速度来讲，我们却远远地落在很多国家之后。究其原因，概而论之就在于积累虽然高，但分配畸形，缺乏综合平衡，重重，轻轻，轻农，并且使用分散，项目多，工期长，效果差，浪费惊人，大量的资金和物资并没有发挥它应有的作用。

综观30年的经验证明，马克思所揭示的关于按比例分配社会劳动的规律是不能违反的。它是对于包括上述各种比例在内的再生产客观比例性的进一步的理论概括。其要点就是：

无论任何社会生产，在社会总劳动时间为已定的条件下，使用于每一部门、每一种产品生产上的劳动时间，只能占一定的比例。不仅每一产品只能使用必要的劳动时间，而且在社会总劳动时间内，也只能把必要的比例量，使用在不同类的产品上。① 如果企图片面地畸形地把某一产品、某一部门（如钢铁、冶金）突击上去，结果是破坏了国民经济的按比例发展，到头来，被突击的产品和部门也还是不能独立地发展起来。

第二，重工业的发展总规模超过了农业和轻工业的负担能

---

① 参阅《马克思恩格斯全集》第25卷，第716页；第32卷，第541页；《马克思致路·库格曼》（1868年7月1日）。

马克思：《政治经济学批判大纲（草稿）》，第一分册，第112页。

力。重工业在建设过程中，需要大量的投资，从而用去大量的人力和物力；建成投产形成生产能力以后，为了使这些生产能力充分开动起来，就需要源源不断地供应原材料和动力，供应维修和更新用的机器设备、零配件、供应职工生活用品等。属于生产资料方面的需要，基本上靠重工业本身解决；属于生活资料方面的需要就要靠农业和轻工业了。但农业和轻工业所生产的生活资料是供全社会消费用的，其中用于供应重工业职工（包括其家属）的部分，在数量上不是可以任意扩大的，在生产水平为一定的条件下，用于重工业的部分增加，用于社会其他方面的部分就要减少。我们这里所说的重工业的发展总规模超过了农业和轻工业的负担能力，就是指：重工业的生产能力充分开动而向农业和轻工业提出的物资需要，超过了农业和轻工业能够向重工业提供的能力。这个问题，正是我国农轻重比例两次严重失调的基本原因和主要经验教训之一。下面让我们从三个方面对比进行分析。

首先，重工业生产要发展，增加劳动力是必要的条件之一。但重工业职工人数能够增加多少，取决于农业和轻工业能够提供多少生活资料。但是，30 年来我国工业职工（特别是重工业职工）数量的多次盲目陡增，给我国经济事业造成很大的恶果。第二个五年计划前 3 年，以钢铁带头的整个重工业生产，在包含有虚假成分的农业生产高指标的基础上大幅度地增长。这种增长，在当时我国技术水平和劳动生产力水平下，只能靠"人海战术"来达到。1958 年为了钢铁产量翻番和整个重工业生产的高指标，重工业劳动者由 1957 年的 557 万人猛升到 3550 万人，一下子增加 2933 万人。我们知道，由于生活条件和劳动条件不同，口粮及其他消费品的供应标准，城镇人口高于乡村居民，工人一般高于农民，尤其是重工业工人更高一点。所以像 1958 年这样大规模增加重工业工人，肯定会增加城镇口粮供应量。但是，1958 年粮食总产量只比 1957 年增加 2.5%，即 99 亿斤。所以，粮食供应紧张是必然的后果。轻纺工业主要产品产量虽然比粮食增长的幅度大，但对于猛增 5 倍的重工业职工说来，轻纺工业品的供应仍然是严重不足的。

"三五"和"四五"期间发生了类似的情况。1970 年我国农业丰收，农业总产值增长 11.5%，粮食产量增长 13.7%。人们再一次被农业丰收冲昏了头脑，又安排大上钢铁，大上重工业。1970 年重工业职工增加 313 万人，1971 年增加 338 万人，结果在 1972 年就发生了"三突破"，这再一次说明，重工业的发展总规模超过了农业和轻工业的负担能力。1958 和 1970 年这两次大"超过"，都是事后经过重工业的大幅度降低生产、缩短战线才调整过来的。

其次，重工业以及整个工业劳动者的增加，从来源上看，主要靠农业劳动力的转移，这种转移的数量，一定要与农业特别是粮食生产的劳动生产率相适应。否则，重工业和整个工业过多、过快地从农业抽调劳动力，就会直接削弱农业生产力。我国第一个五年计划时期，农村劳动力减少的速度比较缓慢，农业生产的起伏，主要是受自然条件的影响，而不是受劳动力减少的影响。与此相反，"二五"前三年，农村劳动力大量外流，工业劳动力特别是重工业职工迅猛上升。据统计，1957 年农村劳动力总数 1.92 亿人，1958 年减为 1.51 亿人，减少 4000 多万人，1960 年接近 1957 年水平。全民所有制工业企业职工人数，则由 1957 年的 748 万人升到 1958 年的 2316 万人，增加了 1568 万人；1960 年略有下降，但仍为 2144 万人。其中重工业的职工由 1957 年的 450 万人猛增到 1958 年的 1750 万人，增加 1300 万人，占工业新增职工 1568 万人的 82% 以上；1960 年继续增加，达到 1572 万人。与此同时，农村每一劳动力负担的耕地面积便由 1957 年的每人 0.88 亩增加到 1958 年的 1.1 亩。如果再加上同期耕畜剧烈下降，则每一劳力的实际负担还要大。尽管在这一时期，工业供应给农业的生产资料也成倍地增加了，但是由于质量不好，品种、规格不对路，实效较小，所以并没有抵补由于劳动力减少给农业生产所带来的损失。1957 年，每一个农业劳动力生产的产值是 279 元多，生产粮食 2020 斤；而到 1960 年，每一个劳动力生产的产值降为 254 元，生产的粮食降为 1686 斤。当然，这一时期农业生产下降原因很多，但是，在迄今我国农业生产还是以手工劳动为主的条件下，这样集中地大量地抽调农业劳动力，肯定是造成农业生产陡降的重要原因之一。

第三个五年计划以后，由于 1970 年的农业丰收又盲目增加职工，特别是重工业职工。请看 1970—1972 年工业职工增加情况：

工业职工增加情况　　　　　　　　（单位：万人）

	1970 年	1971 年	1972 年
合计新增职工数	444	424	263
其中：轻工业	131	85	110
重工业	313	338	153

由于重工业职工人数增长幅度大，轻工业劳动者占轻重工业劳动者的比重，由调整已见成效的 1965 年的 47.4%，进一步下降到 1972 年的 37.5%。每一个重工业劳动者相伴随的轻工业劳动者既不是 1957 年的 1.5 人，也不是 1965 年的将近 1 个人，而只剩 0.6 人多一些。这在当时工业劳动生产率没有多少提高的情况下，轻工业消费品供应紧张是理所当然的。只是由于当时大量

挖库存，这种紧张状态才没有在市场上充分暴露出来。这证明当时重工业的发展规模再一次超过了轻工业的承担能力。这一时期，农业劳动者人数虽然没有减少，但它与工业劳动者人数之比却是明显下降了：工农业劳动者之比由 1965 年的 1：12.8，下降到 1970 年的 1：9.9，1971 年的 1：8.8，1972 年的 1：8.1。同期粮食生产的劳动生产率不仅没有多少提高，反而下降了：每个农业劳动者生产的粮食（斤/人）1970 年为 1746.6，1971 年为 1761.6，1972 年为 1700.5。这说明，我国农业虽然在 1970 年取得了较大的丰收，但并没有给以后的丰收"打保票"，因为我国农业靠人的双手、靠"老天爷"的基本状况并没有根本改变。这次严重失调，由于 1973 年的调整，才稍有缓和。但是，由于"四人帮"的破坏，没能根本解决问题。

我们想分析的第三个方面，就是重工业靠什么途径发展的问题。任何物质生产（重工业也不例外）要发展，既可以通过增加劳动力的途径；也可以通过提高劳动生产率的途径；或者两种因素兼而有之。但是，依靠增加劳动力（相应地增加技术设备）这种外延型的扩大，首先会遇到人口自然增加率的界限，其次还会遇到由于目前我国农业劳动生产率很低，不可能从农业抽调劳动力的经济界限。大家知道，工业若从农村吸收一个劳动力，不仅是农村中减少一个农产品生产者，城市里增添一个吃商品粮食享用城市消费品供应标准的人口；还由于工业的发展要求有关的部门，诸如城市建设、商业、服务行业、文化教育等等都要相应的发展，从而增添工业劳动力，相应地增添城市人口，实际上给农业增添几重负担，也加重轻工业品市场的负担。从我国 30 年的经验看，工业的发展，凡是靠提高劳动生产率这种内含型的扩大再生产时，工农业比例都是比较协调的；凡是片面地、过分地靠外延型扩大时，工农业比例就会失调。请看全民所有制工业企业全员劳动生产率（按1970年不变价）变化情况：

年平均增长速度　　　　　　　　　　　（％）

恢复时期	一五	二五	1963—1965年	三五	四五	1966—1978年	1950—1978年
11.5	8.7	-5.4	23.1	2.5	1.3	1.7	4.6

这里应当指出，我们强调重工业内含型（集约式）的发展，并不是否定外延型的扩大。从长远来看，从历史事实来看，在重工业的发展过程中，劳动力要有必要的增加；随着农业劳动生产率的提高，劳动力从农业向工业转移，也是不可避免的。

总之，在我国目前条件下，要使重工业的发展规模同农业和轻工业的承担能力相适应，除了要按比例地分配产品和劳动力以外，还要充分注意，使工业特别是重工业的发展走提高劳动生产率（以挖潜、革新、改造为主）这种内含型的扩大再生产途径，而对于外延的扩大采取特别慎重并严加控制的态度，是适当的。

第三，重工业结构同发展农业和发展轻工业的要求不相适应。重工业结构，可以按不同门类划分，也可以按其产品的不同使用方向来划分。在我国，长期以来，部门构成失调的现象（如燃料、动力、原材料与其他部门的矛盾）也很突出。本文的任务在于总结农轻重关系的历史经验，故只就产品的使用构成进行考察。

重工业为农业服务，为轻工业服务，为重工业本身服务，这三者间的关系，正是农轻重关系在重工业内部的反映，它对农轻重三者关系的发展变化有着决定性的影响。列宁说："社会主义的惟一的物质基础，就是同时也能改造农业的大机器工业。"[1]

---

[1]　《列宁选集》第4卷，第549页。

重工业的基本任务在于不断以新的物质技术装备国民经济各部门。它决定着国民经济的发展水平和发展方向，决定着农业、轻工业和国民经济各部门的技术水平和劳动生产率提高的程度。所以发展重工业是建成社会主义现代化强国的根本性问题。

30年来，我们已经建立起了一个比较完整的工业体系，重工业也打下了比较牢固的基础。但就重工业结构来说，它既同农业技术改造的要求不相适应，也同积极发展轻工业、改变轻工业原料构成（提高工业原料比重）的要求不相适应。

从重工业为农业服务方面来看。

我们的目标，是建设起农业现代化、工业现代化、国防现代化和科学技术现代化的社会主义强国。农业现代化是四个现代化的基本内容之一。我们的重工业在其发展过程中，应当从长远的经济战略的见地出发，在远景规划中预计要形成一个什么样的重工业结构，以适应农业的技术改造（包括生物技术和机械技术）进而达到现代化的需要。但是，回顾我国30年来已经形成的重工业结构是远远不符合这个要求的。

解放前我国的工业只占国民经济的10%左右，重工业更是微不足道。我国现在的工业结构，特别是重工业结构，基本上是在社会主义工业化过程中形成的。在重工业基础非常薄弱的条件下，工业化的起步阶段，把发展工业的重点，放在基础工业主要是重工业的建立和发展上，势在必行，未可厚非。问题在于重工业也是一个不断发展的过程，它可以在不同时期的不同水平上装备农业，不能等待重工业完全装备好了之后再为农业服务。因此，我们说，重工业结构与农业技术改造不相适应，是同多年来投资安排失当不可分的。例如"一五"时期重工业投资中直接为农业服务的农机、化肥、农药等仅占重工业投资的2.9%。在"156项"重点工程中，只有一个拖拉机厂，3个化肥厂。这种安排，当然起不到积极支援农业的作用。

在第一个五年计划时期，毛泽东同志提出的工农业并举和中国工业化的道路问题，尽管多年来没有得到很好的贯彻执行，但是从"二五"开始，国家用于农业的财力、物力毕竟是有所增加，请参看下表：

	重工业投资额（亿元）	其中：用于农机、化肥、农药投资额（亿元）	比重（%）
第一个五年计划	255.99	7.58	2.9
第二个五年计划	666.27	38.27	5.7
1963—1965 三年	201.26	19.68	9.7
第三个五年计划	524.77	47.73	8.0
第四个五年计划	920.58	93.38	10.1
1976—1978 三年	657.83	73.16	11.1
1952—1978 二十六年	3241.63	279.93	8.6
	总投资 5938.7		

国家在重工业投资中用于农机、农药、化肥的绝对额及其比重再从用于农业的物力上看，化肥产量从 1952 年的 3.9 万吨，上升到 1978 年的 869.3 万吨（含量 100%）；拖拉机从 1958 年产 1000 台，上升到 1978 年产 11 万多台。国家供应农业和农机维修用钢材，由 1953 年的 8 万吨，增加到 1978 年的 289 万吨，农村用煤由 1953 年的 785 万吨，增加到 1978 年的 3966 万吨；农村用电，由 1952 年的 0.5 亿度，增加到 1978 年的 253.1 亿度。等等。

总之，从发展趋势上看，重工业结构是在向着有利于农业生产和农业技术改造的方向发展，但这种发展与农业对各种需要重工业供应的生产资料的要求相比，还是远远不够的。就拿综合反映这种状况的固定资产来说，据全国二十五个省、市、区的统计（缺广东、甘肃、青海、西藏），现在农村人民公社三级的固定资产只有849亿元，平均每个农业劳动力拥有310元，而轻工业每个劳动力则拥有5000元，重重工业——11000元。由此可见农业的技术装备程度是何等之低！

再拿化肥来说，1978年我国农用化肥产量（按100%含量计）只有869.3万吨，加上进口的14.7万吨，每亩施用量才达到11.9斤，实在少得可怜。

此外，供应农业的燃料、动力、钢材、生铁、水泥、木材等数量都很少。

所以，我国重工业在为农业技术改造和现代化服务的事业中，还要做大量的工作，这里决不可以因为见到农业由于落实党的正确的农村经济政策而带来的丰收，而掉以轻心的。

再从重工业为轻工业服务方面看。

如所周知，轻工业的机器设备来自重工业；[①] 轻工业原料来自农业，也来自工业。重工业要为发展轻工业服务，就得从这两方面——机器设备和原材料——解决问题。

我国本是一个工业落后的农业国，原来仅有的轻工业是以农业原料为主的，它受到农业生产水平的严重制约；同时，随着经济的发展和生活水平的提高，对于以工业生产资料为原料的日用工业品需求日益增长。所以，为了减轻轻工业对农业的依赖程度，更好地满足人民的消费需要，发展以工业产品为原料的轻工

---

① 这是就一般原则来说的。在具体生产中，也有把某些生产设备划归生产该产品的轻工业部门自己领导的。

业，就应当改变轻工业的原料构成，既减少农业原料的比重，增加工业原料的比重，这是世界上所有工业先进国家的一般发展趋势。为适应这种社会需要，在重工业结构上，必须把为轻工业提供原料的生产放在重要位置上。与此相适应，必须首先生产出为生产轻工业原料所需要的机器设备，同时还要生产轻工业部门为使用这些原料生产新的消费品，所需要的机器设备，以及燃料、动力等等。

在经济比较落后的国家，轻工业的发展大都是以农产品为主。我国的情况正是这样的。解放以来，我国轻工业原料构成变化不大，以几个关键年份为例，其情况如下：

以轻工业总产值为 100 的比重　　　　　　（%）

	1952 年	1957 年	1965 年	1970 年	1975 年	1978 年
以农产品为原料	87.5	81.6	71.7	70	70.1	68.4
以工业品为原料	12.5	18.4	28.3	30	29.9	31.6

这就是说，二十多年来，轻工业原料以农产品为主，并占绝大部分（70%）的状况并没有很大改变。再以纺织工业所急需的化学纤维为例，虽然自 1957 年以来有很大发展，但至今远远不能满足需要。我国化纤在纺织纤维总量中的比重仍然很低，而国外这一比重已达到 50% 左右。1978 年为了保证纺织工业充分开工，进口了棉花 952 万担，化纤 20 万吨。

目前，我国生产化纤、塑料，以及新型耐用消费品的机器设备尚不能充分制造供应，而要靠引进，这是亟待解决的。

此外，重工业为轻工业服务的一个重要方面就是向轻纺工业提供燃料、动力。但是多年来，向轻工业供应的煤电油不敷需要。例如在工业用电中，重工业占 80%—90%，其中冶金和化工两个部门经常用去三分之一，轻纺工业一般只能用 10% 左右。轻纺工业所需要的燃料、动力，常常由于为重工业"让路"而停工停产。

综合起来看，直到目前为止，我国重工业结构仍然不能适应加速发展农业和轻工业的需要。这也是我国农轻重比例失调的基本原因和主要教训之一。我们认为我国的重工业，无论钢铁、机械、石油、煤炭、电力……都为国民经济的发展作出了巨大的贡献。其中包括着为农业和轻工业所作的巨大贡献。但是另一方面，我们又不能不说，我国目前的重工业结构是以自我装备型为主，并且有相当大的部分是为国防工业服务的。国防工业为保卫无产阶级专政国家和保障全国人民安居乐业所必需，当然应该受到高度的重视。但是，它毕竟不能直接满足人民的生活需要，因而也就存在着正确处理国防工业与经济建设的比例关系问题。正由于重工业要大力为国防工业服务，而又以自我装备为主，这就势必生产出许多国防工业产品，以及大量的为满足重工业本身需要的中间产品，因而为满足农业和轻工业需要的生产资料就相对减少了。这就是我国重工业结构的现实状态；而就整个国民经济来说，则是一副重工业与农业、轻工业不相适应的国民经济结构。

写到这里，我们必须进一步探讨，我国为什么形成了这样的重工业结构以至国民经济结构？

30 年来，我国实行的是计划经济，我们的重工业结构以至国民经济结构是在有计划的指导下形成的，而不是自发地形成的。毛泽东同志早在第一个五年计划时期就提出了中国工业化的道路，工农业并举和重轻工业并举的方针，党中央又进一步颁布了以农业为基础、以工业为主导的总方针。这不能不说，在路线方针上、在指导思想上不仅是正确的，而且是非常鲜明，毫不含糊的。但是实践的结果，却偏偏是适得其反，这究竟是为什么？

我们认为问题的症结在于片面地突出重工业已经成为一种习惯势力。这种势力比党的方针和指导思想远为强大。与此同时，我们的管理体制又是中央集权的，它能够保证任何上级决定得到贯彻实施，即使决定错了，也能通行无阻，得不到纠正。展开这方面的讨论，不是本文的任务。但是，上述那种习惯势力之所以能够经久不衰，是同人们在理论上片面理解、在实践上片面执行"优先发展重工业"方针有联系的。所以，在这里只就与农轻重比例有关的所谓优先发展重工业问题加以探讨。

我们在上文中已经肯定了，在我国的社会主义工业化过程中实行优先发展重工业的方针是完全正确的、必要的。我们认为这个方针，不仅在过去是必要的，而且在今后相当长的时期内仍然是必要的。问题在于把正确的东西突出到不应有的高度。于是真理转化为荒谬。

为要讨论这个问题，先澄清几个概念。

1. 我们通常所说的农轻重比例，粗略地说，它近似于两大部类比例；然而准确地说，它并不等于两大部类比例，所以，不能以农轻重比例代替两大部类比例。因为两大部类比例是按实际用途划分的；农轻重是按部门划分的，而每一部门生产出的产品，则既可用做生产资料，又可用做消费资料。尤其是农业，它本来是生产消费资料的，但是随着生产力的发展和商品经济的发达，农家直接消费的部分越来越小，经过工业加工再返回来作为消费品使用的部分越来越大。

2. 我国优先发展重工业的方针，基本上是以生产资料生产优先增长的规律为依据制定的。但是必须指出，这个规律中所说的生产资料生产是比重工业的范围广泛的。

3. 我国对于"优先"一词有各种不同的理解。因而在执行优先发展重工业的方针中也发生某些不必要的混乱。列宁所说的生产资料生产优先增长是指增长速度快来说的；而我们常常按次序先后，把放在前边的叫做优先，如把资本主义工业化从轻工业开始说成优先发展轻工业；在我国的习惯上也常常把优先当作"照顾"来理解。我们认为在经济学的用语上，生产资料生产优先增长的"优先"只能作为速度增长得快来理解。

让我们转过来讨论"优先发展重工业"问题。

我国从酝酿、准备、着手实行社会主义工业化以来，就流行一种观点，说优先发展重工业是社会主义工业化道路；而资本主义工业化是从轻工业开始的。

诚然资本主义工业化是从轻工业开始的。但这不是由人们的主观意志决定的，而是由当时的生产、技术条件造成的。事实上轻工业的发展离不开重工业。历史事实告诉我们，在发明了蒸汽机、机动纺织机，改进了炼铁术，开始了以机器制造机器的产业革命之后，资本主义工业才有了大发展。如所周知，列宁提出的生产资料生产优先增长是从资本主义生产发展和技术进步的历史过程中总结出来的扩大再生产的规律。列宁说："生产资料增长最快这个规律的全部意义和作用就在于：机器劳动的代替手工劳动（一般指机器工业时代的技术进步）要求加紧发展煤、铁这种真正'制造生产资料的生产资料'生产。"接着又说，机器劳动的代替手工劳动正表现了人类技术的整个进步作用。"技术愈发展，手工劳动就愈受排挤而为许多愈来愈复杂的机器所代替，就是说，机器和制造机器的必需品在国家全部生产中所占的地位越来越大。"① 可见列宁揭示这一规律是在说明技术进步的作用；

① 参阅《论所谓市场问题》，《列宁全集》第 1 卷，第 88 页。

与此同时，也是通过这个规律来暴露资本主义生产方式的本质，暴露资本主义生产中两大部类之间的矛盾。所以，我们不应简单地以优先发展重工业或"优先"发展轻工业来划分是社会主义道路，还是资本主义道路。

只要认真读一读列宁的有关论著，深入领会他的一系列精辟的分析，就会得出正确的结论。列宁指出，为了扩大生产，必须首先生产生产资料，而要做到这一点，就必须扩大制造生产资料的社会生产部门，就必须把工人吸收到那一部门中去，这些工人也就对消费品提出需求。"因而，'消费'是跟着'积累'或是跟着'生产'而发展的——不管这看起来多么奇怪，但是在资本主义社会中也只能是这样。……前者正是在于发展社会的生产力（为生产而生产）；后者则使居民群众不能利用生产力。"①

但是，生产资料生产又是不能脱离消费资料生产而孤立发展的。所以列宁又说："'社会消费能力'和'不同生产部门的比例'这决不是什么个别的、独立的、彼此没有联系的条件。相反地，一定的消费状况乃是比例的要素之一。实际上，对现实的分析表明，资本主义国内市场的形成，与其说是靠消费品，不如说是靠生产资料。因此，社会产品的第一部类（生产资料的制造）能够而且也应当比第二部类（消费品的制造）发展得快。但是决不能由此得出结论说，生产资料的生产可以完全不依赖消费品的生产而发展，也不能说是二者毫无联系。……生产消费（生产资料的消费）归根到底总是同个人消费联系着，总是以个人消费为转移的。但是，资本主义的本性一方面要求无限地扩大生产消费，无限地扩大积累和生产，而另一方面则使人民群众无

① 《评经济浪漫主义》，《列宁全集》第2卷，第122页。

产阶级化，把个人消费的扩大限制在极其狭窄的范围内。"①

　　读了列宁的这些教导，使我们懂得，机器劳动代替手工劳动是人类技术进步作用的表现。正是这种技术进步，使生产资料优先增长成为一个客观要求。

　　但是，在资本主义制度下，由于私有制的存在，生产与消费之间不可能建立直接的联系，这种生产资料优先增长就表现出为生产而生产的倾向，同时伴生出人民群众的贫困化，这是资本主义发展到那个历史阶段的特征。

　　从技术发展阶段来看，我国从实行社会主义工业化开始，直至今后在实现社会主义现代化强国的相当时期内，都还处于机器劳动代替手工劳动的阶段，因而不仅过去确定的优先发展重工业的方针没有错，而且今后仍然要继续贯彻执行优先发展重工业的方针。问题在于我们不能片面理解优先发展重工业的方针，不能为重工业而重工业，使轻工业和农业得不到应有的发展。我们必须时刻注意，优先发展重工业，究竟是为重工业而重工业呢？还是为发展农业和轻工业，进而提高人民的物质文化生活水平而发展重工业呢？列宁说："归根到底生产资料的制造必然是和消费品的制造联系着的，因为生产资料的制造不是为了生产资料本身，而是由于制造消费品的工业部门对生产资料的需要日益增加。"② 假如我们不是这样地对待农轻重关系，反而阻碍农业和轻工业的发展，阻碍人民消费水平的提高，那正好是重复了资本主义生产的弊病，怎么还说得上社会主义道路呢？！

　　下面，我们再来谈谈如何看待消费品生产的问题。

---

　　① 《市场理论问题评述》，《列宁全集》第 4 卷，第 44—46 页。
　　② 《列宁全集》第 4 卷，第 143 页。列宁复述《资本论》上的一段话。参阅《马克思恩格斯全集》第 25 卷，第 341 页。

按经济发展的一般规律来说，在社会生产不断发展，人民收入不断增长的条件下，消费品增长越快，销售额越大，则国家得到的利润越多，积累越高，反过来又进一步推动生产的发展。而重工业为消费品生产提供的生产资料越多，则农业和轻工业的发展就越快，与此同时重工业本身的发展也就越快。这正是毛泽东同志所说的，用多发展些农业和轻工业的办法来促进重工业的发展。从经济学上说，这种消费资料生产和生产资料生产的按比例发展，是有利于整个国民经济发展的。反之，如果片面地优先发展重工业，在重工业压力越来越大的情况下，势必使消费品在总生产中的比例受到限制，购买力的实现受到压抑，人民的消费需要得不到满足。这种做法必然遭到人民群众的反对，而且在根本上是违反生产与消费的辩证关系的。

在社会生产的总过程中，包括生产、分配、交换、消费这四个环节，生产表现为起点，消费则表现为终点。马克思在《政治经济学批判》中指出，作为生产的终点和目的的消费，它又会反过来作用于起点，并重新引起整个过程。所以，没有生产就没有消费，而没有消费也就没有生产。"消费，作为必需，作为需要，本身就是生产活动的一个内在要素。"① 因为在社会中进行生产的个人，只有把生产品消费了之后，才能"把自己再生产"出来，既然消费是生产的一个内在要素，那么，抑制消费品的生产，实质上就是阻碍社会生产的发展，压低人民的消费水平。正如斯大林所说的："人们不是为生产而生产，而是为满足自己的需要而生产。……跟满足社会需要脱节的生产是会衰退和灭亡的。"② 30 年来，我们已经在这方面吃了不少苦头，并且使

---

① 《政治经济学批判》，《马克思恩格斯选集》第 2 卷，第 97 页。
② 《苏联社会主义经济问题》，《斯大林文选》，第 632 页。

得我们的国民经济结构形成了畸形的发展。客观形势要求我们进行调整、改革，我们再也不能片面地理解优先发展重工业，脱离社会主义生产的目的来安排国民经济计划了。

第四，农产品征购量偏高，价格偏低，造成农业发展缓慢工农业比例失调。我国当前的农业主要是集体所有制经济，工业和农业的关系，从政治上说，基本上表现为工人阶级与农民的关系。因而农业问题实质上是如何对待农民，如何正确处理工农联盟问题。社会主义建设时期的工农联盟，主要是建立在商品交换这个经济基础之上的联盟。所以农产品征购量的多少和价格的高低，直接地影响工农关系和农业生产的发展。即使我们的政策方针在原则上是正确的，但是，如果征购量过多，甚至挖了农民的口粮；而在价格上又是工业品贵，农产品贱，使农民交纳更多的"特殊贡税"，就必然挫伤农民的积极性，从而导致农业生产的萎缩、停滞。

毛泽东同志从来重视农产品的征购量和价格问题。远在抗日战争时期，他在《财政问题与经济问题》中就提出了反对竭泽而渔的著名言论；在《论十大关系》中又提出了"三定"（定产、定购、定销）问题和采取缩小剪刀差，实行等价交换问题。

然而毛泽东同志的这些重要指示，并没有得到认真的贯彻。

关于农产品征购问题。

由于我国农业落后，农产品商品率历来不高，一般说在15%—20%之间。但我们有不少年份的粮食净征购率超过20%，少数年份超过了25%，最突出的是1959年，超过了28%。1959年和1960年的实际生产情况本来是减产了，但当时虚报、浮夸成风，按报告数字计征，变成挖农民的口粮。1959、1960、1961三年减去征购量后留给农民的粮食只有2000亿斤，特别是1961年只留下1859亿斤！在1962年以后，征购率基本上保持稳定，并略有下降，但由于人口增长太快，农民生活仍然是紧张的。不少地区农民口粮不到 400 斤，个别地区还有达不到 300 斤的，让农民在半饥半饱状态中劳动生产，怎么可能调动起来积极性呢？不言而喻，农业生产不只是粮食问题，还有棉花、油料等经济作物的生产和畜禽饲养问题，这些方面的统购、派购也存在着不少问题。

关于农产品价格问题。

工农产品价格的剪刀差是历史上遗留下的问题。解放以来，我国的农产品收购价格长期偏低，仅从几种固定的工农业产品比价上看，剪刀差的确是缩小了。① 问题在于这种交换比例，仅限于几种工业消费品，它们的代表性如何，还值得研究。特别是这个比价中未包括工业部门为农业提供的生产资料的价格，而我们的农机、农药、化肥等的价格，同国际市场比较都是过高的。例如在国际市场上，1 斤粮食可交换 2 斤化肥，而我国还换不到 1斤；日本 11000 斤稻谷可交换 1 台 20 马力的乘坐式拖拉机，而我国需要 71000 斤稻谷交换 1 台 28 马力的东方红拖拉机。正是由于农用生产资料价格高，所以，农产品成本在不断提高，而农产品收购价格长期固定不变即使稍有提高也不足以弥补成本上升的代价。据 22 个省 1296 个生产队的调查材料，1976 年同 1962年比较，六种谷物平均亩产增加 182 斤，产值增加 16.61 元，生产成本（包括用工折价）增加 20.33 元，税收增加 0.39 元，纯收益减少了 4.11 元（根据农业部材料）。在这种情况下，这些年，不但有所谓"高产穷队"，还有所谓"丰产穷县"。这不正

---

① 即按稻谷、小麦、棉花、生猪和鸡蛋与煤油、食盐、白糖、白布、火柴等的交换比例来看，剪刀差是缩小了。1978 年以 1950 年为基期的物价指数，农产品收购价格提高 1 倍以上，工业品零售价格只提高 9.8%，剪刀差缩小 47%。

是价格不合理的表现吗！另外据黑龙江省调查材料，大庆卧虎屯化工厂产尿素，每吨成本 150 元，加工业利润 200 元，出厂价格 350 元，商业环节再加流通费用 100 元，售价 450 元。农民买 1 斤化肥，需要 3—3.5 斤玉米钱，按 1 斤化肥增产 4 斤玉米计算，买 10 斤化肥用在一亩地上，即可增加 40 斤产量，减去化肥的代价，只相当于增产 5—10 斤粮食。显然，工业品（化肥）的价格偏高了。再从每个农业、工业劳动力所创造的国民收入上看，1978 年农业净产值 1072 亿元，农业劳动者 29426 万人，每个农业劳动者创造的国民收入 364.3 元；工业净产值 1406 亿元，工业劳动者 5005 万人，每个工业劳动者创造的国民收入 2809.2 元；每个工人所创造的国民收入高于农民 6.7 倍。同期全民工业企业全员劳动生产率按净产值计算达到 10000 多元，工业为农业的 30 倍以上，工业部门的劳动生产率是否比农业高出那么多倍？恐怕主要是价格因素造成的。也就是农民创造的一部分国民收入，通过再分配转移到其他部门（如商业、轻工业等）实现了。

当然，社会主义国家利用工农业产品价格剪刀差向农民征收一部分工业化资金，在工业化的前期阶段是在所难免的，要求过早地消灭剪刀差也不现实。但是，农产品价格应该随着农业的丰歉有一定幅度的灵活性，以利于农业的休养生息；同时，随着工业的发展和工业劳动生产率的提高，工业本身的积累能力不断增强，应该逐步缩小剪刀差。并在条件成熟时消灭剪刀差。我们失误之处，总是避讳谈起剪刀差问题，致使问题长期得不到解决，根据农业部的计算，1978 年农村商品零售额 810 亿元，价格高于价值 15%—20%；收购农产品金额 460 亿元，价格低于价值 25%—30%；两项合计，农民为国家提供资金积累 200—300 亿元。再加上农业税 30 多亿元，总数大大超过国家用于农业的投资。近 25 年来，国家对农业基建投资占全国基建投资比重平均为 12% 左右，不过 30—50 亿元。每年用于集体农业的贷款也不过 100 亿元左右。

党中央有鉴于征购量偏高而价格偏低的问题，在三中全会上提出了减少和稳定农产品收购量和提高农产品收购价格的决议，已经由国务院制定方案付诸实施并且成效初见。我们相信，今后随着各项正确的农村经济政策的贯彻落实，我国农业会有更大的进展，从而使农轻重比例逐渐趋于协调。

第五，农轻重比例失调再一个基本原因是农业生产遭受到人为的直接破坏。多年来我国农业由于本身遭到直接的人为的严重破坏（特别是在林彪、"四人帮"推行极左路线期间）所受到的损失，是无法用数字来衡量的，它的危害远远超过工业支援农业所起的积极作用。

从第一个五年计划以来，二十多年期间，重工业向农业提供的生产资料，有很大增长。1978 年与 1957 年相比，化肥增长 23 倍，排灌动力增长 115 倍，拖拉机增长 37 倍，手扶拖拉机从 1957 年为零，一下跳升到 1978 年的 137 万多台。

但是，二十多年按产值计算的农业劳动生产率却只增长 11%，即平均每年增长 0.5%，且粮食的生产率还下降了，这究竟应该如何解释呢？诚然，我们的工业部门所提供的化肥、农机、农药等对整个农业生产的需要来说，还只占很小的比重，而且不少产品质次、价高，在农机维修配套以及因地制宜上也存在很多问题，以致在农业生产上并未发挥应有的作用。但工业提供的农用生产资料毕竟是大幅度地不断增长了，那怕打上几个折扣，它也应该发生一定作用吧！然而事实上农业劳动生产率却长期停滞不前。这不能简单地归咎于工业支援不够，而只能从农业生产本身受到各种干扰上去寻找原因。这种干扰，有的属于政策措施失当（如前面谈到的农产品购留比例、农产品价格政策等），而更为严重的是人为的直接破坏。

首先是刮"共产风"，搞"穷过渡"，"割资本主义尾巴"，以及瞎指挥的问题。

我国国民经济的两次比例失调，都是同小资产阶级极左思潮猖獗，使农业生产遭受毁灭性的破坏密切相关的。

1958 年政治骗子陈伯达鼓吹"立即过渡"，在农村中大搞"一平二调"，吃饭不要钱，进行共产主义试点，幻想在几年内过渡到共产主义，还取消自留地、家庭副业和集市贸易，庸俗地名之曰"割资本主义尾巴"！在林彪、"四人帮"横行时期，他们煽动"突击并队"，"靠穷精神过渡"的黑风，重演"割资本主义尾巴"的恶作剧。为数不少的农村领导干部对集体经济妄加干预，越俎代庖，瞎指挥，一刀切，盲目推广典型经验，甚至对自留地上的和集体地里的庄稼，不管是否已经成熟，只要不符合"领导"的要求，就一律毁掉。农民群众无限感慨地说："政策上的破坏比天灾还厉害！"

我们有许多同志不懂得农民不可剥夺的真理。他们把富当作资本主义，把穷、把平均主义当作社会主义。因而很容易上当受骗，致使极左思潮泛滥成灾。在这种形形色色的破坏和干扰下，损害了党的政策和威信，伤了农民的心。因此，尽管农用生产资料——拖拉机、化肥、农药、排灌机具等的供应都增加了，但农业生产并没有增长上去。这个教训充分表明，不正确解决政策、思想、作风和生产关系方面的问题，仅在发展生产力上动脑筋，还是解决不了农业生产问题。

更值得注意的是对自然规律的严重违反问题。有些人错误地理解以粮为纲，盲目地追求粮食自给，牧区弃牧种粮，林区毁林开荒，湖区围湖造田，经济作物区被迫改种粮食，这些现象并不是个别的。结果是草原、森林被毁，水流被堵塞，淡水鱼产陡降，土壤沙化，水土流失，自然界的生态平衡遭受到严重的破坏。这不只是使当年农业减产，而是对于子孙后代贻患于无穷了！恩格斯早就在《劳动在从猿到人转变过程中的作用》一文中生动地描绘了人类对自然界生态平衡的破坏所遭到的严重惩罚。[1] 我们一定要像恩格斯指出的那样，"学会认识我们对自然界的惯常行程的干涉所引起的比较近或比较远的影响"，[2] 再也不能对违反自然规律的严重情况，听之任之，熟视无睹了！应该说，正确地认识和掌握自然规律是发展农业的起点。不首先重视这个问题，即使经济关系问题解决了，农业生产也还是上不去，更谈不上农业的现代化了。

最后是关于政治局面和管理体制问题。

这不属于农轻重关系本身的问题，而是全局性的问题。这里只想指出，没有一个安定团结的政治局面，没有一个讲求民主和法制的政治体制，没有一个兼顾国家、地方、集体、个人经济利益的管理体制，要想就事论事地解决农轻重按比例发展问题，是根本不可能的。

三、正确处理农轻重关系，坚持走中国 的工业化道路

30 年来的曲折道路说明，我们对农轻重三者关系的客观规律性并没有真正认识。虽然我们党和毛泽东同志早就注意到了正确处理农轻重三者关系对社会主义工业化的巨大意义，也提出了中国的工业化道路问题，但是多年来，在理论上和实践上都没有

---

[1] 参阅《马克思恩格斯选集》第 3 卷，第 517—518 页。
[2] 《马克思恩格斯选集》第 3 卷，第 518 页。

能很好地解决这个问题。我们的工业化、现代化究竟如何走中国自己的道路，仍然是个迫切需要深入探索的大课题。

为了回答这个问题，需要在总结我国自己经验的基础上深入学习和领会毛泽东同志关于以农业为基础，正确处理农轻重关系，走中国自己的工业化道路的一系列深刻的思想和明确的主张。例如关于以农业为基础，工业为主导的思想，关于用多发展一些农业和轻工业的办法来促进重工业，实行工业化的思想，关于国民经济计划上先安排食、衣、住、用、行再安排基建及其他事业的思想，关于以农轻重为序编制计划的思想，关于不能竭泽而渔、剥夺农民的思想，等等，都是我们指导中国社会主义建设，实行工业化和现代化的强大思想武器。我们应当从自己的实践经验出发，在马列主义毛泽东思想一般原理指导下，正确解决以下几个问题。

第一，以农业为基础，坚持中国的工业化道路。把工业化的进程，同农业承担能力的提高结合起来。中国的工业化道路是毛泽东同志在1957年发表的《关于正确处理人民内部矛盾的问题》中提出的。这条道路的核心问题是：以重工业为中心，发展工业和发展农业同时并举，发展重工业和发展轻工业同时并举；它的理论基础是：农业是国民经济的基础，工业是国民经济的主导；在计划安排上要以农轻重为序；在具体措施上主要是依靠内部积累和国内市场，也就是自力更生，艰苦奋斗，这条道路，从目的性来说，是把生产建设同人民生活结合起来了；从政治的角度说，是高度重视农民问题在社会主义建设中的极端重要性，努力从经济上巩固工农联盟。问题提出的背景，是在我国"一五"后期开始显露出来的工农业矛盾，以及波、匈事件（1956年）反映出来的社会主义建设的经验教训。——我们决不能再走人家已经走过的弯路了。毛泽东同志这一完整的思想，在1962年党的八届十中全会上概括为以农业为基础，工业为主导的发展国民经济的总方针。回顾二十多年来的经验教训，问题就发生在我们并没有在实践上认真贯彻执行这一正确的方针。

为什么这条正确的道路和方针没有得到贯彻呢？原因固然是多方面的。但从指导思想上说，主要是有些人没有巩固地树立起以农业为基础的思想，口头上天天说农轻重，实际上年年是重轻农。在计划安排上没有按照社会主义的生产目的，把生产建设同人民生活恰当地结合起来；没有从工农联盟的高度把农民的经济利益同国家工业化的需要结合起来。

在我国这样一个工业基础尚属薄弱，而农业更为落后的条件下，发展工业必须首先考虑农业的承担能力。"社会为生产小麦、家畜等等所需要的时间越少，它对于其他生产，不论是物质的生产或精神的生产所获得的时间便越多。"① 超越于劳动者个人需要的农业劳动生产率是一切社会的基础。谁违反这条客观规律，必定要遭到历史的惩罚。

就是说，剩余劳动必须首先在农业上出现，然后才能有工业和其他事业的发展。因此，我们要发展工业，就必须首先发展农业，使农业有足够的生产率，而在农业没有提高劳动生产率之前就不能盲目地抽调劳动力。这是保证农业生产发展的第一个界限。第二个界限就是农产品的调出决不能削弱农业本身再生产的条件。如撇开对外贸易不说，一国能够养活多少工人和其他非农业人口，以保证工业的发展，取决于农业在满足它本身的需要后能够为社会提供多少粮食和其他生活资料，农产品的过多调出，

---

① 马克思：《政治经济学批判大纲》（草稿）第1分册，人民出版社1975年版，第112页。

必然破坏农业的再生产；以农产品为原料的轻工业的发展是取决于农业原料的供应量的，从而农业又制约着轻工业的发展。第三个界限，从农业方面积累一部分国家工业化的资金，在一定的历史时期内是不可缺少的。但其数量不能过大，以致造成农业亏本经营，只能在保证农业扩大再生产的资金需要的前提下，把农业的纯收入适当地拿走一部分。总之，工业化的实现和工农业劳动生产率的提高是个逐步发展的过程，只有使这两个过程互相配合，互相促进，国民经济的发展才能具有最优的比例和最优的速度。

第二，坚决改变重工业的生产结构，使之与发展农业和轻工业的需要相适应。我们要走中国的工业化道路，就必须使重工业的结构真正适合发展农业和轻工业的需要。然而我们重工业的现有结构并不符合这个要求。形成这种结构的历史过程已见前文。我们认为形成这一结构的思想根源就在于重工业的发展方向和目的究竟是为重工业而发展重工业呢？还是为发展农业、轻工业而发展重工业呢？这在马克思主义的再生产理论中本来是十分清楚的问题。我们在上文中已经分析过了。无论任何社会，生产资料的生产归根到底是为了满足消费品生产的需要。如果离开这个客观需要孤立发展重工业，必然破坏再生产比例，形成畸形的发展结构。所以，在调整国民经济的过程中，决不能头痛医头，在那个老框子里徘徊，而要从全局出发，从长远着眼，坚决地使重工业的结构朝着为农业、轻工业服务的方向改变，并进而形成与农业、轻工业发展的需要相适应的新的重工业结构。

从发展农业的需要来说，农业现代化的实现是要以重工业作为惟一的物质技术基础的。马克思说："任何生产——只要不是指单纯的攫取和占有，——都是再生产，因而都需要'先于它生产的产品作为材料'。在生产中成为结果的一切同时也是前提。大规模农业越发达，它购买'先于它生产的'产品和卖出自己的产品就越多。"① 在农业现代化过程中，这些"先于它生产的产品"就是农业机具、电力设备、化学肥料和农药等等。毛泽东同志也指出过重工业要以农业为市场的重要性。他说："随着农业的技术改革逐步发展，农业的日益现代化，为农业服务的机械、肥料、水利建设、电力建设、运输建设、民用燃料、民用建筑材料等等将日益增多，重工业以农业为重要市场的情况，将会易于为人们所理解。"② 我国有近 10 亿的人口，15 亿亩以上的耕地，40 亿亩以上的草原，还有为数不小的可垦荒地。农业的耕作、开发和实现现代化所需要的生产资料是非常庞大的。重工业为要给农业提供大量生产资料就要先行制造生产这些生产资料的机器设备和能源等等。所以，由促进农业集约化所必需的生产资料形成的这个庞大的国内市场，不是削弱重工业，而是对重工业本身迅猛发展的强大推动力。

　　轻工业的发展也如此。一个由近 10 亿人口组成的庞大的消费品市场，对轻工业产品的需求之大是可想而知的。衣食住用行的各种日用品，从低级品到高级品，不论家具、钟表、自行车、缝纫机、收音机、电视机，进而洗衣机、电冰箱等等，无论哪一种，一经普及，它的数量就不只是以百万计，而是以千万计，万万计。生产量越大，销售额越大，利润额也越大，积累额也相应地增大了。这不只是推动轻工业发展，也同时要求重工业为轻工业提供越来越多的生产设备和工业性原材料，这就更加刺激重工业的加速发展，其结果是重工业的优先发展真正地同轻工业的加

---

　　① 《剩余价值理论》，《马克思恩格斯全集》第 26 卷，第 2 册，第 56 页。
　　② 《毛泽东选集》第 5 卷，第 400 页。

速发展结合起来。在实际生活中，为改变重工业结构和农轻重比例，使轻工业发展得更快些，这并不是违反生产资料优先增长的规律，而正是为了把原有的结构、比例改变到符合客观规律要求的轨道上来。其次，毛泽东同志早在"一五"末期就曾经精辟地论证了重工业要为轻工业服务，并在这种服务中促进它自身发展的道理。① 重温这些教导是大有教益的。

第三，合理确定投资规模和方向，保证农轻重协调发展；坚持以农轻重为序，促进产业结构合理化。基本建设投资和扣除折旧基金部分后，基本上就是用于扩大再生产的积累基金了。积累规模是决定扩大再生产规模的主要手段，而积累的使用方向，又是引起部门比例的变动的主要杠杆，可以说，现在已经形成的国民经济结构是过去的投资使用方向决定的，而要改变这种结构，主要地是要从确定投资方向做起。因此要改变重工业现在的结构，使之适合于今后农轻重协调发展的需要，就必须以农轻重为序确定投资方向，适当安排投资的分配比例。

经验说明，同样的积累规模，由于使用方向不同，分配比例不同，出现的后果也就不同。例如：是用于重工业的投资多些呢？还是用于轻工业、农业的投资多些，它所引起的比例和结构的变化是不同的；使用于重工业的投资即使数量不变，但在使用方向上是侧重于装备重工业本身呢？还是侧重于装备农业、轻工业，它所引起的比例结构变化也是不同的。以农轻重为序安排投资的最大好处，就是易于把社会生产的目的同手段统一起来，使重工业的发展紧密地围绕着农业和轻工业的需要而发展，从而避免片面优先发展重工业而耽误了农业、轻工业的发展；也不致因

---

① 参看《论十大关系》、《正确处理人民内部矛盾的问题》等。

为强调农业、轻工业而放松重工业的发展。

我们强调以农轻重为序安排投资，主要是因为农轻重比例关系的协调发展是整个国民经济协调发展的基本条件。然而，从社会再生产的总体上说，我们又必须把农业、轻工业、重工业放在社会再生产的总体中，从国民经济全局出发进行综合平衡。只有通过各种指标的反复计算，各种方案的比较分析，才能制定出较好的乃至最优的国民经济投资方案。农轻重也只有在这个总体中才能得到协调的发展。

在一定期间，用于扩大再生产的积累额是有一定限度的。马克思说："要积累，就必须把一部分剩余产品转化为资本。但是，如果不是出现了奇迹，能够转化为资本的，只是在劳动过程中可使用的物品，即生产资料，以及工人用以维持自身的物品，即生活资料。"① 这就是说，积累的规模（基本建设投资额的主要部分），只有当与社会生产总水平相适应时，积累才可能实现为再生产的实际扩大。所以，农轻重各部门因进行基本建设而引起的对生产资料和劳动力（相应的生活资料）的需要，应当与社会可供积累使用的物力和人力相平衡。如果积累规模过大，基建必然要影响当前生产和人民生活；如果积累规模过小，则会造成物资积压和人力浪费。前一种偏向，长期以来总是困扰着我们。所以我们在安排投资时，一定要把农轻重比例同消费积累比例结合起来，同时加以考虑。

第四，因地制宜，注意生态平衡，合理安排农林牧渔，改善农业内部结构。发展多种经营，改善农业内部结构，是我国农业大发展的一个基本问题。农业包括农林牧副渔等多种经营，狭义的农业是指种植业，它又有粮、棉、油、麻、丝、茶、糖、菜、

---

① 《资本论》第 1 卷，《马克思恩格斯全集》第 23 卷，第 637 页。

烟、果、药、杂等多项生产。在多种经营、多项生产之间都有结构是否合理的问题。在这里只就多种经营中与生态平衡密切相关的农林牧渔业的因地制宜综合发展问题来谈谈。

我国农业当前的总面貌是：种植业为主体，占优势，林、牧、渔业比重很小，长期停滞的结构。形成这种状况，是由于我们片面地理解以粮为纲，缺乏生态平衡观点和结构合理化观点，从而在实践上违犯自然规律和经济规律。

众所周知，农林牧渔业的存在和发展，是与地球直接提供给人类的物质条件和以地球为中心的自然环境分不开的。因而要搞好农业（包括林牧渔）就必须在掌握经济规律的同时，时刻注意按照自然规律办事，因地制宜，维持生态平衡。

我们正在建设的是社会主义的大农业，就全国来说，应该是农林牧渔并存并举，全面发展；就地区来说，则必须从当地的实际出发，宜农则农，宜林则林，宜牧则牧，有养殖的条件就养殖等等。目标是增产增收，不断增加积累，逐步提高生活水平。

农林牧相结合是合理利用土地资源的基础。既可充分发挥土地潜力，又可有效地保护生态平衡。对种植业来说，林业和畜牧业发展起来了，取水于林，取肥于牧，就可以培育地力，丰产丰收。

我们是坚决主张农林牧相结合，大力发展畜牧业，逐步改变我国目前这种粮菜为主的食物消费构成的。但是，畜牧业的大发展，以及转变到肉食为主，需要一个相当长时间的发展过程。当前，吃饭仍占第一位，粮食还是特别重要的。假如我们不清醒地认识这个问题而放松粮食生产，将会产生另一种形式的毁灭性的灾难。问题在于我们不要片面地理解"以粮为纲"，不要把农业看做仅仅是粮食，或仅仅是种植业。我们应该实行多种经营，全面发展，走农林牧并举的道路。例如，东北本来是盛产大豆的，①但偏偏不种大豆改种玉米，致使老百姓吃不上豆油、豆浆、豆腐等；胶东丘陵旱地种花生亩产可达300多斤，但偏偏要种亩产100多斤的小麦；例如湘鄂赣的油菜，华南的甘蔗、桔柑，两广的香蕉、龙眼，吐鲁番的葡萄等等，都是适合于当地条件的传统产品，但是硬要停止生产或减少生产，这不是辜负了大自然的恩惠吗！事实表明我们是具备多种经营的条件的。只有开展多种经营，才能增加农民收入，为农业积累更多的资金。我们再也不要干那种作茧自缚的蠢事了。

关于林业的发展，我们必须从大自然生态平衡的角度和国民经济战略平衡的眼光来看待它。造林就是造水，森林既能对大自然起着联系生态平衡的作用，又能减少自然灾害，保障农牧业的稳产、高产。我国北方的大面积草原，就是因为有森林做屏障而水草丰盛的。前些年由于滥伐森林，毁草开荒，致使草原沙化；许多耕地也由于周围失去了森林的保护而降水量令人吃惊地减少。我国的森林覆盖率已下降到12.7%，属于森林严重短缺的国家之一。我们必须脚踏实地植树、造林、种草，逐步做到"山地林海化，平原林网化"，争取在不太长的时间内覆盖率超过30%。

我国的山区丘陵地带有面积广阔的荒山荒坡，适于植造薪炭林、用材林、经济林；有利于生产干鲜果类、药材和土特产（木耳、蘑菇等等），也有利于野生动物的繁育生长。辽东半岛、山东沿海地带是苹果的优良产区；太行、吕梁等山系是核桃、板栗、枣、柿、葡萄等干鲜果类生产地，也是油松、柞、椴等树木

---

① 据营养学家分析，大豆含蛋白质40%左右，比麦和稻分别高3倍和4倍，为薯类的20倍，一斤大豆相当于2斤瘦牛肉。

的生产地。南方的山区丘陵，水热条件优越，尤适以林木生长，发展经济林效益更大。南方从来有种竹、杉、樟和抚育天然林的好传统。茶叶、油桐、油菜、漆树，以及桔柑、荔枝、龙眼等无一不是经济价值很高的特产。野生的纤维植物、药用植物和芳香植物，不只是重要的轻工业原料，也是价值很高的出口物资。养殖奇花珍鸟，培育有特色的盆景也是创汇的重要出口商品。总之，多种经营的门路，是数不胜数的。而这对改善我国一些地区片面地搞粮的农业结构是大有好处的。

大力发展畜牧业，是改善我国农业结构的又一个重要方面。我国农业落后，畜牧业尤其落后。畜牧业的发展也必须因地制宜，全面规划。从地区划分上说，北方山区，有些地方土层较薄，林木生长稀疏而草类生长茂密，是天然的良好放牧地区；南方山区的面积大，牧草肥壮，生长迅速，是发展牛羊兔等草食动物的良好场所。据专家估算，南方 10 亿亩荒山的产草量，相当于北方产草量最高的草甸草场的 32 亿亩。那里有种类繁多的天然优良牧草，如能大力选育繁殖，再适当引种其他优良牧草，把南方的山丘地带发展成为畜养奶牛、肉牛和羊的重要基地是大有希望的。我国牧区有几十亿亩草原，应该把它建设好、管理好，畜养更多的牛羊。这是我国人民在肉食中增加牛羊肉的比重的重要源泉。当然，牛羊的大发展不只是为了肉和奶，还可以为轻工业提供大量原料。

在我们强调山区和牧区的畜牧业发展的同时，还必须足够重视农业区牧业的发展。如所周知，我国大多数人口居住在农业区和城市，而山区、牧区人口相对较少。目前全国肉类消费量有 90% 左右是靠农业区提供的。农业区包括东西南北中五大地区，自然条件也是千差万别的，也应该因地制宜，适合饲养什么，就饲养什么。大力发展牛、羊、兔、鸡、鸭、鹅、养蜂、养蚕等等，是现实生活的需要。"大养其猪"更是现实生活的需要。因为当前在我国肉类产量中牛羊肉的比重不过占 8%—9%，增产牛羊肉并不是在短时间能够实现的。在过去，单打一，只提倡养猪是错误的。但是，如果走上另一极端，不依靠广大农村，千家万户都来养猪，恐怕在城市中就是凭票凭证也吃不上肉了。看来，改变农业内部结构，既要坚决地向合理的方向前进，同时在步骤上一定要与现实情况相结合，在落后的基点上扎实地起步，进而改变落后面貌。

我国的渔业也应该有一个大发展。鱼米之乡无鱼吃，处处水产供应紧张的尴尬局面应该尽快地结束。我国江河纵横，湖泊池塘星罗棋布（少数地区例外），有大面积的淡水水面，还有大面积的临海滩涂和近海水面，养殖和捕捞是大有可为的。无疑，迅速地把我国渔业搞上去，是改善农业内部结构的又一个重要方面。

总之，我国的耕地虽少，但国土辽阔，按人口平均每人占有面积一公顷，还是大有用武之地的。从自然条件上看，我国也是得天独厚的。全国大部分地区位于北纬 20°至 50°，没有过甚的严寒，也没有过甚的酷热，是一个比较理想的农业"天国"。我国人口众多，消费负担很重，就业问题也很紧张，对于计划生育工作应该引起重视，采取积极措施加以解决。然而我们千万不要忽视劳动资源丰富这个有利因素。把丰富的劳动资源，按照农业合理结构的需要恰当分配，并把它们同各种各样的土地资源结合起来，进而把现代化的科学技术运用起来，我国的农业必将有无限广阔的前景，必将为我国的社会主义现代化事业建立起坚实的农业基础。

第五，解决集体所有制农业资金来源的途径——以农养农，农工商一体化。我国农业经济分为全民和集体两种所有制形式。

当前，国营农牧场比重还不大，在农业总产值中 90% 以上属于集体所有制农业。因而我国的农业问题，基本上是八亿农民的生产和生活问题。我们经常说工业支援农业，农业支援工业，其实除少数情况（如农民纳税，国家投资）外，一般都不是无代价的，而是在等价交换原则下的商品交换。这就发生了集体制农业如何发展壮大，如何解决资金来源的问题。

从国外的经验看，凡是农业实现了机械化、现代化的国家，在发展过程中大都是有赖于国家无偿支援。有的对农产品价格实行补贴，有的对购买农业机具等生产资料的价格实行补贴，有的发放长期低利农贷，或者并用几种办法。我国的工业基础薄弱，国家财力、物力有限，而农业比重又是那样大，集体农业如果想依赖国家的无偿支援，恐怕是不切实际的。

诚然，每年国家要拨出几十亿元投资用于农业，但主要是用于国营经济，发展粮食、经济作物基地，以及水利、绿化、农业科学研究事业等。对集体制农业的扶植，主要是靠农业信贷，而它的数量有限，满足不了社队的需要。那么，集体农业的发展资金从何而来呢？我们认为应该来源于农业生产以及与之有关的各项事业。

首先是休养生息，以农养农。这就是减轻农民负担，把农民的劳动所得，给农民和集体尽可能多留一些，国家尽可能少拿一些。也就是实行轻税制，逐步过渡到取消农业税（朝鲜已在 1964 年至 1966 年有步骤地废除了农业实物税）；尽可能缩小工农业产品价格剪刀差，力争取消国家通过价格从农民收入中取得的那部分特殊贡税。这就要按价值规律的要求，确定合理的农产品收购价格。农产品价格要尽可能高一点，工业品最好采取薄利多销政策。农产品的统购，在农业生产有较大的增长以后，应该考虑适时取消，通过价格政策，采取议价形式和合同制，在等价交换原则下，收购农产品。此外，国家再辅之以长期低利农贷，并随着国家财经状况的上升而不断增加。这几项合起来，对解决集体农业的资金问题，应当是可取的。

再有，发展农工商一体化企业（或称农工商综合体）。农工商一体化，在我国还是一件新生事物。就目前试办单位的情况看，有的是从社队企业发展而来，有的是由国营农场所属农产品加工部门转化而来。农工商综合体是生产力发展到较高水平的产物。一般说来，我们人民公社的生产队，靠一个队的力量，还不具备实行农工商一体化的条件。从初步经验看，它可以是全民的，也可以是集体的；可以一个社队自营，也可以社队联营，集体与全民联营。但不论哪种形式，都应当是自负盈亏的企业化组织。只能盈利，不得亏损，更不能靠国家补贴！

目前，我国对农工商一体化企业的发展还有不同的看法。我们认为，不论从农业和工业内部联系上来看，还是从城乡结合、工农联盟的角度来看，这种经济组织的发展，都是一种必然的趋势。至于在发展过程中，在经营管理上，出现这样那样的问题，是可以总结经验得到改正和提高的。这里仅就此种组织形式有利于解决农业资金和有利于实现农业现代化方面提出一些看法。

当前，我国的农村劳动力不是不足，而是有余，随着新生劳动力的自然增长和农业劳动生产率的提高，农村劳动力过多是必然趋势。我们不能走农村劳动力盲目流入城市的资本主义工业化的老路，而是要根据工农业密切结合的客观要求，发展农工商一体化企业，向生产的深度和广度进军。国家对这类集体所有的工商企业应采取轻税政策，其盈利除奖励留成和公益金以外，全部做为公积金，用于农业和工商企业的扩大再生产。这样，农业发展资金就不再局限于农业本身的盈利，而是把与农业有关的工业利润和商业利润都使用到发展农业上去了。这些年，有很多社队因发展工业而积累了资金，促进了农业机械化的发展。这样，工业和商业就将成为以农业为主体的两翼，而使我们的农业生产在新长征中振翅飞翔！

农工商一体化企业的活动领域是异常广阔的，它的类型也可以是多种多样的。我们认为，农工商一体化企业虽然把农工商三业合为一体，但工商两业仍应环绕农业开展活动，这里的工业最好以农产品加工工业为主。这类加工工业除国家已有明文规定者外，应逐步扩大其经营范围。有些农副产品的加工制造，可在村镇设厂，已设在城市的亦可酌情逐步迁往村镇。第二种类型是郊区农村与城市工厂协作或来料加工。这种形式既有利于工农两家，又可以避免劳动力流入城市。第三种类型，举办为农业生产服务的化肥厂、"小农具"厂和农具修配厂；也可以举办就地取材、就地销售的力所能及的工矿企业。这一类型的企业最好以有条件的社队为限。

农工商一体化企业中的商业，应承担农产品的收购及其加工品的推销任务，也应承担日用工业品的供销任务。多年来，关于农产品采购和农村所需工业品的供销形式，有过几次变动，但总是没有把农村的商业同农业生产的发展和农民的经济利益很好地结合起来。从经济学的观点来看，我们认为把商业纳入农工商一体化之中，可能是更为经济合理的。

农工商一体化企业，必要时也可以在城市设立门市部，可以建立农机服务修理站，在条件成熟时，也可以扩大企业的联营、合营范围，便于资金的调剂和统一使用，等等。

第六，大力发展轻工业，把集体所有制提到应有的高度上来。在力争加速发展农业的同时，把轻工业迅速发展起来，是满足人民消费需要，为国家积累资金，促进四个现代化加速实现的重要的一环。决不可等闲视之。

随着国民经济的发展，人民生活水平的提高，消费构成正在不断改变。在生活水平较低的情况下，吃是第一位的，而当生活水平越来越高的时候，用和穿的比重就越来越增大。如果不认真地大力发展轻工业，那么，所谓提高消费水平不就变成一句空话了吗？

如所周知，轻工业投资少，周转快，利润多，对国家建设资金的积累贡献大。轻工业品不仅为人民生活所必需，同时也是出口商品的重要组成部分，而且用汇少，换汇多，贡献大。但是，为什么轻工业却在我国的国民经济中占不到应有的位置，长期地得不到应有的发展呢？其原因，除了我们在第（二）部分中分析过的工作安排上、指导思想上、体制上的问题以外，还有全民经营、集体经营和个体劳动的独立经营的关系问题。

轻工业部门多，产品品种、花色繁杂。在现实的生产力条件下，由国家全部包揽下来，还不可能充分保证生产和供应。出路只能是全民经营与集体经营并举，同时也允许个体劳动的独立经营。

关于社会主义所有制的两种形式，在我国的宪法中，早有明文规定。但在理论上、宣传上都一直存在着重全民，轻集体的偏向；在政策措施上对集体制经济也长期存在着限制、排挤、急于过渡，任意平调、无偿的剥夺等偏差。多年来，轻工业领域的集体所有制，几起几落，收了又放，放了又收。但集体企业，由于它有强大生命力，还是取得了很大的发展。据统计，1978年末，在生产日用工业品的"二轻"工业中，集体所有制企业，户数占97％，职工占91％，产值占79％。这些集体企业的产值占整个轻工系统产值的53％。它所提供的产品占市场生活用品零售总额的17％左右，占轻工部系统出口总额的71.7％。这些历史经验表明，想在轻工领域取消集体所有制，把它转变为全民制企业是不现实的，如果强制推行，必然破坏生产，引起人民的不满。

从另外一方面看，全民所有制企业目前在体制和经营管理上，还存在着不少问题。如不从根本上解决，就显示不出它的优越性，也不能成为集体制企业学习的榜样和过渡的方向。相反，倒是有些集体制企业在经营管理上和经济效率上高于全民制企业。在这种情况下，看来不应该追求过渡，而是要千方百计把这类企业搞得更好些。如果真能把集体制企业办成为不仅能比美于全民制企业而且能超过全民制企业的新型社会主义企业，那不是极大的好事吗？

我国自然资源丰富，人民勤劳勇敢，我们建设社会主义强国的总路线、总任务已经确定了，只要我们在政策措施上和计划部署上，遵循马列主义毛泽东思想指引的方向，实事求是，按客观经济规律办事，坚持不懈，走中国的工业化道路，我们的国民经济就一定能够高速度按比例的发展，在本世纪末实现四个现代化的宏伟目标就一定能够达到。

（1979 年 12 月定稿，与李学曾合写，刊于
《经济研究参考资料》1980 年第 70 期）

人口发展与经济发展

　　人类社会进入 20 世纪以来，出现了世界人口的急剧增长。人类的发祥可以上溯到数百万年的往昔。遥远的古代和中世纪，世界人口的增长是极其缓慢的。一百年前，世界人口不过 10 亿。可是一到本世纪，竟以每年平均 20‰ 的自然增长率发展起来，现在世界人口已经达到 44.14 亿（1980 年）。按照这种增长速度，大约 35 年人口就将增加一倍。据有人估算，如果保持这个增长率，五千年后将达到 150 万亿；再过 1500 年，世界人口的总重量就将与地球的重量相等了。因此，人口问题已为举世所瞩目。我国从解放以来，平均每年出生人口 2000 万，30 年共出生 6 亿多人，减去死亡的人数，净增 4.3 亿人。这么快的增长速度在世界上是少有的。1953 年以后，我国人口增长出现过两次高峰。由于人口发展的惯性大，过去人口出生的高峰，还会影响今后人口发展的波动。我国人口的迅速发展，给生产和生活增加了很大的压力。本文试图根据马克思主义的科学观点对我国 30 年来人口发展与经济发展关系方面的历史经验作一尝试性的探讨。

一、马克思主义关于人口和经济的
关系的基本观点

马克思和恩格斯在创立科学的唯物史观和政治经济学的过程中，对人口和经济的关系问题作了明确的分析。

马克思和恩格斯在《德意志意识形态》中，提出了历史发展中的三种关系、三个方面或三种因素，即第一是生产，第二是新的需要所引起的第一个活动也就是再生产，第三是增殖或人口的增长。这三种关系实际上是两种，即一方面是自然关系，另一方面是社会关系。① 在人类历史发展中，物质资料的生产和生命的生产并不是平列的。他们在谈到增殖和家庭时明确指出："这个家庭起初是惟一的社会关系，后来，当需要的增长产生了新的社会关系，而人口的增多又产生了新的需要的时候，家庭便成为从属的关系了。"② 十分明显，这是说物质生产决定着增殖和家庭。

恩格斯在《家庭、私有制和国家的起源》中提出：根据唯物主义观点，历史中的决定性因素，归根到底是直接生活的生产和再生产。但是，生产本身又有两种。一方面是生活资料，即食物、衣服、住房以及为此所必需的工具的生产；另一方面是人类自身的生产，即种的蕃衍。恩格斯的意思是说，在一定的历史时代，人们生活于其下的社会制度，受着两种生产的制约。与此同时，他认为，劳动愈不发展，社会制度才在较大程度上受血缘关系的支配。随着劳动生产率的日益发展，以血缘团体为基础的旧

---

① 参见《德意志意识形态》，《马克思恩格斯选集》第 1 卷，第 34 页。
② 同上书，第 33 页。

社会，由于新形成的社会各阶级的冲突而被炸毁，组成为国家的新社会，而国家的基层单位已经不是血缘团体，而是地区团体了。① 由此可见，当我们研究两种再生产——人口再生产和物质资料再生产时，必须承认社会历史发展的决定性因素，归根到底还是由物质资料的生产决定的。

马克思主义认为，物质资料的生产方式决定人口发展的规律。"每一种特殊的、历史的生产方式都有其特殊的历史地起作用的人口规律。抽象的人口规律只存在于历史上还没有受过人干涉的动植物界。"② 所谓抽象的人口规律，实际上就是生物学规律。"人的本质并不是单个人所固有的抽象物。在其现实性上，它是一切社会关系的总和。"③ 没有抽象的个人，没有抽象的人口，只有存在于一定历史阶段上的人口。马克思主义把人的本质归结为一切社会关系的总和。这些社会关系中最基本的、有决定意义的是生产关系。人口发展的本质和规律，是由生产力与生产关系的发展所决定的。因而要研究人口发展就必须研究在一定生产方式下的社会生产发展和经济发展。不了解社会生产发展规律、经济发展规律，就无从理解人口自身的发展。

当我们肯定了人口再生产是由物质资料的生产方式决定的之后，有必要进一步指出：大自然是人类生存的绝对条件。马克思主义把历史看作是自然与社会的统一，自然界决定着人类社会的产生及其全部生活。我们必须看到，人口过程具有生物学的基础，它还有由周围环境、社会因素的影响和人口惯性作用的一面。我们这里仅仅是说，人口过程在本质上属于社会过程，它决

---

① 参见《马克思恩格斯选集》第 4 卷，第 2 页。
② 马克思：《资本论》第 1 卷，《马克思恩格斯全集》第 23 卷，第 692 页。
③ 马克思：《关于费尔巴哈的提纲》，《马克思恩格斯选集》第 1 卷，第 18 页。

定于社会生产方式。因为人口发展取决于生活条件和劳动条件，而劳动条件又取决于生产力发展水平和占主导地位的社会经济关系。另一方面，说人口再生产取决物质资料再生产丝毫也不意味着看轻了人口对生产力和社会关系所发生的反作用。马克思主义认为生产方式决定人口发展，并不是说人口对于物质资料的生产是消极的、被动的。人类社会历史的第一个前提无疑是有生命的个人的存在。人口是生产力的要素和生产关系的体现者，是一切社会生产的自然基础和主体。生产力的增长，需要的增长，以及意识的发展，最初都仰赖人口的增长。在一定的生产力水平下，有劳动能力的人口是决定社会财富规模和经济发展的重要因素。但人口却不能成为社会发展的主导力量。正如斯大林所说："人口的增长对社会发展有影响，它促进或者延缓社会的发展，但是它不可能是社会发展的主要力量，它对社会发展的影响不可能是决定的影响。"[①]

　　人口规律有在一切社会形态或几个社会形态中发生作用的一般规律，以及只在某一社会形态下发生作用的特殊规律。这两种规律都需要研究，但更为重要的还是研究在一定生产方式下起作用的特殊的人口规律。例如，从人口发展与经济发展的联系上来说，在资本主义条件下，相对人口过剩规律是反映社会总资本与全体劳动者之间的关系，这种研究具有根本的意义。在社会主义条件下，社会生产目的是为了满足人民群众物质和文化的需要，这是人口发展的基本保证；但在人口发展与经济发展的相互作用过程中，也存在既相适应又不完全适应的矛盾。这是社会主义的人口经济学需要着重研究的问题。

---

　　① 斯大林：《论辩证唯物主义和历史唯物主义》，《列宁主义问题》1971年版，第644页。

从经济角度研究人口问题，就是研究物质再生产过程与人口再生产过程交织在一起的相互作用。人是生产力的主观要素，又是生产关系的主体和代表者。生产方式决定着人口再生产过程，因为它决定着人口的劳动条件和生活条件；物质资料的再生产过程就是物质资料生产过程的参加者和生产关系的代表者的再生产过程，也就是人的再生产过程。我们应该把人口发展规律看作是物质资料生产发展规律的组成部分和结果。在社会主义条件下，生产关系即经济关系引起了人口发展带有进步性的量变和质变。这种变化是与人们的劳动活动的性质的改变直接有关的，接踵而来的是引起繁殖活动的变化。所以，人口发展变化的根源是存在于生产关系之中的。

当我们探讨人口发展与经济发展的内在联系时，主要是从劳动资源和人的需要这些要素上来考察。

从劳动资源方面来说，人口发展是把人作为社会的基本生产力而发展的，也就是说，人口发展是劳动资源发展的基础，而劳动资源发展也是人口发展的前提。因为劳动创造人类，劳动创造历史。社会经济发展与人口发展是互为因果的。人口再生产取决于现存的生产方式和社会生产条件。生产力的主观物质要素（人的要素）与客观物质要素（物的要素）相结合，在生产中相互作用的过程就是劳动过程。人口发展、人口变动与社会生产的发展变化，总是通过生产力的主观要素与客观要素的平衡与不平衡的矛盾表现出来。所谓主观要素与客观要素基本平衡，互相适应，就是说在一定社会范围内现有的生产资料能够得到充分利用，劳动资源的作用能够得到充分的发挥。由于社会再生产总是处于平衡与不平衡的矛盾之中，平衡被不断冲破，从不平衡又走向新的平衡，向更高的阶段发展。社会再生产的这种变化是人口发展变化的基本条件，从而不断给人口再生产以影响。

　　经济发展对人口发展不仅要求劳动资源的数量，而且要求劳动资源的质量。也就是说，社会生产不仅要求物质技术构成，而且要求人的智力构成。社会生产的智力构成，从人的方面来讲就是要求有一定的人口质量。人口质量是同社会生产的每个发展阶段的生产力和生产关系相适应的。人们总是根据一定的目的和需要，具有一定的能力，以集团或社会的形式来从事劳动、生产和改造自然的活动。人口质量是人口的智力、体力构成的总和，它的主要内容是指人口的教育水平和健康程度。在人口质量构成上具有特别重要意义的是适龄劳动人口的教育水平、专业素养和职业结构。因为人口质量问题就是要使人们的劳动能力能够与客观条件相适应，按照一定的方式进行生产和各种劳动活动。人口质量的提高必将使人口发展改变样式，从而使社会生产和经济发展发生新的变化。

　　从生活需要方面来说，人们需要的发展是人口发展的体现。所谓需要就是指消费，就是指作为社会劳动产品的物质资料的需求和消耗。所以，需要是同生产密不可分的。需要是要在消费过程中满足的，生产越发展，需要的满足才能越来越提高。人们的物质资料的需要，起初仅仅为维持基本体力的需要，以人口数量的增长为转移。随着社会生产力的发展，物质产品在数量上、品种上、质量上的变化，形成了新的社会需要，于是不仅自然需要被代替了，旧的需要也不断被新的需要代替了。这种需要不限于个人和家庭的需要，而且包括社会集团的需要；不仅仅是物质需要，即为保证体力的恢复和发展、人类繁衍的需要，而且包括精神需要，如为保证认识和改造世界的智力、体力发展的需要，等等。只有从经济观点来看待人的需要，才能把生产、消费、需要以及人口增长联结成为一个整体，进而说明人口发展与经济发展的内在联系。劳动资源仅能从劳动力方面说明人口对经济的联系，但人口的增长、出生率、死亡率等，不通过需要和消费的环节就无法加以阐明了。

生活条件和劳动条件是社会经济发展中最重要的组成部分。决定人们需要的，归根到底是社会物质生产条件。这又是同一定的社会生产方式分不开的。在社会主义条件下，由于社会进步和劳动生产率提高，国民收入是不断增长的，人民的生活水平也要求不断提高，这就要加强人口与经济发展之间的计划性，使人口再生产逐步转变为低出生率、低死亡率和低自然增长率的先进的人口再生产类型。可见，人口再生产同物质资料再生产、社会生活再生产具有最直接的联系。它的综合表现首先是劳动创造国民收入，然后是国民收入使用在消费和积累两个方面，既保证同期总人口的生活消费的需要及其水平的提高，又促进社会再生产的进一步的扩大，从而保证人口增长及其生活需要进一步的提高。在社会主义条件下，人口发展与经济发展的内在联系，大致说来就是这样。

最后，有必要指出，当我们谈到人口增长决定于社会经济时，是从长期趋势来说的。人口的变化往往需要一代人甚至更长的时间。两者的相互影响并不是同向、同步发展的，有时甚至出现脱节和相反的趋势。而且所谓人口规律决定于经济因素和生产方式，只是从基本方面来说的，并不是说人口的一切变化都取决于经济因素和生产方式。人口发展是综合性的社会问题，它还受社会学规律的制约，受生物学因素、自发性因素和上层建筑包括意识形态等因素的影响，等等。这些，我们就不一一论及了。

二、对我国人口和经济发展变化的分析

根据马克思主义的观点，对我国解放后三十多年来人口和经济的发展变化及其相互关系，究竟应该怎样分析呢？

　　30 年来，我国的人口总数已经从 1949 年的 54167 万人，增长到 1980 年的 98255 万人；我国在经济建设方面，已经建立起社会主义的经济制度，并且已经建立起一个独立的比较完整的工业体系和国民经济体系。为了深入地考察人口发展和经济发展的相互联系，我们首先来看看 30 年来人口和经济发展的综合情况。（见下列两表）

我国人口增长率的变化 （比上年的增长率）

年份 ＼ 指标	出生率（‰）	死亡率（‰）	自然增长率（‰）
1950	37.00	18.00	19.00
1951	37.00	17.00	20.00
1952	37.00	17.00	20.00
1953	37.00	14.00	23.00
1954	37.97	13.18	24.79
1955	32.60	12.28	20.32
1956	31.90	11.40	20.50
1957	34.03	10.80	23.23
1958	29.22	11.98	17.24
1959	24.78	14.59	10.19
1960	20.86	25.43	−4.75
1961	18.13	14.33	3.80
1962	37.22	10.08	27.14
1963	43.60	10.10	33.50
1964	39.34	11.56	27.78
1965	38.06	9.55	28.51
1966	35.21	8.87	26.34
1967	34.12	8.47	25.65

续表

年份\指标	出生率（‰）	死亡率（‰）	自然增长率（‰）
1968	35.75	8.25	27.50
1969	34.25	8.06	26.19
1970	33.59	7.64	25.95
1971	30.74	7.34	23.40
1972	29.92	7.65	22.27
1973	28.07	7.08	20.99
1974	24.95	7.38	17.57
1975	23.13	7.36	15.77
1976	20.01	7.29	12.72
1977	19.03	6.91	12.12
1978	18.34	6.29	12.05
1979	17.90	6.24	11.66
1980			11.89

我国人口增长和经济增长的比较　　（比上年的增长率）

年份\指标	人口自然出生率(%)	国民收入增长率(%)	轻工业增长率(%)	农业增长率(%)	粮食增长率(%)
1950	1.900	19.0	30.1	17.8	16.7
1951	2.000	16.7	33.6	9.4	8.7
1952	2.000	22.3	23.5	15.2	14.1
1953	2.300	14.0	26.7	3.1	1.8
1954	2.479	5.8	14.3	3.4	1.6
1955	2.032	6.4	0	7.6	8.5
1956	2.050	14.1	19.7	5.0	4.8
1957	2.323	4.5	5.7	3.6	1.2

续表

指标 年份	人口自然 出生率(%)	国民收入 增长率(%)	轻工业 增长率(%)	农业 增长率(%)	粮食 增长率(%)
1958	1.724	22.0	33.7	2.4	2.5
1959	1.019	8.2	22.0	-13.6	-15.0
1960	-0.457	-1.4	-9.8	-12.6	-15.6
1961	0.380	-29.7	-21.6	-2.4	2.8
1962	2.714	-6.5	-8.4	6.2	8.5
1963	3.350	10.7	2.3	11.6	6.3
1964	2.778	16.5	17.8	13.5	13.2
1965	2.851	17.0	47.7	8.3	1.0
1966	2.634	17.0	14.5	8.6	10.0
1967	2.565	-7.2	-7.1	1.6	1.8
1968	2.750	-6.5	-5.0	-2.5	-4.0
1969	2.619	19.3	25.2	1.1	0.9
1970	2.595	23.3	18.1	11.5	13.7
1971	2.340	7.5	6.5	3.1	4.3
1972	2.227	2.9	6.2	-1.2	-3.9
1973	2.099	8.6	10.6	8.4	10.2
1974	1.757	0.9	2.7	4.2	3.9
1975	1.577	8.3	13.0	4.6	3.4
1976	1.272	-2.3	2.4	2.5	0.6
1977	1.212	8.3	14.3	1.7	-1.2
1978	1.205	12.3	10.8	9.0	7.8
1979	1.166	7.0	9.6	8.6	9.0
1980		6.9	18.4	2.7	-4.2

下页的人口增长和经济增长曲线说明了如下的问题。

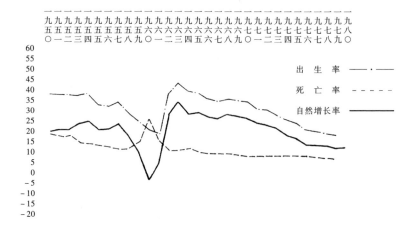

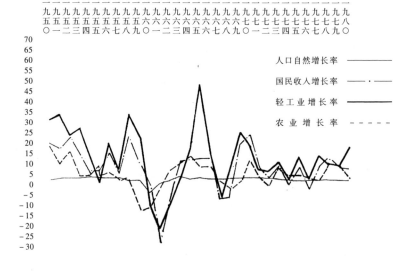

　　第一，人口增长和经济增长都比较快。30年来，我国的经济建设是从一条曲折的道路上走过来的。当我们总结经验教训时，说我国的经济发展还不够快，是就我们的社会主义制度的优越性，以及我国人民付出的辛勤劳动应该取得更大的经济效益这个意义上来说的。表1和表2告诉我们，综合起来看，我国的经济增长速度并不算慢。我国的经济增长速度，不仅比解放前快，就是同某些经济发达国家或不发达国家相比也不算慢（只是比日本的高速增长时期慢一些）。

全国解放后，由于经济上升，生活稳定，以及卫生保健条件的改善，在一定时期出现了出生率高、死亡率降低、人口增长较快的现象，这是符合人口发展的一般规律的。这个事实表明，我国社会主义制度的建立，国民经济的发展，已经改变了在解放前人口和经济都是长期的停滞不前的局面。在这个意义上说，人口增长是社会进步的一种表现。

第二，经济增长明显地快于人口增长。30年来的实践证明，我国的经济发展不论从综合指标——国民收入的生产上看，还是从消费资料的生产上看，都是明显地快于人口的增长。根本不是像某些帝国主义分子所诅咒、所预期的那样，说共产党虽然夺取了政权，但将无力发展经济，无法养活几亿人口。诚然，我们对于计划生育问题没有及早采取措施，以致使人口增长失去控制，给国民经济发展造成了某种压力。但这是从更深刻、更长远的战略意义上来考虑人口与经济的关系的（下文我们将进一步论及）。就以往的情况来看，30年来有很多年份，人口以25‰上下的增长率发展，平均年增长率约为20‰，这确实是比较高的增长速度。然而我国国民经济和消费资料的年平均增长率（1950—1979年），国民收入为7.3%，轻工业为11%，农业为4.5%，粮食为3.7%。可见，我国经济的增长是明显快于人口增长的，并不是像马尔萨斯牧师之流所说的那样，人口以几何级数增长，生活资料以算术级数增长，人口增长永远超过生活资料的增长，惟有毁灭过剩人口，人类才能得以生存。这种无耻谰言已经被实践驳斥得体无完肤了。

第三，人口增长的双高峰曲线不符合经济发展的需要。人口规律决定于一定的生产方式，但这并不是说，每个阶段的人口发展与经济发展都是互相适应的，而且人口的增长也不一定都符合经济增长的需要。30年来，我国人口增长出现两次高峰，第一次是在解放之后到1957年，主要是从国民经济恢复时期结束后开始的；第二次是从1962年开始，大约持续了10年之久。

第一次人口增长高峰，大体上是与国民经济的恢复、发展的趋势相一致的。这个阶段的人口增长，可以说具有一定的历史必然性。当然，这个时期人口增长与大规模经济建设的要求不相适应的矛盾已有所表现。

从1958年开始到以后的几年出现了人口发展的低潮。造成这种人口再生产类型的原因，主要在于经济指导工作上的失误——高指标、高投资，"以钢为纲"，盲目冒进，刮"共产风"；再加上自然灾害和苏联撕毁经济合同等等，使国民经济发展遭受挫折，以致影响到人口出生率下降和死亡率上升。严格地说，这是一些不正常因素造成的。

从1962年开始出现了补偿性的人口增长，其后又没有加以控制。1962—1965年这四年，出生率以37‰—43.6‰的高速度增长，自然增长率在1963年达到33.5‰的高峰。接着"文化大革命"开始了，直至1972年，出生率始终以30‰—35‰的高速度猛增。然而在经济方面，这个时期波动很大，并且陷入慢性比例失调。显然，这种无政府状态的人口上升与经济发展的停滞状况愈来愈不相称了。

进入70年代后，党中央和国务院鉴于人口盲目增长的弊害，大力推行计划生育工作。因而在1972年之后，开始出现了人口增长率稳步下降的趋势。1980年自然增长率下降到11.89‰。在打倒"四人帮"以后，国民经济又在进行调整、改革，经济正在恢复、发展。这样，人口发展与经济发展正在逐步走向协调。

由此可见，人口增长和经济发展大体上是在适应和不适应的矛盾中运动和发展的。而我国人口增长的两次高峰，由于人口发展有很大、很长的惯性，所以对于我国国民经济的发展和今后人口的控制将会带来一定的影响。

第四，人口在向低出生率、低死亡率和低自然增长率的类型发展。70 年代以来，我国人口自然增长率降低，原因在于出生率降低。在此期间，死亡率不断有所下降，可是，由于人口基数大，年龄构成轻，因而在人口自然增长率上引起的变化不大。但是，1979 年人口出生率已下降到 17.9‰，自然增长率下降到11.66‰。从 1976—1979 年，每年平均人口出生率为 20.5‰，年平均自然增长率为 13.6‰，这些都已经接近或低于世界平均水平。这样，人口再生产类型和年龄结构也发生了变化。1978 年同 1964 年比较，人口平均年龄从 24.9 岁提高到 26.7 岁，人口年龄中位数从 19.4 岁提高到 21.5 岁，15 岁以下人口比重从40.4% 下降为 35.8%。平均寿命从 1957 年的 57 岁提高到 1978年的 68.2 岁。这些情况表明，我国人口再生产正在向低出生率、低死亡率、低自然增长率和高寿命的类型过渡。这种趋势还在继续发展。这种发展趋势有利于协调人口发展和经济发展的关系。

从上面总的分析中可以看出人口发展和经济发展的一般趋势，但它还不能表明人口与经济究竟是怎样相互作用，人口增长过快究竟是怎样给经济发展以压力的。下面，我们将进一步作些具体分析。

首先，从社会生产和各种社会活动对劳动资源的需要上来考察。劳动作用于生产资料，生产出物质产品，用以满足人们的消费需要，然后才能保证生命的延续和人口的发展，从而进行各种社会活动。这是人口发展与经济发展的基本联系。

适龄的劳动人口是社会总人口的一部分，全部人口的生存和发展就是依靠他们的生产劳动的。但社会生产和各种劳务对劳动人口的需求并不是经常一致的。在一定时期内，有的国家劳动资源大于需要，即表现为相对的人口过剩；有的国家则表现为劳动资源不足，不能满足社会生产和社会活动的需要；在一个国家内，这两种情况也可能在不同历史时期里交替出现。在我们社会主义社会，这种情况也不例外。只是我们通过计划经济和计划生育，采取一切有力措施，可以使两者之间达到相对的平衡就是了。然而劳动资源与需要之间的关系，像其他物质资源、财政资源与需要之间的关系一样，永远是处在平衡与不平衡的矛盾运动之中的。我们的经验教训，是在70年代以前对人口增长失去控制，经济发展又在"左"的错误思想干扰下遭受很大破坏，以致造成了劳动资源大于劳动需要的矛盾。因此，安排就业问题，已成为经济发展中的突出矛盾之一。据统计，1966年以来每年平均新增劳动力（解放后出生的）约为1700万人。预计到1990年，每年平均新增劳动力仍在1450万人以上。近几年来，虽然采取了多种形式，广开就业门路，在城镇已经安排2000万人就业，然而也还没有完全摆脱被动局面。今后每年都要安排一千几百万人就业（包括城乡），其中在城镇每年就要有几百万人。譬如说，按600万人计算，如果要建设以10000人为单位的企业，就要建立600个；如果在国营工业方面安排，按每个劳动力占用12000元固定资金计算，就需要720亿元资金。按我们现实的生产水平，国家拿不出那样多的资金来建立新厂安排就业，生产部门也生产不出那样多的生产资料来装备新就业的劳动者。这是人口与经济发展关系上很难解决而又必须解决的难题。

人，劳动者是社会的主要生产力。把有工作能力的劳动者与社会主义公有制下的生产资料结合起来进行生产，这是社会主义经济机制中的基本因素。从辩证的观点看，劳动资源丰富，本来是国家的宝贵财富。解放后在50年代、60年代出生的人口，已经进入或即将进入生产劳动战线上来，他们是实现四个现代化的生力军、主力军。解决就业的关键是发展生产。面对我国劳动资源不断涌现的状况，尽管在主导的、尖端的生产部门应当尽可能地采用现代先进技术，提高生产效率。但在一定时期里，却不能不侧重于发展劳动密集型、中间技术型和工艺型行业，不能不保留相当比重的手工劳动。这样做，在一定时期将会影响全社会劳动生产率的提高。然而在积累基金有限的条件下，多投入劳动力还是有利于社会产品和国民收入的增长的。我们不要总是眼睛盯着全民制企业，不要机械地看待劳动生产率。我们的出路就在于：要切实地进行国民经济调整和改革，把社会生产和各种劳务活动组织好，向生产的广度和深度进军，发展落后地区和边疆地区的经济。只要善于发展生产，把大批的劳动力组织起来，增产大量财富，劳动力压力就可以转化为劳动力优势，进而在此基础上进一步提高劳动生产率，进一步促进整个国民经济的发展。由此看来，压力不过是暂时的，而广开门路、发展生产才是根本的。所以，悲观论或束手无策等等，都不过是无所作为的表现。

其次，从消费的需要上来考察。社会主义生产的目的是为了满足人民的消费需要。我国已经消灭了剥削制度，全体人民的物质和文化生活比过去已经有了相当程度的改善。由于人口增长过快，尽管工农业生产的发展并不慢，也还是不能很好地满足人民的消费需要。较长时间以来，市场商品供应松的时间少，紧的时间多。购买商品、劳务经常需要排队，住房、交通、升学、看病等也都很紧张。

人民生活水平的提高，取决于社会总产品和国民收入的生产，以及消费和积累比例的安排。从我国消费基金的动态上看，除个别年份外，也是一个不断增长的过程。1979年同1952年相比，消费基金从477亿元增加到2211亿元，增长3.64倍，扣除物价上升因素，实际增长2.96倍。但由于在此期间人口净增4.3亿，所以，按人口平均的消费额只增长1.63倍。原因就是新增加的人口太多了。新增人口，在第一次出生高峰中每年平均2000万人左右，在第二次出生高峰中每年出生在2500—2700万人左右，解放后出生的人口约6亿多人。新增人口的消费要包括抚养教育费用。据估计，把一个孩子从出生抚养到16岁，农村需要1600元，城镇需要4800元，大城市需要6900元，平均需要2200元。他们的消费额远远超过全国人口的平均消费水平。按照这个标准计算，解放后出生的人口，国家、集体和家庭共负担消费额达1.3万亿元以上。如果国家和集体支付其中的30%，家庭支付70%，那么国家和集体支付的费用为3960亿元，相当于解放以来全部积累基金的三分之一左右。可以设想，如果过去的人口自然增长率减少一半，就不仅可以提高人民的消费水平，而且也将增加积累而有利于扩大再生产。今后人口自然增长率如能保持10‰左右，较之过去，由于对新增人口的投资的减少，实际上就是使消费额和积累额有所增加了。

在另一方面，我们每年虽然对新增人口花了很多钱，可是我们的教育、卫生水平仍然很低。以教育来说，我国的小学教育至今尚未普及（主要是在农村），小学入学率虽然达到93%，但基本上念完小学五年的只有60%，真正达到小学毕业程度的只有30%。农村还在产生大量新文盲，据估计全国约有文盲1.4亿人以上，占全国总人口的14%。而一些经济发达国家文盲占十四五岁以上人口的比例都很低。如：日本2.2%（1960年），美国1%（1969年），苏联0.3%（1970年）。我国的小学生升入初中的只有70%；高中毕业生能升入高等院校的只有4%左右。同外国比较，我国大学生在总人口中的比重不仅低于经济发达国家，甚至低于印度。我国的科技、管理人才普遍短缺。卫生医疗条件也比经济发达国家低得多。其情况如下列表：

每万人中在校大学生数

（人）

美国	523.6	（1975 年）
日本	210.4	（1976 年）
苏联	190.8	（1975 年）
法国	197.3	（1976 年）
西德	137.6	（1976 年）
英国	126.0	（1976 年）
印度	57.3	（1975 年）
中国	11.6	（1980 年）

每万人中科技、科研人员数

	科技人员	科研人员
中国（1978 年）	54	3
美国（1973 年）	124	25（不包括社会科学、人文科学、法律、教育、艺术）
苏联（1973 年）	815	7
日本（1974 年）		34（仅为科研机构的科研人员，数字偏低）
西德（1973 年）	198	19
法国（1971 年）	332	12

每一名医师所负担的人口　　　　　　　　　　（人）

苏联	299
西德	398
美国	467
法国	512
英国	615
日本	636
中国	927
印度	3742

（中国为 1978 年数，英国为 1974 年数，其余均为 1976 年数）

这些情况表明我国人口的素质还相当低。人口素质低，既反映了我国人民的文化生活水平不高，又影响着社会生产的发展。据英美学者统计，一个国家的识字率的高低同国民收入的高低成一定的比例。苏联曾经有人计算，工人的普通教育水平每提高一个年级，劳动生产率就有相应的提高，在机器制造和黑色冶金部门平均增长 1.5%—2%。在轻工业部门平均增长 1.5%—2.2%。科学技术可以转化为重要的生产力。要使一般的人获得一定的知识和技能，成为发达的和专门的劳动力，就要有一定的训练或教育。

三、从战略上处理好人口与经济的联系

30 年来，我国社会主义经济建设有了巨大发展，人民生活有了显著的改善，因而人口增长快，这是可以理解的。但是，人口增长过快，与经济发展有许多不相适应的地方，教训何在？原因何在？为什么人口不能增长慢一些？怎样使人口增长和经济发

展互相协调、互相促进？这就需要从长远的观点来考察和研究。

我们认为，我国人口增长过快的根本原因，在于经济落后，从而文化落后，人口盲目发展的惯性在发挥巨大作用。

我国的人口增长趋势，按城乡划分来看，第一次增长高潮是城市和农村双跃进，而城市快于农村；在第二次增长高潮中，主要是农村人口增长过快，城市人口从 1964 年开始即呈现下降趋势（包括出生率和自然增长率）。人口增长高峰的形成，当然是盲目发展的惯性起了作用。但农村的人口增长过快持续了这么长的时间，习惯势力如此地根深蒂固，其根源在于经济落后。我国农业虽然实现了集体化，但主要是靠手工劳动，还保持许多小农经济的特点。人口增加，不仅可以多分口粮，而且是未来的劳动力。人们想生男孩，不简单是重男轻女，更为重要的是劳动力问题。养儿防老，多子多福，这种落后思想或封建意识，至今仍然是农村推行计划生育的大阻力。再加上文化落后，缺乏避孕的科学知识；在过去，国家也没有免费供应避孕药物、工具，以及提供绝育、流产等手术医疗条件，这就愈益滋长了人口的盲目增长。

再从主观方面来考察，政府对节制生育时紧时松，以至对人口增长长期失去控制，也是个重要原因。

在实施第一个五年计划后，党和政府曾经注意到人口问题。刘少奇同志在 1954 年 12 月亲自主持召开了节育问题座谈会。周恩来同志在关于第二个五年计划建议报告中提出了节制生育问题（1956 年 6 月）。毛泽东同志在他亲自主持制定的《全国农业发展纲要》（1957 年 10 月通过）中也号召要提倡计划生育，宣传和推广节制生育。这些都是控制人口增长的指导思想。但是，1958 年以后就中断了，人口愈多愈好的观点在社会舆论中又占了上风。后来，1962 年，党中央和国务院发出了《关于认真提倡计划生育的指示》，明确提出计划生育是我国社会主义建设中的既定政策。不久国务院还成立了计划生育办公室。这就是说，在指导思想上，党和政府并没有盲目地宣扬"人手论"。可是这些指示和号召没有一贯地坚持实施，也没有辅之以有效措施。"文化大革命"开始以后就顾不上这些事情了。1964年我国人口总数达到7亿，过了5年即1969年就突破8亿。这一段时间的增长速度是惊人的。一直拖到70年代初期才认真抓计划生育工作，1973年以后出生率逐步下降。计划生育工作的几起几落，对我们是一个深刻的教训。我国是一个有计划、有组织的社会主义国家，一经中央大力宣传和推行计划生育，并且采取有效措施，几年之后就收到了明显的效果。我国人口的自然增长率1970年曾高达25.95‰，而到1980年就下降为11.89‰了。

在人口理论方面，有些错误观点也对人口增长起了某种推波助澜的作用，特别是对正确的人口理论观点和建议的推行起了阻碍作用。50年代后期批判马寅初先生的《新人口论》，显然是错误的，应该给予纠正，现在已经纠正了。那些主张人口愈多愈好的错误的人口理论，经过这些年正反两方面实践的检验，可以说已经是非分明了。至于农村人口的快速增长主要是盲目自发形成的，倒未必是这种理论起的作用，而在城市中，进入60年代后，出生率和自然增长率都在下降了。

总之，我们认为，从领导工作的角度来说，在人口问题上的主要错误是失去控制，未能尽早采取有效措施，以致造成盲目发展。接受这个教训，今后必须从战略的高度来处理人口发展和经济发展的关系。

第一，从十亿人口出发制定社会经济发展计划。1957年，毛泽东同志就提出了从六亿人口出发，统筹兼顾，适当安排。今天我们已经是十亿人口了，这个战略原则仍然适用，而且显得更为重要。人口多当然有困难，但它毕竟又是我们的本钱。"决不可以嫌人多，嫌人落后，嫌事情麻烦难办，推出门外了事。"① 过去，我们在制定国民经济计划时，只把人口作为附属指标或参考指标，没有系统的人口计划，也没有真正做到从全体人口出发，统筹兼顾。这实际上是见物不见人。接受这个教训，我们就要从战略见地考虑人口问题，制定人口计划，并且要根据人口发展的需要制定国民经济发展和社会发展计划。把人口发展和经济发展联系起来，纳入有计划按比例发展的轨道。在这方面，我们要不断地积累经验，使之收到实效。

第二，坚持不懈，狠抓计划生育。这些年计划生育工作已经取得成效。今后要力争在二三十年乃至更长一些时间内把我国人口增长率降到零度。这是一项具有战略意义的决策，既有利于四个现代化的实现，又有利于中华民族的健康幸福的根本利益。但是必须看到，这个任务是非常艰巨的。第二次人口增长高潮中出生的人口将先后进入婚龄育龄期。这个新的洪峰的到来，有可能对预定计划有所冲击，甚至造成出生率回升。我国人口 8 亿在农村，这是计划生育的关键所在。由于农民的经济利益和习惯势力的影响，计划生育工作的困难很大，需要认真对待。当前，农村推行生产责任制（这是完全正确的、必要的），在生育问题上又引起了新的波动。因而在计划生育工作上必须长期努力，坚持不懈。人口的变化是要经过一代人甚至是几代人的时间跨度，才能调整和控制住的，决不能掉以轻心。

为了保证计划生育的顺利实施，很有必要制定《计划生育法》。但这种法令不同于刑法，它只能把政治上、经济上的一些奖惩措施，以及绝育、流产等医疗规定合法化。法律当然

---

① 《毛泽东选集》第 5 卷，第 388 页。

是有一定的强制性，但要结合宣传教育来实施，靠强迫命令是不行的。

第三，把提高人口质量放到重要位置上来。人口不只是数量问题。在控制人口数量增长的同时，提高人口质量具有更为重要的战略意义，也是加速实现四个现代化所必需的。

提高人口质量的方面很多，仅就提高文化教育水平来说，就必须增加智力投资。智力投资的经济效果是很大的。据人口专家估算，它的效果在日本相当于整个国民收入增长部分的25%，在苏联相当于30%，在美国相当于33%。所以，我们应该尽可能地提高普通教育的质量，改革中等教育结构，增加职业教育和技术教育，扩大和提高高等教育。在职人员也要干到老学习到老，教育到老，不能停留在"老一套"的水平上。同时，还要把科学技术研究放在重要地位上。科学技术的作用日益使自然力服从于人类。特别是二次世界大战以后，科学技术进入了迅速发展的时代。无数事实表明，社会生产的发展，以至人类的生存和发展，是以科学技术的发展和应用为转移的。"而科学的发展则同前一代人遗留下的知识量成比例，因此在最普通的情况下，科学也是按几何级数发展的。"① 恩格斯在一百多年前的这个科学论断，已经不断为历史实践所证实。据日本长期信用银行统计，从1945—1960年，劳动力对日本经济发展作出的贡献占52%，技术进步作出的贡献占43%。科学技术促使劳动生产率提高，在当代已达50%—70%。在这样科学技术昌明的时代，要推进国民经济发展，实现现代化，就必须把科学技术现代化放在重要位置上来。这就是要发展教育，加强科学研究，提高人口质量，在全体人民文化科学水平普遍提高的基础上培养各种专门人才。

---

① 《马克思恩格斯全集》第1卷，第621页。

第四，要把普遍解决劳动就业和提高劳动生产率结合起来。这是一个需要专门讨论的问题，而且也不只是人口问题。在这里只想指出，从社会发展上说，社会主义就是要有比资本主义更高的劳动生产率；从实现四个现代化的要求来说，不采用新技术，不使资金技术构成高度化，所谓工业、农业的现代化也就无从谈起了。然而在一定时期（例如到2000年）内，我们只能力求在主导的、尖端的产业部门，采用新技术，提高劳动生产率；至于在一般的产业部门，则不妨采取各种形式，不拘一格，各显神通。在生产发展上应该是多种经营，劳动密集行业，技术中间型生产，手工劳动的工艺，都应该千方百计大量发展，以尽量安排就业人员为宗旨。只要不亏损，并能为社会增加财富，就要发展。采用多种形式的技术能使社会生产有所发展，但在一定时期内，全社会的劳动生产率可能是要低一些。对于这个问题是需要进行辩证分析的。马克思说过："劳动生产力是由多种情况决定的，其中包括：工人的平均熟练程度，科学的发展水平和它在工艺上应用的程度，生产过程的社会结合，生产资料的规模和效能，以及自然条件。"① 这就是说，劳动生产率是由多种因素构成的，不能离开社会经济发展的具体条件来谈全社会的劳动生产率的提高。事实上像我们这样一个大国，技术发展和劳动生产率提高都要有一个发展过程，四个现代化不可能在一个早晨就普遍实现，而是要分期分批、有步骤地实现。

第五，人口的分布要有计划地调整，使之日趋合理。人口密度问题，人口的地区分布和结构，在整个人口问题中也是十分重要的。在私有制的阶级社会里，人口的地区分布，由于受私有制度的限制，有着很大的盲目性和不合理性。资本主义社会里，农

① 《马克思恩格斯全集》第23卷，第53页。

村人口盲目流入城市，城市人口和工业区人口非常集中，社会问题严重。在公有制的社会主义制度下，城乡对立、民族歧视已经消除，人口可以有计划地合理地分布在城市和农村，工业集中地区和边疆地区的人口分布也要日趋合理。

　　我国人口已近十亿。但是，我国有 960 万平方公里土地是一个定数。由于人口增长过快，人口密度已由 1949 年每平方公里56 人，提高到目前的 102 人。现在世界人口的平均密度是每平方公里 32 人，我国人口密度为世界人口平均密度的 3 倍多，是世界上人口密度较高的国家之一。我国不仅人口密度大，而且人口的地区分布很不平衡。如果从黑龙江的瑷珲经甘肃省的兰州折向云南省的腾冲划一折线，这条线东部地区的土地面积只有全国土地面积的 48%，而人口占全国 97%；西部地区占全国土地面积的 52%，却只居住着全国 3% 的人口，其人口密度只有东部地区的 1/35。请参看下列的统计图。

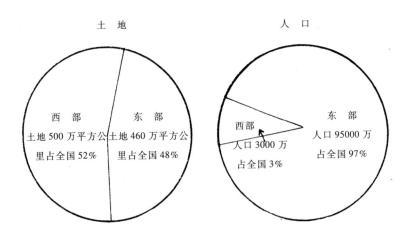

　　我国人口过分稠密的东部地区，应当严格控制人口的增长，大力提倡一对夫妇只生一个孩子，实现人口的低增长率、零度增

长率基至负增长率，使人口密度不断下降。同时，在一定时期、一定条件下也可以实行移民，通过人口的机械变动对人口分布进行调整。我国移民的潜力是很大的，如西部地区的面积约为500万平方公里，现在的人口密度为6人，假如把人口密度提高一倍，就可以再容纳3000万人，提高二倍就可以再容纳6000万人。当然，移民问题不是简单的机械迁移，而是要解决一系列的复杂问题。尤其我国西部地区的自然条件、经济条件和民族关系等也宜于使人口急剧地机械增长，惟有通过生产力的合理布局和边疆地区少数民族地区的经济发展，并采取一些鼓励移民的有效措施，才能达到这个要求。

第六，加强人口理论研究，建立并发展人口经济学。近几年，人口理论研究已经开展起来了，但尚处于初期阶段。看来，研究的范围比较窄，例如大量文章是讨论人口控制、计划生育问题，这当然是必要的，但不能仅限于此。再者有些问题还有待于深入研究。例如社会主义人口规律问题如何表述？人口发展与经济发展相互联系的标志是什么，如何计量，如何表达？还有所谓适度人口问题，它的客观依据、理论基础是什么？前景如何？等等。本文是探索性质的，当然解决不了，也不去探讨这些问题。以适度人口问题来说吧，这是一个需要研究和讨论的课题。马克思说："社会的条件只能适应一定数量的人口。""过剩人口和人口加在一起，便是一定的生产基础可能产生的人口。"① 马克思、恩格斯分析了社会生产力发展的现状和趋势，认为在资本主义时代和资本主义以后的时代里，并不会产生绝对过剩的人口。当然，他们也预言过，如果地球上的土地已经开垦完毕，那时是应该注意这个问题的。恩格斯说："人类数量增多到必须为其增长

---

① 《马克思恩格斯全集》第46卷（下），第105页。

规定一个限度的这种抽象可能性当然是存在的。"[1] 所以，人口增长的限度和适度问题是应该研究的，也是应当调节的。提出有根据的适度人口模式，采取必要措施，向适度人口过渡，等等，这对于长远发展的设想和当前经济计划都是有益的。然而这个问题涉及经济条件、自然资源、生态环境等各个方面。因此，在进行适度人口研究和未来人口预测中，必须以马列主义理论为指导进行广泛深入的研究。至于未来中国的适度人口究竟是 7 亿还是 8 亿，可先不必去争论它。问题在于当人口达到最高限（预测为 13 亿），转而为人口绝对数下降后又将引起什么变化？在达到适度人口（比如 7 亿）的水平之后，人口是永远维持在这个水平上呢？还是要变化发展？到那时，社会经济又将如何发展？要看到，并非一些经济不发达国家在为人口增长过快而担忧；欧洲有些人口发展停滞的国家又在为老龄化所引起的社会经济问题而苦恼。我们切不可从一个极端走向另一个极端。总之，诸如此类的问题，只有充分展开人口理论研究，才能提出科学的论断。

就现实问题的研究来说，我们认为迫切需要建立人口经济学，并且要在人口发展与经济发展的相互联系上进行深入系统的研究，拿出有价值的理论著作来。这是需要下苦功夫的。我们深信我国的人口学家、经济学家、社会学家们一定能够完成这个光荣的任务。

（与胡伟略合写，刊于《经济研究参考资料》1982 年第 668 期）

---

[1] 《恩格斯致卡尔·考茨基》（1881 年 2 月 1 日），《马克思恩格斯全集》第 35 卷，第 145 页。

加强统计监督为促进总路线的正确贯彻而奋斗

——过渡时期总路线学习笔记

一

我们伟大的祖国，已经进入了逐步过渡到社会主义社会的新的历史时期。

过渡时期的总路线和总任务，就是逐步实现国家的社会主义工业化，并逐步实现国家对农业、对手工业和对资本主义工商业的社会主义改造。因此，统计工作必须在过渡时期的总路线总任务这一灯塔的照耀下，与过渡时期的社会主义建设事业紧密结合，服务于并服从于国家管理和经济建设的需要。

社会主义经济就是计划经济。而要实行计划经济就必须进行一系列的组织工作。列宁在伟大的十月革命胜利之后即曾指出：我们已经夺得了俄国——从富人手中夺给穷人，从剥夺者手中夺给劳动者。现在我们就要有成效地实行管理，要善于实际地进行组织工作。他说："组织统计，监督各巨大企业，把全部国家经济机构变为一整架大机器，变成为一个使几万万人都遵照一个计划动作的经济机体，——这就是摆在我们肩上的伟大组织任务。"①

列宁指出："既然无产阶级底政治统治已经建立，已有保障，则实行统计与监督，——如果这些办法是由工兵农代表苏维埃以最高国家政权机关的资格来实行，或者依照这个政权的指示和委托来实行的话，——即到处实行普遍的，包括一切的统计与监督，实行对劳动数量和产品分配的统计与监督，这便是社会主义改造实质之所在。"（注：着重点是列宁自己加的，下同）②

列宁认为："我们建立了使被压迫劳动群众能够积极参加独立建设新社会事业的新式国家，即苏维埃式的国家，但这还只解决了困难任务的一小部分。主要的困难是在经济方面：即对产品底生产和分配上实行普及全国的最严格的统计与监督，提高劳动生产率，使生产在事实上社会化。"③ 因此，列宁认为："迄今以前，是直接剥夺剥夺者的设施占着首要地位。现时占着首要地位的，则是在资本家已被剥夺的那些企业和其余一切企业中组织统计和监督。"④

由此可见，列宁是把夺取政权作为无产阶级革命的第一件大事的。而当无产阶级已经夺取了政权之后，列宁就把统计这一认识武器，作为进行国家管理和国家监督的一个重要武器了。

列宁的这些指示和原则，对于正在实行社会主义工业化和社会主义改造的我国，是完全适用的。因为我国在新民主主义革命

---

① 《关于战争与和平问题的报告》，见《列宁文选》两卷集，1950年莫斯科中文版，下卷，第348页。

② 《怎样组织比赛》，见《列宁文选》两卷集，1950年莫斯科中文版，下卷，第309页。

③ 《苏维埃政权底当前任务》，见《列宁文选》两卷集，同上版，下卷，第374页。

④ 同上书，下卷，第378页。

胜利后建立起来的人民民主专政的国家政权是中国共产党和中国工人阶级所领导的，这个政权的基本任务就是领导全国劳动人民，在完成民主革命的任务以后，随即创设条件，采取步骤，逐步地消灭阶级剥削制度，建立起以社会主义经济为惟一的经济基础的社会主义社会。因而在我们的国家里，也就要求建立国家统计，对国民经济发展实行全面的检查监督，并有系统地反映和研究国民经济的发展规律。也就是说，根据社会主义工业化和社会主义改造的需要，必须运用综合数字指标，把我国国民经济的发展水平、发展速度以及各种经济的比例关系计量出来；把我国社会主义经济不断增长以及我国向社会主义前进的各种重大成就标志出来；把各种非社会主义因素被限制和被改造的过程反映出来；把阻碍和破坏社会主义建设和国民经济平衡的无政府状态和盲目现象揭露出来；把未被利用和未被充分利用的新的潜在力量发掘出来；用以反映总路线在一定时期的贯彻结果，并推动总路线的进一步贯彻。这些任务，也就是统计部门在为贯彻总路线而斗争中的政治任务。

二

我国在过渡时期的总路线的实质，就是使生产资料的社会主义所有制成为我们国家和社会的惟一经济基础。这个时期的历史任务就是使我国从工业不发达的落后的农业国变为工业发达的先进的社会主义的工业国；就是要把现有的资本主义经济和小商品经济改变为社会主义经济，扩大现有的社会主义经济，使社会主义经济基本上成为我国惟一的经济基础。

这就是说，在过渡时期，我国的工业比重将是不断上升的。而在各种经济成分中，社会主义因素将不断增长，一直到获得完全的胜利；非社会主义因素将不断受到限制和改造，一直到最后消灭。为了正确地贯彻总路线，我们的党和政府就必须经常地准确地掌握这种生产发展的规律和社会经济发展的规律。而要反映这些规律就必须有赖于统计。这就要求统计部门，必须按总路线的要求来部署统计工作。从总的方面来说：

（一）为了准确地反映出我国由落后的农业国转变为先进的工业国的发展变化规律，统计部门就必须在再生产过程中，通过工业总产值和农业总产值的指标，按期计算工业生产和农业生产的发展水平、发展速度，并进而计算其比例关系。例如，我国在1952年，现代工业在工农业总产值中占28%，它说明我国在目前仍然是一个落后的农业国，但可以预期，在几个五年计划之后，我国的工业比重即可达70%上下，到那时，就是说我国从落后的农业国变为先进的工业国了。

正确地反映出工农业生产的发展水平及其比例关系，这不仅可使工农业生产协调发展，而且是检查工业化程度的主要标志，同时也是处理一切革命问题的基本出发点。

当然，观察一个国家的工业的经济实力时，不仅仅要运用总产值指标，还要运用具体产品的产量指标，特别是要计算按人口平均的主要产品的生产量，来具体观察工业的发展水平，而不应该把工业发展的速度和工业发展的水平混为一谈。

（二）为了准确地反映出社会主义经济的不断增长和非社会主义经济的不断受到限制和改造的发展变化规律，统计部门就要运用"各种所有制占有生产资料"的指标，"工农业总产值"、"国民收入"、"职工人数"和"商品流转额"等指标来具体地计算并标志出各种经济成分的比重变化及其相互关系。特别是在再生产过程中，按期按总产值分别计算工业的和农业的各种经济成分的比重，按期按销售额来计算商业的各种经济成分的比重，这对于检查社会主义经济的不断上升和资本主义经济的逐渐缩小以至消灭的情况尤为重要。

斯大林同志说："我们所需要的并不是随便一种什么工业化。我们所需要的工业化，乃是保证社会主义形式的工业对小商品形式的、尤其是对资本主义形式的工业所占的优势愈益提高的工业化。我国工业化的特点，就在于它是社会主义的工业化，是能保证工业中的公营部分战胜私人经营部分即战胜小商品经济部分和资本主义部分的工业化。"① 斯大林同志的这一指示，对于我国的现实情况是完全符合的。例如我国国营工业在工业总产值中所占比重，已由 1949 年的 34% 上升为 1952 年的 50%。而私营工业则由 1949 年的 63%，下降为 1952 年的 42%。这就是说，虽然资本主义工业在目前还占很大比重，但它是一种下降趋势，而国营工业则是发展壮大、不断增长的。毫无疑问，它的发展规律必然是像斯大林同志在论述苏联的社会主义改造时所说的："我国是在脚踏实地和很迅速地向着社会主义迈进，把资本主义成分排挤到后面并逐渐从国民经济中排除出去。"②

（三）为了满足实行计划经济的需要，统计部门必须全面地有系统地综合研究各种比例关系，并加强检查监督工作。

我们知道，实行社会主义工业化和社会主义改造，就是要按照社会主义的基本经济法则和有计划按比例发展的法则来组织经济生活。

由于国民经济的各个部门，在客观上都是互相联系、相依为用的，因而我们"必须使所有各生产部门的计划，严格一致，

---

① 《在联共（布）第十六次代表大会上的总结报告》。

② 斯大林：《在联共（布）第十五次代表大会上关于中央委员会政治工作的总结报告》。

协调发展，并构成一个统一的经济计划。"① 为了要把整个国民经济计划联成整体，使国民经济的各个部门——工业、农业、交通运输业、商业以及文化教育等方面，都能保持相应的比例和平衡发展，消灭在生产和分配过程中的盲目性和无政府状态，这就必须综合研究扩大再生产的各种基本比例关系。而且也只有进行了这种全面分析之后，才能规定出国民经济的恰当的比例关系，而符合于党和政府在计划期所提出的政治经济任务。

社会生产是一种循环无已的再生产过程。所有生产、分配、交换、消费等都是整个生产过程的一个环节。为了要拟制符合于客观实际需要的扩大再生产的经济计划，首先就要确定现存的国民经济发展水平，物质条件，技术条件，全面地计算全社会的各个方面的需要，综合地研究现存的各种比例关系，然后才能据以确定未来的国民经济的方向、任务和发展水平、发展速度、比例关系。这就要求统计部门要在再生产过程中，具体地计算和研究国民经济的发展水平、发展速度；计算和研究劳动人民日益增长的物质和文化需要；计算和研究生产、分配、交换之间的各种比例关系；计算和研究各生产部门内部的各种比例关系；计算和研究生产地域性分布的比例关系等等，为编制计划提供可靠的资料。

国民经济计划既经付诸实施之后，它不可能是任其自流地来完成的，而是要在有系统的统计和监督其执行的基础上，通过有组织的领导来实现的。因此，运用综合数字指标检查计划执行情况，乃是统计部门经常的责无旁贷的直接任务。

根据社会主义的基本经济法则和有计划的按比例的发展原则的要求，检查计划的任务，并不是指出了计划完成未完成的百分

---

① 《列宁全集》俄文版，第31卷，第480页。

比就算完事，而是要揭发计划完成未完成的原因，揭发和防止在计划执行过程中的不平衡现象的发生，发掘未被利用或未被充分利用的潜在力量，并与盲目性、无政府状态和本位主义进行不调和的斗争，以便加速国民经济的发展，完成和超额完成计划。因为社会主义经济是不允许有不平衡的现象发生的，它是采取积极平衡的方针，用增加或创造新的潜力的方法来弥补这种不平衡的。而盲目性、无政府状态则是资产阶级思想的反映，必须坚决反对。

三

根据上面的分析，在过渡时期的总路线总任务之下，我们的统计工作任务，主要应是大力加强国营经济的统计，并以工业和基本建设统计为重点，适当地进行农业和手工业调查并着重于农业和手工业合作化的统计研究；同时应加强对资本主义工商业的统计并着重于国家资本主义的统计研究。

（一）大力加强国营经济统计，并以工业统计和基本建设统计为重点。

总路线是以社会主义工业化为主体的，但它又是以农业、商业、交通运输业和社会文教事业等的相应的发展为条件的，因而我们的统计工作必须以工业统计和基本建设统计为重点，并相应地加强农业生产、商品流转、交通运输及社会文教等统计，建立和改进物资分配、劳动工资、财务成本等统计，以便从各个方面表现出社会主义因素不断增长的重大成就。

所谓加强国营经济的统计，主要应是建立科学统计，加强对国家计划执行情况的检查监督。并把经常的报表资料积累起来，经过整理分析，反映出有关经济活动的发展规律和各种经济的比例关系，以为编制新的计划提供有力的依据。

工业和基本建设统计的经常的主要任务应是全面地检查国家计划的执行情况。这种检查，必须是包括所有企业、所有单位的，但它又必须是以主要企业和主要工程为重点的。对于重点部分的检查，主要应是根据企业所提出的短期报表（月的、旬的、五日的，甚至是一天的），以经常的方式进行。这种检查，不能只局限于工业的产值、产量和基本建设的投资总额等指标（这当然是最主要的指标），而且还要通过劳动、物资、成本、质量、事故、设备运用等指标来进行全面的检查。这种检查，不应只限于回答计划完成到什么程度，而是要判明哪些是先进单位？哪些是落后单位？哪些因素助长或阻碍了计划完成？特别是要检查工业生产是否按计划规定按比例地发展——例如生产资料与消费资料，全部工业与燃料工业、机器制造工业，首要部门的生产与次要的辅助部门的生产是否平衡？以及在生产过程中是否按日、按旬、按月、按季有节奏地均衡地生产等等。

在这里，我要特别强调一下劳动生产率和社会主义积累的问题。社会主义需要有比资本主义更高的劳动生产率。惟有提高劳动生产率，才能增加社会财富，增加国民收入，增加社会主义积累，从而扩大基本建设。因而统计部门必须把劳动统计、财务成本统计放到重要的位置。

在这里，我还要强调一下固定资产和生产设备能力的统计问题。

我们知道，为了加速社会主义工业化，必须发展生产力，扩大社会主义再生产。这就一方面要充分发挥现有企业的能力，而另一方面又要建设社会主义的新工业。只有建立了新工业，才能使我国的工业、运输业和农业建立在高度的科学技术的基础上面，并促使我国早日工业化。由此可见，基本建设的规模和速度，是决定着社会主义工业化进程的重要标志。但反映基本建设完成量的投资额，当它与计划对比时，只能说明基本建设的进展，当它与各个历史时期对比时，仅能说明基本建设在各个时期的增长变化。惟有固定资产和新增生产设备能力的指标，才是基本建设的最终结果。因而惟有检查固定资产的开始利用计划和新增生产设备能力的计划，并研究其动态数列才能准确地说明社会生产力的增长变化。也惟有检查投资总额、固定资产和新增生产设备能力的增长在各个国民经济部门的比例关系，特别是在生产生产资料部门和生产消费资料部门的比例关系，才能准确地说明"首先发展重工业"的方针是否得到正确的贯彻。

（二）适当地进行农业和手工业的调查，并着重做好农业和手工业合作化的统计研究。

根据党的总路线，我国的经济建设不但要求工业经济的高涨，而且也要求农业经济有一定的高涨。为了进一步提高农业生产力，党在农村中最根本的任务就是去教育和促进农民群众逐步联合组织起来，逐步实行农业的社会主义改造。这种对农业逐步实现社会主义改造的具体道路，就是由具有社会主义萌芽的互助组，到具有更多社会主义因素的农业生产合作社，再到完全的社会主义性质的农业生产合作社的发展道路。

据此，我们的农业统计工作，不能再像过去那样，仅仅提供笼统的农业生产的平均数，而是要按不同的农业生产组织来研究农业生产的发展。亦即按不同的经济类型——合作社、常年互助组、临时互助组及个体农民等等——来进行耕地、牲畜、劳动力、新农具等指标的统计。然后结合以典型调查，估算其产量、产值。因为只有这种分类型的调查统计，才能看出互助合作的发展变化，才能看出农业经济中社会主义因素的不断增长及其优越性。事实上，如果我们统计部门不进行这样的调查统计，也就不可能在农村工作方面配合中心任务，满足党政领导上的需要。

在农业生产统计方面，应特别注意粮食和技术作物的统计。此外，还应注意农村商品粮的调查统计，给有计划收购粮食提供依据，从而克服农民自发势力的发展。

其次，个体手工业在我国国民经济中仍占很大比重。这种调查统计主要应采取典型调查、全面推算的方法来进行。特别是要通过典型材料，结合若干重要行业的深入研究，以掌握其增减变化情况，确定哪些行业可以维持，哪些行业需要发展，哪些行业应该取消？同时应统计手工业的若干主要产品的供、产、销情况，以便逐步把手工业生产引导到合作化的道路上来。同时要着重研究手工业合作化的发展变化。

农业和手工业的合作化，是有关社会主义改造的重大问题，因而我们统计部门必须把这一统计研究，提到重要的日程上来。但必须注意：对于个体经济和在改造过程中的过渡经济的调查统计，在方式上和步骤上决不能强迫命令，急于求成，而是要说服教育，稳步前进。

（三）加强对资本主义工商业的统计，并着重研究国家资本主义的发展变化。

为了正确地贯彻对资本主义工商业的利用、限制、改造政策，我们必须对资本主义工商业实行统计和监督。

私人资本主义的特点就是追求利润，盲目发展。这种资产阶级惟利是图的本质，必然对国计民生和国家有计划的经济建设发生破坏作用。因而我们必须在活动范围方面，在税收方面，在市场价格方面，在劳动条件方面，依各地区、各时期、各种行业的具体情况，采取切实有效的办法，予以不同的限制。也就是说，要利用其有利于国计民生的方面，限制其不利于国计民生的方面。但究竟哪些是有利于国计民生的，哪些是不利于国计民生的，这就必须经过统计，掌握情况，以便据以研究与决定各种政策措施，来加强对私营工商业的领导。由此可见，在克服资本主义的盲目性和破坏性，并逐步把它引导到国家资本主义轨道中来这一工作上，资本主义工商业统计是一个重要武器，因而我们必须学会并善于使用这个武器。

国家对资本主义工商业的社会主义改造的第一个步骤，就是把私人资本主义引导到国家资本主义的轨道上来。国家资本主义就是我们能够加以限制，并规定它的界限的一种资本主义。在我国人民民主专政政权下的国家资本主义，就是在人民政府管理下，用各种方式与社会主义国营经济联系和合作的、受工人阶级监督的国家资本主义。而且资本主义"无论走向国家大资本主义或走向社会主义，都是走的同一条道路，都是经过同一个中间站口——即所谓'对产品生产与分配上实行全民统计与监督'。"① 由此可见，也惟有把资本主义转变为国家资本主义之后，才便于实行统计和监督。

但我国的国家资本主义是具有高级、中级和低级的各种不同形式的，因而对于不同的统计对象，应采取不同的统计方法。同时还必须研究各种不同形式的国家资本主义的增长变化，以便于条件具备时，最后对它们实现社会主义的改造。

最后，为了使统计工作更好地为贯彻总路线服务，统计部门必须加强政治思想领导，开展批评与自我批评，克服统计工作中的分散主义和形式主义。这就必须紧密地依靠党政和计划部门的领导，加强统计部门内部的集体领导，密切国家系统与业务系统及其各级之间的联系；这就必须认真学习总路线及各种具体政

---

① 列宁：《论粮食税》，见《列宁文选》两卷集，1950 年莫斯科中文版，下卷，第 851 页。

策，细致地研究国民经济计划及制定计划的方针和根据，有系统地学习经济知识、业务知识和统计理论；这就必须改进统计工作的具体做法，使之适应于它所负担的政治经济任务，克服那种只搞制度方法、计算汇总而不深入检查计划、研究国民经济规律的做法（当然，在统计建设的初期，着重搞制度方法是必要的，而且统计工作到任何时候也不能放松制度方法，计算汇总）；这就必须对一切不良倾向，通过批评与自我批评展开思想斗争，使统计工作得到健康发展，更好地为实现总路线而服务。

（刊于《统计工作通讯》1954 年第 1 期）

论 统 计 监 督

我国解放后不久就在全国范围内开展了统计工作，并且建立了统计机构。但是，三十多年来，统计工作并未受到应有的重视，统计监督始终未提到日程上来，这实际上是对统计和统计监督的看法，以及我们到底应该怎么办的问题。

"社会经济统计是认识社会的最有力的武器之一。"① 统计是按照科学的定义确定统计指标，通过大量观察，搜集统计资料，经过科学的整理、计算、分析来表明社会经济现象的数量关系的，并通过数量变化来表明质量变化。关于统计学的科学性早已被举世所公认。我们知道，列宁是高度重视统计学、统计资料和统计工作的。据统计，在《列宁全集》中有 638 处谈到统计问题。② 毛泽东同志也教导我们说："我们有许多同志至今不懂得注意事物的数量方面，不懂得注意基本的统计，主要的百分比，不懂得决定事物质量的数量界限，一切都是胸中无'数'，结果就不能不犯错误。"③ 在经过十年浩劫，面临统计工作被削弱，

---

① 《现代农业的资本主义制度》，《列宁全集》第 16 卷，第 431 页。

② 《列宁全集索引》上册，统计条。

③ 《党委会的工作方法》，《毛泽东选集》第 4 卷，第 1380 页。

经济建设遭受严重挫折的情况下，重温这些教导，愈觉意义深刻。我认为在当前，不是一般地强调加强统计工作，而是要特别突出统计监督的重要意义。

我们是社会主义国家，我们实行的是计划经济，而计划是要以统计为基础的。列宁说："统计和监督是把共产主义社会第一阶段'安排好'并使它能正确地进行工作所必需的主要条件。"[1]"组织统计工作，监督各大企业，把全部国家经济机构变成一整架大机器，变成一个使几万人都遵照一个计划工作的经济机体，——这就是放在我们肩上的巨大组织任务。"[2] 列宁把夺取政权，剥夺剥夺者的生产资料放在无产阶级革命的首要地位；而当无产阶级已经取得政权，并且建立了生产资料公有制之后，就把统计作为国家管理和国家监督的一个重要武器了。他说："既然无产阶级的政治统治已经建立，已经有了保障，那么，实行计算与监督，实行全面的、普遍的、包括一切的计算和监督，即对劳动数量和产品分配的计算和监督，——只要它们由作为最高国家政权机关的工农兵代表苏维埃来实行，或者依照这个政权机关的指示和委托来实行，——这就是社会主义改造的实质。"[3] 显然用不着多说，我们社会主义国家是应该按照列宁的指示，把统计工作提高到国家管理和国家监督的高度来认识它、组织它的。

统计工作要为制定国家计划提供系统的、具有科学性的统计资料，即运用统计武器，通过统计数字为社会服务；在服务过程中，也运用同一武器，发挥其检查监督作用。统计为社会服务，

---

[1] 《国家与革命》，《列宁全集》第 25 卷，第 460 页。这里，中译的"统计"一词按俄文原意应译为"核算"或"计算"，它的涵义比"统计"要广泛些，下注同。

[2] 《俄共（布）第七次代表大会》，《列宁全集》第 27 卷，第 78 页。

[3] 《怎样组织竞赛》，《列宁全集》第 26 卷，第 348 页。

就是运用综合数字指标把国民经济的发展水平、发展速度以及各种经济的比例关系计量出来；把生产、分配、交换、消费的状况反映出来；把阻碍、破坏社会主义建设和国民经济平衡的无政府状态揭露出来；把未被利用或未被充分利用的潜力发掘出来。统计的检查监督作用，就是监督各个企业遵照统一的计划进行工作，同时也要对国家计划的执行结果进行检查监督。例如指标高低、速度快慢、成本升降、劳动生产率高低、资金周转快慢、利润多少、比例协调或失调。生产总量及其构成与需求总量及其构成是否平衡，能否实现，经济效果的大小，节约或浪费，等等，都要经过统计的检查、揭露，并找寻原因，予以改进。这是统计部门经常性的、责无旁贷的任务。作好这一系列工作就是它们对实现四个现代化的最好的贡献。

就我国现实情况来说，我们存在着社会主义公有制的两种形式，并在社会主义公有制占优势的前提下，允许多种经济成分同时并存。现又实行两级财政；对地方、企业、社队也在实行扩大自主权的改革。这就是说，在国家、地方、集体、个人之间，在根本利益一致的前提下，还存在各自不同的经济利益。出现过度集中或本位主义、地方主义，出现盲目性、自发性与计划性矛盾、平衡与不平衡矛盾，不仅是可能的，甚至是在所难免的。这就愈益显示出统计监督的必要性。

更值得注意的是：我国的剥削阶级虽然已经作为阶级消灭了，但是非无产阶级的意识形态并没有随之而消逝。特别是政策放宽后，允许部分人先富裕起来。少数投机分子便利用政策空隙，应运而生。例如投机倒把、走私、偷税、贩运非法物资、牟取暴利等现象不断发生。这也是需要加强统计监督的。

统计监督也包括对统计数字的篡改或滥用的检查监督。所有统计人员都要尊重科学，实事求是，决不能按长官意志，篡改任何数字。斯大林说："中央统计局应该提供不受任何偏见影响的客观材料，因为使数字适合于某种偏见的企图是一种带有刑事性质的犯罪行为。"[①] 统计监督的对象应该包括所有社会经济部门，包括党政领导机关和领导人。尤其是政策、计划的制定和检查所采用的统计数字，任何领导机关或领导人都不得篡改和滥用。这是尊重客观事实，尊重统计立法和社会分工的问题。那种把统计监督看作是统计部门的职权超越了党政领导部门的说法是一糊涂观念。至于报刊上以个人名义即不是以党和政府的领导人的身份来发表的文章、讲话、研究报告等所用数字，在我看来，可以实行文责自负，而不必强求一致。

为了广泛发挥统计监督作用，应该把统计带到群众中去，把国家的统计监督与群众的统计监督结合起来。即力求把由国家实行统计和监督的思想灌输到群众的意识中去。列宁认为"这是一个具有全世界历史意义的伟大斗争。"[②] 列宁号召："工人和农民们，劳动者和被剥削者们！土地、银行、工厂已经变成全体人民的财产了！大家亲自来统计和监督产品的生产和分配吧，——这是惟一走向社会主义胜利的道路，社会主义胜利的保障，战胜一切剥削和一切贫困的保障！"[③] 假如我们真正要发扬群众路线的优良传统，实行群众性的统计和监督，就要打破统计数字神秘化的陈旧保守观点。其实，有关国家机密的只是有限的若干数字，把它单独处理就是了，用不着把一本又一本的统计资料都编进整个机密数字，然后盖上绝密的印记，统统锁在保密柜中，而把广大群众拒之于统计的门外。这样，还有什么群众性的统计和

---

① 《联共（布）第十四次代表大会》，《斯大林全集》第7卷，第272页。
② 《苏维埃政权当前的任务》，《列宁全集》第27卷，第232页。
③ 《怎样组织竞赛》，《列宁全集》第26卷，第348页。

监督之可言呢？

要加强统计监督，首先就要加强统计工作。而要加强统计，还需要在认识上澄清对统计的一些思想障碍。

例如，所谓统计不如估计。在统计资料不全的条件下，估计也不失为计算的一种形式。尤其在统计工作薄弱，数字不全不准的条件下，有些熟悉经济情况的人，他们的估计有时是比统计数字还准确一些。但这是统计工作薄弱的表现，而不是统计不科学造成的。要知道，大致的匡算只能"八九不离十"，误差未免太大，而经济工作是要越作越精细、越准确，不能满足于笼统的估算；而且强调估算还会助长某些人的主观性和片面性。列宁说："有许多问题，而且是涉及到现代国家的经济制度和这种制度的最根本问题，过去是根据一般的估计和大致的材料加以解决的，现在如果不根据按某一个一定的纲要收集并经统计专家综合的关于某一国家全国情况的浩繁材料，就无法加以比较认真的研究。"① 我们今天的经济建设情况也正好是这样的。我们是唯物主义者，应该相信统计学的科学性和客观性。我们要发扬实事求是的优良传统，就不能不加强统计工作。

其次，调查研究不能代替统计。调查研究是了解社会情况的一个最重要的方法。调查研究的范围很广泛。广义地说，统计观察也可以看作是调查研究的一种方式，因而把毛泽东同志的调查研究思想作为统计学的指导思想是完全正确的。然而统计学有它自己的特点。统计工作是运用统计学所给予的方法，对某一总体现象通过大量观察，从数量关系上进行分析研究的。至于调查研究工作，它不限于数量关系的考察，而且毋宁说，它更加侧重于质量关系的研究，而当它需要从数量上进行统计研究时，也要借

---

① 《现代农业的资本主义制度》，《列宁全集》第 16 卷，第 420 页。

助于统计的方法。所以，调查研究不能代替统计。假如真的以调查研究代换了统计，那倒不是对统计的促进，而是对统计学和统计工作的取消。我国的统计工作在这方面是走过弯路的。应该引以为戒。

第三，典型调查不同于抽样抽查。从字面上看，两者好像是一致的，然而实际上它们所采用的方法各不相同。典型调查是对个体的调查、剖析，或者说是对某种工作的专题调查，即所谓"解剖麻雀"。它的调查内容虽然包括数量关系，但因调查的单位数目少，也不能用以推算全面。抽样调查是要用样本的数据来推算母体的数量的，样本数必须达到一定的数量才能保证代表性。我国在实行全面统计报表制度的条件下，也还需要结合推行这种方法。我们决不要低估抽样法的重要作用，更不要妄图以典型调查代替抽样调查。

加强统计监督的基本前提在于提高统计工作质量，保证统计数字的科学性、准确性。而要做到这一点，就必须提高统计干部的业务水平，扩大统计队伍，加强统计的组织建设。

为适应四个现代化的要求，统计必须从全局出发，建立国民经济核算体系，按照完整的统计指标体系提供统计资料，同时还要加强数理统计，进行统计预测和统计分析。这就要求统计干部一定要掌握统计科学和经济科学的知识，既能熟练地设计统计调查方案，进行统计分析，又能根据统计资料进行经济分析。形势逼人，不提高业务水平就将成为时代的落伍者。

另一重要课题是扩大统计队伍，加强组织建设。我国的国家统计局仅二百多人，全国统计系统人员也只有 16000 人。而日本的总理府统计局有 3000 人，匈牙利的中央统计局有 1000 人，全国统计系统有 7000 人（占总人口的万分之七）；苏联全国统计系统有 220000 人。可见我国统计队伍的力量太薄弱了，与统计业务和统计监督的要求相比，极不相称，极不协调。从长远看，为了发展统计事业必须大力培养人才。既要培养有较高统计学知识的学者、专家，又要大办中等统计学校，为企业和农村人民公社培训能胜任具体业务工作的大批统计员。做好这项工作，也就为将来在全国建设统计网打下了基础。

为了实现统计和监督的任务，国家统计局应成为名副其实的直属国务院的统计局，并对各级统计机关在业务上实行垂直领导。国家应该通过立法保障统计业务不受任何部门或长官意志的干扰。不如此，就不能保证统计数字的科学性和客观性，也无从发挥其检查监督的职责。统计部门在本质上属于智能机构，但它不同于研究部门，因为它同时又是业务机构和检查机构。统计部门在业务上与国家机关的各部委有密切联系，它的工作时刻需要国务院的直接领导和指示。因而它隶属于国务院是合适的。在外国，大都也是内阁统计局。统计部门虽然肩负着检查监督的重大责任，但它不同于一般的检查机关，因而隶属于人大常委会未必是最好的。

我在四分之一世纪以前就曾经强调过统计监督。[①] 在当前，目睹实现四个现代化，建设社会主义强国的情况，仍然认为需要加强统计监督。所以，我虽已置身于统计圈外多年，今又旧调重弹。是耶非耶？愿接受同志们的指正和实践的检查。

（刊于《人民日报》1981 年 5 月 7 日）

---

① 《统计工作通讯》1954 年第 1 期，《加强统计监督为促进总路线的正确贯彻而奋斗》。

社会经济统计学与数理统计学同异辨

1964 年 6 月，我曾经以这个题目在厦门大学经济系做过一次讲演。今天看来，讲稿中提出的问题，无论在理论上还是实践上都还有现实意义。我对这个问题不过是作一次尝试性的探索，许多意见是很不成熟的。希望能有更多的人来作《同异辨》或《异同辨》，从理论和实践的结合上进行湛深的学术研究。

一、问题的提出

在当代社会中，究竟有无两种统计学——社会经济统计学和数理统计学的存在？这是首先要说明的问题。

有种观点的同志认为，统计学之所以为统计学，无论哪个学派（除了始初的国势学派之外），没有不使用数学方法和数字计算的，又何必在统计学上加上"数理"二字呢？另一种观点认为，所谓社会经济统计学，本来不存在，不过是人们想象和臆造出来的。所以，统计学就是数理统计学。

我认为，统计学是作为一种社会科学而产生和发展起来的。理论来源于实践，我们不能斩断历史，也不能否定现实来谈科学。至于说，没有不运用数学方法的统计学（国势学派除外），我也是赞成的。但19世纪后半叶以来，数理统计学已经出现于社会上，并且发展壮大起来了，所以任何人也是否定不了的。

这就是说，我是在承认社会经济统计学和数理统计学并存这个前提下来作同异辨的。

1.社会经济统计学属于社会科学，数理统计学是数学的一个分支。两者都名之为《统计学》，是用语的偶合呢？还是在方法和方法论上具有共同点呢？这是不能回避的问题。

建国后，统计学界和统计业务部门，为了防止数理主义和形式主义的偏向，都在强调两种统计学的区别。这一点是可以理解的。

然而我认为这两种统计学既有区别处，又有共同点。正是由于它们有共同点，所以，才能名之为统计学。

在习惯上，只说统计工作或统计学而不加限词时，均系指社会经济的统计工作或统计学。例如我国的各级统计局都是做社会经济统计工作的，但并不加社会经济这个限词。

因此，为了促进社会经济统计学的发展，应该明辨两者的区别和联系。

我们在社会经济统计学的研究中，强调社会经济统计学同数理统计学的区别，一般说来是正确的。但在若干问题方面，有的人把某些相同的东西说成不同的了，有的人把可以在社会经济统计学中运用的一些方法，也作为数理主义予以批判，以致使人不敢问津。我觉得这样做，不仅产生许多糊涂观念，而且有些问题，也使自己陷于重重矛盾之中而不能自圆其说。这不仅对社会经济统计学的发展不利，对社会经济统计工作也是不利的，这就是我讲这个问题的动机。

2.科学研究的态度应该是实事求是。在学术研究过程中，由于主观认识或客观条件的限制，对于有联系的两种事物，把"异"误为"同"，把"同"误为"异"的情况是常有的，谁都很难避免。但是，我们的治学态度毕竟应该是力求明辨是非异同，尊重客观事实。从客观事实中找出事物本身所固有的联系而不是臆造出规律来。

就同异来说，不论是大同小异，还是小同大异，不论是本质不同而个别点相同，还是本质相同而个别点不同，都要按它们的本来面目进行具体分析。如果它们被歪曲了，就要经过辨析，还其本来面貌。这才是科学的研究态度。

二、两种统计学的本质区别

社会经济统计学属于社会科学的一个分支，因而它是带有阶级性的；数理统计学是数学的一个分支，因而它本身并没有阶级性。这就是两者的本质的区别。

下面概括地对此加以分析。

1. 古代的统计是作为认识社会的工具，并为一定的阶级服务而产生的。

国家为了征兵、征税，采用简单的调查方法掌握土地、人口的变动情况，这便是统计的滥觞。这种统计则是为奴隶主服务的。

在中世纪，国家为了上述的同一目的而进行的调查统计，范围比以前广泛了一些。它是为封建地主阶级服务的。

在资本主义社会，统计学作为一门科学，有了比较完善的发展。它从政治、经济、文化、科学等各方面为资产阶级服务，产生了巨大的作用。随着资本主义向帝国主义阶段的发展，阶级矛盾和阶级斗争日益尖锐化了。于是统计学走上了抽象化的道路。

它的具体表现就是利用抽象数学公式来描述资本主义政治经济的发展，掩饰资本主义的腐朽性和阶级矛盾，以达到为垄断资本主义服务的目的。

另一方面，无产阶级为了揭露资本主义的本质，马克思和恩格斯在 19 世纪的政治活动和学术研究中，已在运用统计资料作为斗争的武器，并且从思想观点方面，为无产阶级的社会经济统计学奠定了基础。

特别是列宁，他不仅善于运用统计武器进行阶级斗争，而且还在统计理论和统计方法方面解决了统计学上的很多关键性问题。例如，关于资产阶级统计学的观点和方法的揭露和批判，关于统计学与政治经济学的关系，关于分组法和平均数的意义以及它们的相互关系等，作了许多精辟的论述。

在十月社会主义革命后，列宁进一步把马克思主义的统计理论同苏联的社会主义革命实践结合起来，明确地规定出统计必须服从于和服务于无产阶级专政和社会主义经济建设的需要，并且使之成为全民监督的工具。在斯大林时代，随着苏联社会主义建设的发展，无产阶级的社会经济统计学就发展成为一门新的学科了。

旧中国是一个半殖民地、半封建性质的社会，当时的统计学，基本上是抄袭外国（主要是英美国家）为官僚资产阶级服务的。新中国的社会经济统计，则是以马克思列宁主义、毛泽东思想为指导，并且不断汲取外国的先进经验逐步发展起来的，它是为无产阶级专政和社会主义建设服务的。

这就是说，无产阶级在革命胜利前把统计学作为揭露阶级矛盾，帮助无产阶级夺取政权，进行阶级斗争的武器；在革命胜利后，统计学是被用作管理国家和进行社会主义建设的斗争武器。

总之，社会经济统计学是阶级斗争的一个锐利武器。无论哪个阶级，都是站在自己的阶级立场上运用统计学来为自己的阶级服务。资产阶级的统计学者们也不否认这一点。

既然社会经济统计学是有阶级性的，那么，无论哪个阶级就都通过自己的思想体系来给它以影响。因而社会经济统计学总是接受某一种世界观而得出带有阶级烙印的结论。无产阶级的社会经济统计学是以无产阶级的世界观——辩证唯物主义和历史唯物主义作为理论基础的；而资产阶级的社会经济统计学则是以形而上学和唯心主义作为理论基础的。由于无产阶级和资产阶级的根本指导思想的不同，也就产生了一系列的观点上和方法上的不同。

社会经济统计学这门科学的特点，除了受世界观的支配之外，还受它同一领域的那门科学的影响。以经济统计学为例，它必须以政治经济学的观点为依据来确定自己的指标体系和相应的计算方法。这样，尽管在数量关系上有统计学自己所特有的计算、分析的方法，但是，当它以资产阶级的政治经济学为指导而建立起自己的体系时，则是资产阶级的经济统计学；而当它以无产阶级的政治经济学为指导而建立起自己的体系时，则是无产阶级的经济统计学。其他研究社会现象的各种统计学的分科，也莫不如此。

这就是无产阶级的社会经济统计学与资产阶级的社会经济统计学的根本区别。

既然社会经济统计学是以不同的世界观和阶级观点为指导的，因而这种不同观点就渗透到这一学科的各个方面。其中最主要的表现在三个方面：

第一，不同阶级的社会经济统计学，反映社会关系和社会经济生活的指标体系各不相同，对指标的标志也各有不同的规定。

第二，为了反映自己的阶级观点，不同阶级的社会经济统计学，采用的分组法各不相同。

第三，为了得出符合自己阶级观点的结论，不同阶级的社会经济统计学，各自采用不同的统计加工方法和经济分析方法。

但是，也不能否认相同中有不同点，不同处也有相同的地方。以分组法为例，无产阶级社会经济统计学或资产阶级社会经济统计学都采用数量分组法，这是相同的；然而按照哪些数量进行分组，又反映出不同的阶级观点来。这又是同中有异了。

本文的主题是论证社会经济统计学和数理统计学的异同，关于资产阶级的社会经济统计学和无产阶级的社会经济统计学的区别，就简单地谈到这里。

2. 数理统计学本身没有阶级性。它对任何阶级都是一视同仁的，当它被掌握在无产阶级手里时就为无产阶级服务，被掌握在资产阶级手里时就为资产阶级服务。

数理统计学是数学的一个分支。它如同所有的数学一样，是研究数量关系的一般问题。它也是以同质总体作为观察对象，然而旨在表明量而不是表明质。所以，它只是确定一定的方法和公式，用以说明一般数量关系的变化。至于在哪种具体条件下，应该运用或者不应该运用什么方法或公式，在数理统计学上并不给以具体的解答，而是靠人们的具体运用。

既然数理统计学本身是没有阶级性的，那也就无所谓资产阶级的数理统计学或无产阶级的数理统计学了，至于作者的世界观总是在科学研究中有所影响，那又当别论。

但是必须看到，现代的资产阶级社会经济统计学已经走上了抽象化、数理化的道路。这是由它们的哲学和政治经济学的反动本质决定的。这个反动本质就是要求以数学为手段，歪曲真实情况，掩饰垄断资本主义的腐朽。这充分表明资产阶级的社会经济统计学数理化了，因而资产阶级的社会经济统计学已经同数理统计学难得分家。在这个意义上说只有数理统计学，没有社会经济统计学，也未可厚非。

三、从统计学史[①]上来考察

上面我们谈了两种统计学的根本区别。现在我们转过来就它们的共同点加以分析。为了说明它们之间为什么具有共同点，需要从统计学史上作一简要的考察。主要是考察统计学是怎样同概率论联系起来的。

社会经济统计学同数理统计学是有其历史渊源的。

始初的统计学并没有社会经济统计学和数理统计学的区分。如上文所指出，当初的统计是适应古代国家掌握人口、土地情况的需要而诞生的。开始时当然很不完善，但经过长期的社会实践，在这个基础上，统计学就作为一门社会科学而产生、发展起来了。只是到了后来才分为社会经济统计学和数理统计学。

回溯统计学的发展史有三个起源：一为统计学的记述学派；二为政治算术学派；三为概率论——数学的一个分支。

下面，我们来谈谈三者的发展变化及其相互关系。

1. 统计学的记述学派。

亦称国势学[②]派或德意志大学统计学派。所谓国势学就是记载国家显著事项之学。其实，这不过就是我们通常所说的社会调查。不论在中国或外国，本来是古已有之。但是，把它作为一种学说体系发展起来，是以德国为发源地，即德意志大学教授派。

---

① 关于统计学史的史实材料，主要是采自：丹麦统计学家威斯特葛尔德著《统计学史》和德国统计学家约翰（V. John, 1838—1900）著《统计学史》。

② "国势学"这个词，在我国的资产阶级统计学中久已沿用，现仍按旧译。

创始的主要代表人物为康令（H. Conring, 1606—1681）和稍后的阿亨伐尔（G. Achenwall, 1719—1772）。阿氏被当时人奉为斯学之父。但是，他自己却谦逊地说，他是师承康氏的。

阿氏把他的统计学规定为实际政治学或政治统计学，说它是叙述国家最必要的显著事项，叙述国家最高政策关系总体的。他认为这是实际政治家，以及世界形势分析家，特别是那些为君王和国家效劳的法律学者和官僚所必须懂得的一门学问。显然，这是借助于统计学来歌颂普鲁士君主政体的。

这种所谓统计学，曾经不断遭到社会上的非难。随着计量数量关系的需要，以及政治算术学派的发展，致使国势学派的后继者发生了分裂，继承创始者衣钵真传的人越来越少。

1850 年，克尼斯（K. G. A. Knies, 1821—1898）提出《国势学在科学体系中的地位问题》的论文，批判阿亨伐尔的所谓统计学不过是历史学的一部分，它的研究对象和研究方法也同历史学没有本质的区别；而政治算术学派则是以社会经济客观现象的数量关系为依据来探究事物发展的规律性的。这个学说，形成了与历史学截然不同的独立的科学。从此，结束了统计学史上的那个奇异的一章。克尼斯的论点虽然在当时还有赞否两派，但是历史的实践证明，后来的统计学是按照克尼斯的观点向前发展的。时至今日，再也没人把不研究数量关系的社会调查或历史资料搜集视为统计学了。

所谓统计学的第一个来源，简单说来就是这样。这个学派实际上是"社会调查"学派，而相对于现在意义的统计学来说，主要是留下了一个名称——统计学（Statistics）。

然而从历史观点来考察，作为社会科学而产生的这种统计学，从为一定的阶级、一定的政治、国家服务的这一点来看仍然具有现实的意义。而且，资产阶级的社会统计学派是以克尼斯为先驱，以及跟他同时代的恩格尔（E. Engel，1821—1896）和稍后的麦耶尔（G. V. Mayr，1841—1925）等创建起来的。德国的这个社会统计学派，一方面反对国势学派的所谓统计学，另一方面又主张统计学是实质性的科学，并与统计方法学派相对立。这个学派至今仍然在国际统计学界中占有一定的地位（日本的统计学也受其影响）。在我看来，德国统计学的这种发展，在一定意义上也还是受国势学派的学术传统的影响。这是统计学史上需要探讨的问题。

说到这里顺便一提，这些年，社会主义国家对于统计学研究对象的论战很激烈。从上面的介绍中可以看出，统计学上的实质性学派和统计方法学派之争，在资产阶级统计学中本来是早已存在的了。因此，在我们的争论中，如果把统计方法学派说成是资产阶级观点，未免把问题简单化了。

2. 政治算术学派。

这个学派的发源地在伦敦。严格地说，只有这个学派才是统计学的正宗。

政治算术学派的创始人是威廉·配第（W. Petty，1623—1687）。马克思称他为政治经济学之父，并且认为在某种程度上他也是统计学的发明者。恩格斯也说：配第是政治算术（通俗地说就是统计）的创造者。

配第的政治算术同他的政治经济学一样，是为当时的新兴资产阶级服务的。他的《政治算术》一书的政治倾向非常鲜明。他是运用各种统计资料的比较分析来论证英国可以超过荷兰和法国而称霸世界，建成英国殖民帝国。的确，政治算术学派正是通过统计而发挥了他们帮助资产阶级夺取政权和发展资本主义经济的历史使命。

说来意味深长。威廉·配第虽然早就运用了"政治算术"

的研究方法，然而发表第一篇关于政治算术文章的人却不是配第，而是他同时代的，并为其好友的葛兰特（J. Graunt, 1620—1674）。

葛兰特是一个商人，1662 年他发表了一篇《关于死亡表的自然的和政治的考察》的论文。论文是以人口问题为中心。突出之点是他发现了统计现象的某种规律性。例如他指出，在每一百个出生者之间，各种年龄的死亡人数有着一定的规律性，在几种死亡原因中，有一些病，如慢性病，以及事故、自杀等，经常在死亡总数中保持一定的比例。与此相反，如传染性的、急性的瘟疫之类，就没有一定的比例。这个结论，说出了一个值得重视的规律性。于是葛兰特名声大噪，一跃而为学术界的名流。

发现死亡原因的规律性之所以受到重视，是有它的时代背景的。这就是由于在资本主义的成长中，发生了资本家对劳动力的需要，以及城市人口的集中发生了一些棘手的问题，而其引人注意的直接的、表面的原因，则又是由于当时瘟疫的流行。

17 世纪以来，伦敦人口迅速上升。在当时的条件下，城市人口集中，发生了许多麻烦。不仅消费品供应不易，而且人们的健康也受到威胁。从 14 世纪中叶（当时人口 3—4 万）开始，伦敦屡遭疫病袭击，特别是 1603 年，1625 年，1665 年的黑死病，造成很多人死亡。人们都在关心并且注视出生和死亡的公告。1603 年大疫流行之后，政府定期发行周报，圣诞节前的星期四还发布一年的公报。正是在这种情况下，葛兰特的研究成果，更加受到人们的注意。

在葛兰特的文章发表之后，大约在 17 世纪 70 年代初配第写出了《政治算术》一书，在 1690 年发表。然而在以后，这门学问却被通称为统计学了。可见从历史事实来看，说社会经济统计学并不存在，未免过于武断了。

配第的这个研究方法就是把算术运用到国家社会问题上面去，以数量的观察和表述为其显著特征。根据他自己的说明，政治算术的主要特点是：一切论述都通过数量的表述——数字、重量和尺度来进行，全面地排斥形而上学和思辩的议论；只重视"诉诸感觉的"即经验上可能的论证，坚决反对对于受主观因素左右的原因进行考察。

政治算术这门学问出现之后，随着资本主义的发展，人口统计、医学统计、人寿保险统计、财政经济统计等等的需要越来越大了，因而欧洲许多国家的学者们均受其影响，先后进行研究，到18世纪便更趋繁荣了。尤其在人口统计方面进一步地发展了政治算术。18世纪的德国牧师苏斯密尔希（J. P. Süsmilch, 1707—1767）被视为系统地论述了政治算术的人。他是以"神的秩序"来说明社会现象。然而他所论证的，实际上并不是什么神的秩序，而是通过大量观察，证明了大数定律的存在。在这个意义上，是具有科学价值的。继修斯密尔希之后，建立起现代意义的统计学的是19世纪的凯特勒（A. Quetelet, 1796—1874）。他是以物理学的观点来说明社会现象。实际上他是论证即使社会生活的偶然事物，在它们定期的复现和它们的平均率中也还具有内在的必然性。虽然他没有作出关于这种必然性的说明，然而他对于统计学毕竟是有巨大贡献的。

回顾从葛兰特和配第首创政治算术到凯特勒的主要著作[①]问世，差不多将近二百年。在此期间，统计学虽然在不断发展，但也是经历着繁荣与沉寂的交替过程。其间遭遇到的最大困难是关于数量关系的准确性问题。尤其在采用抽样法的条件下，如果不

①　《论人类》（Sur L'homme）1835年出版，《社会体制》（Dus Ysteme Sociale）1848年出版。

解决误差问题，就不可能运用调查资料来准确地说明问题。

本来政治算术学派从一开始就是从数量关系上探索社会经济发展的规律性的。然而一门科学的创立、形成和发展，很难在短期间就臻于完备。尤其是由于阶级、世界观和时代的限制，更难达到完善的地步。例如，政治算术学派凭经验统计，知道了某些事物的规律性，如男女出生的均衡性，在各种不同条件下的死亡率，等等。然而当时采用的一些方法是不完善的，甚至是错误的，取得的资料又是很不完整的，因而他们所认识的规律性并不准确。与其说这种认识是凭借统计，毋宁说是凭借经验和常识。因此，要提高统计的科学性，就不能不借助于概率论。特别是到19世纪，概率论已经有了相当的发展，这也就有可能把它运用到统计学中来，以解决统计数字的正确性问题。

3. 概率论。

概率论作为数学的一个分支而引进统计学中，是统计学发展史上的一个重要事件。所以，我把概率论也列为统计学的来源之一。

概率论，最初是为了解决掷骰子、玩纸牌的得点输赢问题而建立起来的。也可看做是现代的《博弈论》的鼻祖。

关于这一研究，在16世纪即已开其端绪。最初是在意大利，如卡尔丹（Cardan）、伽利略（Galileo）都写过关于赌博概率的论文。以后，法国的数学家们，如巴斯卡尔（B. Pascal，1623—1662）和费耳马（P. Fermat，1601—1665）等都热心地研究了这个问题。

17世纪后期，有两个人在这方面做出了很大的贡献。一位是瑞士的贝努里（J. Bernoulli，1654—1705）。他依据经验事实，科学地论证并且肯定了概率的客观存在。大数定律中最早的一个定理就是他创立的，所以，被称作贝努里定理。另一位是莫瓦佛尔（A. de. Moivre, 1667—1754），他推广了贝努里定理的意义，提出了大数定律中的中心极限定理的雏型。

18 世纪中叶以后，物理学、天文学、测地学有了迅速的发展。但是，多次观察得到的数字，大都是参差不齐，莫衷一是。因而如何处理观察结果，如何从特殊推导一般，成了矛盾的焦点。于是概率论开始从抽象的理论推论转到了解决实践中具体问题方面来。

18 世纪中叶，英国的拜斯（T. Bayes, 1702—1761）开始用概率论来解决从特殊（观察结果）推论一般的问题，提出了所谓拜斯定理。继而法国的大数学家拉普拉斯（P. Laplace, 1749—1827），结合天文学、物理学的研究进行概率论的研究。他在前人的研究基础上于 1812 年写了《概率论分析理论》一书。对于这门学问作出了独放异彩的贡献。拉普拉斯是首先阐明正态分布理论的，他把概率论用于测量误差方面来，并且论证了求观察值的平均数的意义，奠定了后来最小二乘法的理论基础；他也认识到从特殊推导一般（或者从结果推论原因）应该根据概率论来解决。

19 世纪前半期，对概率论有贡献的是高斯（K. F. Gauss, 1777—1855）和普瓦松（S. D. Poisson, 1781—1840）。高斯从测量误差的变异中总结出正态分布律。误差的正态曲线这个术语是由他首先提出的。高斯从误差的研究中，差不多同拉普拉斯同时得出了最小二乘法。普瓦松是贝努里定理的推广者，大数定律这个术语是由他首先提出的。后来被称作普瓦松分布定律的这个规律就是由他研究出来的。

经过上述许多人的探索和研究，到 19 世纪中叶，研究或然现象的概率论已成为数学的一个重要分支。正是数学上概率论的发展，为统计学的发展创立了理论前提。

关于概率论的发展史就谈到这里。叙述这些情况的目的，就是为了进一步论证为什么概率论被引进统计学中来的原因。

从上面的介绍中看出，概率论的起源比政治算术还早。但是，在很长的历史过程中，前者对于后者并没有发生多大的影响。一直到19世纪初，才由拉普拉斯在两者之间正式架起了桥梁。在拉普拉斯之前，也有些人试图以概率论解决统计学上的问题，但效果不大。恐怕概率论学说本身还不成熟，是一个重要原因。

拉普拉斯对于统计学的贡献是这样的：1786年，他写了一篇关于巴黎的出生、婚姻、死亡的文章。文中提出依据法国特定地方的出生率来推算全部人口的问题。继而法国的资产阶级革命推翻了统治法国二百多年的波旁王朝，处死国王，宣布共和。拉普拉斯的建议得到新政权的支持，于是选了30个县进行抽样调查。时间是从1802年上溯到1799年，据以测算全国人口。这件事，在当时的条件下无论是对人口统计来说，还是对统计方法论来说，都是一个巨大的创造，而且对于以后的统计学的发展，也发生了巨大的影响。

在统计学和统计实践中，到现在我们不但要运用平均数，而且也要部分地运用抽样法，还不能不计算误差，不但要运用最小二乘法，而且也不能不运用分布律的原理。所有这些，溯本求源，都是来自概率论。我认为统计学正是由于汲取了概率论中对自己有用的东西，才逐步解决了数量关系计算上的正确性问题，大约到19世纪中叶，便以凯特勒的学说为中心发展成为科学的统计学了。

综合上述的统计学的三个来源可以看出，统计学的正统是政治算术；记述学派实际上是一般的社会调查，它主要是给统计学留下了一个名称；而概率论则在解决观察结果的正确性方面，给统计学注入了新的血液。

四、从概率论对统计学所引起的
变化上来考察

现在需要探讨的问题是：概率论被引进到统计学中来，究竟是使它走向科学化了呢？还是使它走向反动化了呢？这是问题的焦点。

为了说明这个问题，首先还是要回到历史问题上来。

1. 在资本主义发展中，首先碰到的一个大问题就是关于人口的统计、推导问题。假如说，概率的发展是长期地同赌博问题联结在一起，那么，统计学的发展，则是长期地同人口问题联结在一起。在历史上，20 世纪以前的统计学家，几乎没有人不研究人口问题。

与人口问题相联系，保险统计特别是在保险率、保险年金的计算上，也成为一个重要问题（英国在 17 世纪末就创立了人寿保险公司）。

其他如，国家财政收入、税金、工业、贸易和物价指数等等，都需要进行统计的观察研究。

但是，在 19 世纪以前，还不能进行全面统计，当时主要是利用较少的抽样统计资料来推算全面。这样就产生了样本的正确性及其对于作为母体的总体的代表性问题。但当时政治算术学派的统计方法还很不完善。计算结果常常是误差很大，假定性很大。如果不克服这个难点，就不能尽到其为资产阶级服务的义务，也不能把这门科学推向前进。而在 19 世纪，概率论的发展，已经有了把它运用到统计学中去的可能，特别是拉普拉斯又在人口问题上前进一步，这就更加推动了统计学之求助于概率论，以丰富自己的内容，提高自己的科学性。所以，从历史唯物主义的观点来考察，这显然是统计学上的一个飞跃，而不是保守、倒退。

当然，我们必须看到，统计学的发展也像其他任何事物一样，总是具有两重性。那就是既有其积极的一面，又有其消极的一面。我们这里说的既然是资产阶级学者建立起来的统计学，因而所谓积极性，也只是说，它在当时的历史条件下，对于学术发展有一定的进步倾向；但它既然是以资产阶级世界观为指导的，旨在为资产阶级服务，因而也不可能不具有消极性。就是以首创政治算术的威廉·配第来说，他也曾宣称资本主义私有制的永恒性，把它看作是神圣不可侵犯的。凯特勒所具有的两重性就更为明显了。例如，他一方面证明在社会生活中，个别事物从外表上看似乎是偶然的，而从大量现象的总体上看，又存在数量关系上的内在必然性。他曾经对大数定律和平均数的作用作过非常透彻的说明。应该说，这是他对统计学的贡献。与此同时，他的倾向性也是非常明显的。他把人看作机械物体，作出"平均人"、"稳定论"的结论。这是毫无掩饰地抹杀阶级差别，反对阶级斗争的反动观点。以后的资产阶级统计学家，继承他的衣钵，而且随着资本主义从自由竞争转向垄断阶段，这种反动性更变本加厉了。但是，从辩证的、历史的唯物主义观点来考察，我们既要批判他们的反动的一面，又应肯定他们在学术上的贡献。

概率论被引进统计学来，既是统计学发展到新阶段的一个标志，又是统计学一分为二的起点。也就是说，数理学派的方法实质上是以概率论的面貌进入社会经济统计学，后来又以数理统计学的面貌分立出去。

这就是说，在社会经济统计学中是包含着数理统计因素的。因此，两种统计学本来就有共同点。

2. 在概率论的发展过程中，有些人也是结合实际生活中的社会问题和自然科学上的需要进行研究的，而当它被运用到统计学中来时，它就推动了统计学的发展。但是在当时，还没有形成独立的数理统计学。尔后，在自然科学迅速发展和技术不断进步的条件下，仅仅依靠社会科学中发展起来的统计学，远不能满足科学技术方面的统计需要。于是随着概率论发展的日趋完善和它在自然科学实践中的运用，一个新的学科——数理统计学，就一方面以概率论为依据，另一方面又汲取了统计学方面的一些有用的东西，而独立地发展起来了。

数理统计学和概率论都是用数学方法，从数量关系上研究大量随机现象的规律性的科学。所不同的是概率论着重于基础理论的探索，而数理统计学则是以概率论，特别是以其中的一些极限定理为依据来研究实践中的具体问题。概率论中抽象的频率观念相当于实际观察到的随机现象的频率观念。数理统计学的基本方法是抽样法，是依据观察的样本来推计总体的情况。所以，它是从实际中搜集数字资料，并利用这些资料，对随机变量的数量特征、分布函数等进行估计、分析和推断，也就是通过对随机现象出现的频率进行观察，进而从数量关系上探索现象的规律性。

数理统计学究竟是从什么年代开始，以独立学科的姿态登上历史舞台的呢？据丹麦统计学家威斯特葛尔德（H. Westergaard, 1853—1937）著《统计学史》的记载，德国的维特斯坦（T. Wittstein）在 1867 年发表了《关于数理统计学及其在国民经济学和保险学中的应用》的论文，从此，数理统计学这个名称就被使用。一说数理统计学通常就是指由记述统计学（Descriptir Statistics）和推测统计学（Inductive Statistics）两者构成。前者以毕尔生（Karl Pearson, 1857—1936）为代表，后者以费雪（R. A. Fisher, 1890—1962）为代表。另据中国人民大学陈余年教授在他所著的《数理统计学》讲义中说："到19世纪中叶，研究或然现象的数学理论，已成为数学的一个重要分支，人们普遍认识到它的实践意义，并试图用以解决许多实际问题。"他列举了数理统计发展的一系列的重要事例之后加以总结说："到1940年前后，今日的数理统计方法的基本内容已算是全部完成了。"由此看来，数理统计学实际上是数理学派的统计学。它作为独立的学科分化出来，还是进入本世纪前后的事情。

事实上，许多新学科的发展，常常是在母体中经过了长期孕育，然后才分立出来的。可否这样理解，数理统计学渊源于概率论和作为社会科学的统计学；在概率论和统计学的结合过程中，数理统计学就孕育成长起来了。前面所说的概率论之被引进统计学，也可以看做是数理统计的若干方法在社会经济统计学中的运用，而且，其中的若干方法还是首先运用在自然科学中然后移植到社会经济统计学中来的。统计学是不能不运用数学方法的，问题在于使用是否得当。总之，自然科学和技术的发展，要求有一个同它们相适应的、与作为社会科学的统计学不尽相同的统计学。这样，以概率论和大数定律作为理论基础的数理统计学，也就不能不作为数学的一个新的分支而独立出去了。

假如这样的分析，大致上符合历史事实的话，那也就无异于说，历史发展已经决定了社会经济统计学与数理统计学之间不能没有它们的共同点。我们的无产阶级社会经济统计学，是根据无产阶级革命和建设的需要，逐步形成和发展起来的。然而它在学术上又不可能没有继承性。下面，我们将从统计方法论方面进一步探讨这个问题。

五、从统计观察、统计计算的方法 和方法论上来考察

这一部分，从方法和方法论上来考察无产阶级社会经济统计学同数理统计学的同异之点。顺便说一下，这里要谈的只以统计观察、统计计算的方法和方法论为限，而不是哲学上的方法和方法论。

1. 无产阶级的社会经济统计学，是从无产阶级革命和社会主义建设的需要出发，以马克思列宁主义的立场、观点、方法为指导形成和发展起来的，无疑，它在学术上也包括着对历史遗产的批判和继承。资产阶级的统计学，像前面叙述过的那样，在19世纪就已经汲取若干数学方法了，而且越是向前发展，越是同数理统计学紧紧地联系在一起。因此，我们要想弄清楚无产阶级的社会经济统计学同数理统计学的同异点，就必须牵涉到对于资产阶级的社会经济统计学是否要批判继承的问题。由于对这个问题的认识不同，得出的结论也就各有不同了。

前面已经谈过，若干数学方法之被引进统计学，是统计学从低级到高级，从不精确到精确发展的一个重要步骤。我们是历史唯物主义者，不能否认资产阶级学者在发展统计学上进步的一面。但是，又不能不看到，由于阶级立场和世界观的不同，这种进步性是有限度的，而且同时还带有反动的一面。所以，我们对于它只能是批判继承，而不是全盘接受。

2. 任何事物在其发展过程中，总是既有积极的、合理的因素，又有消极的、落后的乃至反动的因素。文化上的历史遗产也是如此。马克思主义者认为，对于历史遗产应该批判继承。毛泽东同志教导我们要取其精华，去其糟粕，决不能无批判地兼收并

蓄。众所周知，马克思主义的三个组成部分都是来源于资产阶级的文化思想，马克思把人类社会所创造的一切，人类思想所建树的一切都经过了批判审查而得出了崭新的结论。列宁认为"马克思主义就是共产主义从人类全部知识中产生出来的典范。"又说："无产阶级文化并不是从天上掉下来的，也不是自命为无产阶级文化专家的人杜撰出来的，如果认为是这样，那完全是胡说。""只有用人类创造的全部知识财富来丰富自己的头脑，才能成为共产主义者。"① 我们对待资产阶级的统计学也应该像对待其他资产阶级文化一样，批判地继承其对我们有用的东西，取其精华，去其糟粕。

资产阶级在社会经济方面应用的统计学，在统计观察、统计计算的方法论上，基本上是和数理统计学一样的。其中有一些，在我们无产阶级的社会经济统计学中也不能不采用。历史事实证明，我们早已把这一部分继承下来了。问题在于是不是还有一些东西我们应该继承而没有继承，或者不敢大胆地说应该继承。

数学方法、数理统计方法本身是没有阶级性的。因而我们不能因为这些东西被纳入了资产阶级学者的统计学，就给它们戴上资产阶级的"帽子"，而把它们从无产阶级的社会经济统计学中"清洗"出去。所以，问题不在于这些东西是来源于数学、来源于数理统计学，而在于我们自己要提高马克思列宁主义水平，善于鉴别什么是精华，什么是糟粕？什么是合理的，对我们有用的？什么是不合理的，对我们无用的？这就要求我们以马克思列宁主义的观点，按照社会主义革命和社会主义建设的需要，一个一个地进行甄别、鉴定。

---

① 列宁：《青年团的任务》，《列宁选集》第 4 卷，第 347—348 页。

3. 谈谈我个人对于这些问题的粗浅看法。

①关于大量观察法。

相对其他学科而言，大量观察法是统计学（包括统计学的各分科）所特有的方法。就社会经济统计学和数理统计学而言，则是它们所共有的方法。否认大量观察法是统计学所特有的方法，是不妥当的。

为了说明这个问题，首先要明确什么是统计这个最一般的问题。

我认为通常所说的统计就是通过数字指标来表明总体现象的数量关系。统计资料就是综合数量指标。其中包括同一总体内部的各个部分之间、这一总体和另一总体之间的数量对比关系的变量。

同质的总体是由异量的个体（单位）构成的。统计观察开始于对个别单位的变量进行登记和计算。但是，把观察得来的个别数量综计起来之后，从结果上所表明的则只是整个总体运动的规律性，或者说，只是集体运动的规律性。所以，统计所研究的不是个别的数量关系而是总体的数量关系。它观察个体，归根到底是为了达到观察总体的目的。在统计工作中也对个别单位进行研究，然而那仅仅是作为辅助的、补充的手段。

正是由于统计具有这样一种独特的性格，所以统计学上大量观察法的所谓大量，基本上应该作为客观存在的总体或集团、群体来理解。

当然，在一定意义上讲，把"大量"理解为被观察单位数量的大小多少，也未尝不可。因为大量观察是和大数定律相联系的。从实际应用上看，在作全面观察时，大量之大，是同被观察单位一样大的，这种观察的代表性当然是最充分的了；然而在作非全面观察时，则被观察单位必须达到足够的单位才具有对总体的代表性。在这个意义上，又何尝不可把"大量"作为"数量大"来理解呢？

总之，在统计学上，总体必须是同质的，而总体内的各单位则是异量的。要从参差不齐的个别变量过渡为具有代表性的、反映一般特征的综合数量指标，那么，被观察单位就要达到足够的数量。由此看来，大量观察法应该是社会经济统计学同数理统计学的共同的方法。

②关于抽样观察法。

数理统计学的基本任务是进行抽样观察。

在社会主义条件下，对社会经济中一些重要事项的统计，是以全面观察的表报制度和对于某些事物的定期普查为主。这是社会主义制度的优越性在统计工作上的反映。它有效地保证了统计数字的全面性和准确性。但是与此同时，我们也并不否认抽样观察在一定条件下的运用。所不同的是它在整个社会经济统计工作中居于次位而已。

既然我们承认在社会经济统计工作中，可以在一定条件下运用抽样法，那么，运用抽样法就离不开概率理论和公式，这实际上也就是承认了社会经济统计学和数理统计学在一定范围内的共同点。至于抽样法实用的条件和范围，留待后面再谈。

我们肯定了两种统计学运用抽样法的共同点之后，也要看到由于研究对象不同而引起的关于统计总体概念上的差异。

无论对任何对象进行抽样观察，全部总体的数值总是个未知数，而是要对总体的一部分进行观测，据以推算一般。也就是说，我们期望知道的是总体的数值而不是样本的数值，但是我们所观测的则又只限于样本而不是总体。

数理统计学所研究的对象，一般是属于多次观测值的变量。例如，对于物理或自然方面某种现象的科学实验，经过反复观测，将会取得一些参差不齐的数值。数理统计学的任务就是把这些观测值作为样本，先求得平均数，再通过对误差的测量来确定其正确性，然后据以推导全部总体（母体）。我们应该怎样看待这些观测值的变量呢？应该说，它们是在围绕着一个客观存在的、未知的真实数值在变化的；然而这些数值并不一定就是被研究客体本身的变异。因为这种变量常常是由于观测的主观（感觉的变化）和客观条件（如仪器、环境等）造成的，即不一定是被研究客体本身发生变化的反映。显然，在这种情况下，不仅全部总体的真实数值是未知的，而抽样总体本身也是带有假定性的。自然现象的研究还有另一种情况。例如对于水文、气象等长期观测的历次记录，它们的数值也是参差不齐的。应该说，这些数值是反映客体本身的变化的。然而这是一种纵的观察，而时间长河又是无限的。在这个意义上，可以说，由观察值构成的总体也是相对的。

　　与上述情况不同，社会经济统计学方面的总体，总是在一定空间、一定时间下存在的具体的客体，而我们所进行的抽样，一般都是横的观察。观察得到的各单位数值的变量，都是被观察客体本身变化的反映（把个别的技术性错误存而不论）。我们所要知道的全部总体的真实数值固然是个未知数，然而常常可以通过与总体有关的其他指标，确定出总体的范围。例如，当进行家计抽样调查时，人口数为已知的；当进行产量抽样调查时，各种作物的播种面积为已知的。从而可以通过样本的单位数占总体内单位总数的比例，据以推算总体的数值。不仅如此，关于样本内的各单位值为什么存在变量，还可以联系社会经济原因进行分析；关于母体与样本间的相同条件和不同条件也可以进行比较分析。如此看来，抽样观察法在社会经济统计学方面的运用，比在自然现象研究方面的运用反而具有更为有利的条件。只是以抽样观察同全面观察相比较，其准确性，前者不如后者就是了。

③关于大数定律（亦称大数法则）和概率论。

大数定律的一般原理，不仅对于数理统计学，就是对于社会经济统计学也是适用的。为了说明这个问题，首先要把大数定律的一般原理同数理统计学以这个一般原理为依据的具体运用——即据以制定的一套定理和公式等，加以区别。

数理统计学是以抽样观察和随机样本的研究作为中心任务的。因而当我们谈到全面观察时，数理统计学中那些以大数定律和概率论为依据而制定的定理、公式等等，当然是不适用的。有些人说大数定律对社会经济统计学不适用，也常常是针对这一点来说的。但是，除了这个不同点，在运用大数定律的一般原理方面，两种统计学仍有共同点。

什么是大数定律的一般原理呢？即当总体内各单位被观察的数目达到足够大时，被观察单位的平均值就与总体的平均值相差不大；当被观察的单位无限增大时，被观察单位的平均值就趋近于总体的平均值；而当总体内的单位数为已知，而且被观察单位数与之同样大时，则被观察单位值之综合即是总体值。而其所以如此，是由于统计观察结果所要表现的，不是个别单位的数量特征，而是总体的数量特征。因而只有被观察单位达到足够大的数量，才能使个体的特性趋于消失，而把总体的规律性表现出来。这就是大数定律的本质的意义。这个原理，也正是偶然与必然、个别与一般的辩证法在数量关系上的反映。

从大数定律的这个一般原理来看，应该说，它不仅适用于数理统计学，而且也适用于社会经济统计学。

诚然，把全国观察也看做是大数定律原理的运用，似乎是说废话。然而相对于部分观察而言，按照概率从 0 增加到 1 的原理，这也是自然推导出来的结论。至于说到它的本质意义，显然在社会经济统计学方面也是客观存在着的。尽管有人在主观上企图否定它的存在，那也无济于事。因为统计之所以为统计，旨在通过大量的个别变量的概括，消除那些偶然的、次要的因素所引起的个别的变化，进而过渡到稳定的、一般的数量特征，亦即从数量关系上把集体的规律性揭示出来。如果我们否定了这一点，也就无异于否定了统计和统计学。所以，有人认为，大数定律是统计学的规律。我认为就上述意义而言，亦即从大量的个别变量的概括过渡到一般的数量特征而言，说统计学通过自己所特有的方法和方法论来反映总体数量关系的规律性，是有它的道理的。

这样的看法，是不是把大数定律的意义和作用夸大了呢？我认为没有。因为它是符合实际情况的。

毫无疑问，社会经济统计学是以历史唯物主义和政治经济学作为基本指导原理的。但是另一方面，它既然是从总体上研究社会经济现象的数量关系的，那它又不能没有属于研究总体数量关系方面所特有的原理。大数定律就是属于这样的原理。但是，当我们研究社会现象或者自然现象时，大数定律对我们所表明的仅仅是大量的个别变量必然转化为集体性的平均状态。至于隐藏在偶然性背后的必然联系是什么，并不能用大数定律来解答。按照唯物辩证法的观点，偶然性始终是服从于内部隐藏着的规律的，而要揭露其原因，就社会科学来说，就是靠历史唯物主义、政治经济学，以及同被研究的统计对象处于同一领域的实质性科学——如人口统计学之于人口学，财政、金融统计学之于财政学、金融学，教育统计学之于教育学等等。[1] 即使是数理统计

---

[1] 顺便指出，统计学与实质性科学的关系，不应理解为它们是在量的研究和质的研究上的机械分工。诚然，统计研究仅限于可以计量、可以用数字表示的那些现象，它只是观察和揭露被研究总体的数量变动关系，通过量来表现质。实质性科学也不是只研究质而不研究量，而是当它们需要观察总体的数量变动关系时才借助于统计。科学研究的分工，一方面各有各的研究领域，而另一方面，同一对象又常常是被几种科学从不同的侧面进行研究。这只能理解为既有分工、又有配合。

学，它在自然科学上的具体运用，也离不开与之有关的实质性科学——物理统计学之于物理学，天文统计学之于天文学，生物统计学之于生物学等等。所以，当我们说，大数定律对于统计学具有普遍意义时，仅仅是把它作为研究总体的数量关系的方法论来说的，无论如何，它也不能把历史唯物主义和政治经济学取而代之。

至于说到大数定律在抽样观察方面的具体运用，那本来是不言而喻的。因而在这方面也就成为数理统计学广泛活动的场所了。

大数定律是同概率论分不开的。

概率接近于 1 或接近于 0 这件事，在实际生活中本来是大量地、普遍地存在的。对于我们并不陌生，不过，在日常生活中是靠常识、靠经验来判断，而大数定律则主要是找出概率接近于 1 的规律，以任意接近于 1 的概率来判断某种事件的发生。为了使这种判断尽可能地达到准确可靠的程度，就不能笼统地靠大概、也许、差不多来判断，而是要运用数学方法，制定一系列的定理、公式，把客观可能性反映出来。在数理统计学中，就是以频率的形式近似地表示概率，以平均数的形式表示数学期望数。从历史发展上看，从贝努里定理（大数定律中的第一个定理）到普瓦佛尔和拉普拉斯定理，再到李亚普诺夫定理，一直到近二三十年来所提出的新定理（不论是平均数定理，还是极限分布理论或无穷可分分布律理论），都是从不同的角度，寻求不同的方法，力求以正确度越来越高的方法来表明概率接近于 1 的规律。换言之，这些努力都是为了表明随着观察次数的增加，使观察值愈益趋近于总体的平均值。这一套定理和公式，当然是只适用于抽样观察而不适用全面观察，所以在社会经济统计学中，只有在进行抽样观察时才用得上它们。而且即使在这种情况下，对于抽样观察的对象进行经济分析时，仍然要以社会科学作为基本的指导原理。

④关于分组法和平均数。

分组法和平均数，在社会经济统计学和数理统计学中都运用它们。但也是同中有异。

社会经济统计学是以分组法作为基本方法，用以反映阶级、阶层之间、不同集团之间的相互关系的，因而它必须按照相应的社会科学所确定的原理来确定分组标志。社会经济现象的分组，在许多场合也采用数量分组，但是这种数量分组也要反映社会关系和生产关系。与此相反，数理统计学上的分组法，一般是按数量分组而不问具体对象。

数理统计学主要是研究抽样总体的平均数；而社会经济统计学所研究的则多为全部总体的平均数，并且要与分组法结合起来运用组平均数。

统计观察的直接目的是为了求得综合数量指标，而它的主要形式则是平均数。但是，在进行全面观察的条件下，对于反映总水平的总量指标（如总人口数、总产量、总产值、工资总额等等）应该如何认识，是否也与平均数有关呢？

我认为如果孤立地看某一个总量指标时，当然不能把它看作是平均数。但是，在统计实践中，只是孤立地运用一个指标的时候是很少的，一般总是在总量指标的基础上计算各种统计分析指标，而这种分析指标，则每每具有平均数的意义，这是可以从数学原理上得到证实的。在这里，举两个经济生活中的例子。

假设本年的社会生产总值为 6600 亿元，上年为 6000 亿元（两者均为总量指标），净增长率为 10%。试问这个 10%，是甲物质生产部门的净增长率呢，还是乙物质生产部门的净增长率呢？抑或是哪一个企业的净增长率呢？显然，这个 10% 已经转化为反映平均趋势的指标了。依同理，部门与部门之间的速度对比，也是部门间平均水平之比，而不是指个别企业。

又如，用总产值和劳动人数这两个总量指标，可以求得劳动生产率。这样一来，非平均数就转化为具有平均数意义的指标了。

在计划、统计实践中，平均数指标是经常地、大量地、普遍地被使用着，我们应该正确地估计在社会现象上那种起调节作用的平均数的统治作用。有人说，统计学是研究平均数的科学。对社会经济统计学而言，这种观点并不确切。因为社会经济统计学是一门社会科学，它所研究的客体主要是社会关系和经济关系（也研究一部分生产力现象），不能简单地把它说成是研究平均数的科学。但是我们也不能否认，从统计计算所研究的数量关系上看，统计学毕竟是要研究平均与偏离的矛盾。这正是统计学本身的特点。

⑤关于误差法和分布律。

在数理统计学中，为了考察平均值的可靠性和精确度，需要计量误差和分布律。在社会经济统计学中，当我们在全面观察的基础上计算出平均数的场合，也需要计量误差并考察分布律。所以，两种统计学在这方面也有其共同点。

在全面观察基础上求得的平均数，应该说它是真实的，特别是结合分组法加以运用，更可以大大克服平均数本身的弱点。如果仅限于进行一般的经济分析，这样作也差不多了。但是，如果从数量关系上进行比较精确的考察，尤其在编制计划时要运用"平均定额"，那么，上述方法就显得不够了，因而有必要计量总体内各项数值与平均数之间的偏离程度及其分布状态。

如所周知，平均数之所以为平均数，本来就体现着平均与偏离的矛盾。假如平均数内的各项数值不存在变差，那也就不成其为平均数了。但是，各项数值同平均数偏离程度的大小又是检验平均数代表性大小的一个重要标志。为此，在掌握了平均数的同时，还必须运用误差法计量其精确度。例如统计学中常用的几种误差计量方法，如平均差、均方差（或称标准差）、四分位差等等是不应该从我们的社会经济统计学中清除出去的。特别是均方差和均方差系数是具有科学价值的。如果我们否定了误差理论及其计量方法也就无异于否定了分析统计数字精确度的必要性。

考察和计量分布律的必要性也是如此。总体内的各项数值，不仅同平均数的偏离程度有大有小，而且还存在着分布是否匀称的问题。如果各项数值密集于平均数周围，或者分布比较对称、比较匀称，则平均数的代表性就比较大，反之亦然。事物运动的一般规律是"两头小，中间大"，统计学从总体现象的数量关系上总结出正态分布律来，不能不说是一项重要的科学成就。当然，在实际生活中，特别是社会经济的发展运动，不可能都是正态，而常常是偏态，甚至倾斜度、峭度很大，也不能都是单峰，有许多是双峰、多峰。所以，我们说要研究分布律，并不是要按照一定的公式硬套，而是说需要考察某一平均数的分布律，而且实际情况越复杂，就越加需要把这种数量特征揭示出来，以便找寻原因，改进工作。

我们是否需要计量误差和分布律的问题，不能从概念上来理解，而是要从实践上来考察。平衡法是编制计划的基本方法，而平衡法的实际运用，必须以"平均定额"作为媒介。例如，各种的平均物资消耗定额、平均劳动消耗定额、平均工资定额、平均消费定额、平均基建投资定额等等，都是编制计划时必须采用的平均数。尽管经验统计平均定额曾经遭受非难，然而平均定额的第一手资料还是不能不来自经验统计。诚然，对于来自经验统计的平均数，不进行经济分析，不区别先进与落后，原封不动地作为计划平均定额加以使用是应该受到指责的；而且对于这种统计平均定额，如果不测量其精确度和分布状况，从而判断其代表性，也是应该受到指责的。事实上，对于统计平均定额，只有把经济分析和从数量关系上的统计分析结合起来，然后确定出计划平均定额，才能保证它的先进性和准确性。推而论之，计划上运用的任何平均数，无一不是应该如此进行分析的。

由此看来，测量误差和分布律的方法，不能从无产阶级的社会经济统计学中清洗出去，而是必须占有一定位置。

⑥关于相关法和回归法。

谈到相关法和回归法，争论就更大了，在无产阶级的社会经济统计中，几乎是早就把它们清除出去了。

这两种统计方法，都来自生物统计学，是在 19 世纪末兴起的，前者的发明人是毕尔生（K. Pearson，1857—1936），后者是葛尔敦（F. Galton，1822—1911）。英美统计学都对此力加倡导。这两种方法的运用，大体上是两个变量间存在着从属关系时用回归法，否则用相关法。实际上差别不大，可以互相借用。严格地说，这两种方法不过是从既有的概率论的基础上引申出来的，并没有提出新的原理。

在社会主义经济中，是否应该有研究相互关系的统计方法呢？社会主义经济是有计划、按比例发展的，时时刻刻都需要从数量上考察比例关系、平衡关系的发展变化。因而相关法对于无产阶级的社会经济统计来说，本来是大有需要的。例如，运用回归法可以把不同经济变量的联系以及它们的相互作用程度，从数量上表达出来。当然，有些方法、公式就是在资产阶级的统计学家中也有不同看法。对于我们无产阶级的社会经济统计学来说，更应慎重选择。但是，那仅仅表明我们应该批判地接受，创造性地发展，而不是把研究相关的统计方法简单地加以摒弃。

上面，我们从统计观察、统计计算的方法和方法论上作了一番简单的考察。由此可以得出结论说，社会经济统计学和数理统计学有着比较明显的共同点（尽管是同中有异）；从而也就可以进一步得出结论说，两种统计学之所以都名为统计学，并不是用语的偶合，而是由于它们具有方法和方法论上的共同点。

有必要着重指出，社会经济统计学有一个显著特点，这就是：它既是有阶级性的，是按照社会科学特别是历史唯物主义和政治经济学的原理、原则建立起来的社会科学；又是必须运用无阶级性的数学方法来考察社会经济总体现象的数量关系的社会科学。回顾过去的争论，每每是由于对这一特性的认识不清或认识不同而来。大体上说，如果只看到前一面而忽略了后一面，那就会把社会经济统计学说成是同其他社会科学没有什么区别的科学了；如果只看到了后一面而忽略了前一面，那就会把它说成是同数理统计学没有什么区别的、通用的无阶级性的科学了。

事实上，社会经济统计学在历史上就是把这两个方面结合起来了的社会科学。如果离开了数学方法，试问将何以具体计量数量关系的发展变化呢？因此，我们不应该离开统计学的特点来谈统计学的阶级性。不应该把为精确地计量数量关系而采取的科学的数学方法同数理主义和形式主义混为一谈，而是要根据历史唯物主义和政治经济学的原理原则，采用那些能够准确地、比较准确地反映社会经济现象数量关系的科学的数学方法。

当我们从统计方法和统计方法论上进行了考察之后，我们可以清楚地看出，统计是认识社会的有力武器；① 而统计学本身则是研究统计方法和统计方法论的一门科学。

我对于统计学的研究对象问题缺乏研究，在 50 年代，只是

① 参见《列宁全集》第 16 卷，第 431 页。

人云亦云，一方面说它是实质性科学；而另一方面，又在统计方法和方法论方面大作文章。这实质上是二元论的观点。日本的统计学家大桥隆宪先生和安藤次郎先生曾经有所质疑。[①] 我想利用这个机会对此加以澄清。

1962 年，我在《经济研究》上发表了一篇《社会经济统计学理论中的几个问题》的文章，已经否定了我自己在 50 年代的不确切的观点。现在把有关论点，扼要地复述于下：

就社会经济统计学本身的内容来考察，它是为了研究社会现象的数量关系而来研究如何进行统计、观察、统计分析的方法和方法论的；如果就统计学的作用来考察，则是在社会统计实践中运用由统计学提供的统计方法和统计方法论来研究社会现象的数量关系，对于社会现象的数量关系，经过不断反复的统计观察和研究，则可以从数量关系的变化中反映出被研究事物的内在联系，即规律性。统计学本身所研究、所阐述的东西——统计方法和统计方法论，同以统计学作为认识武器去研究的东西——社会现象的数量关系，两者是有密切联系的，然而却不能把它们混淆起来，说统计学本身就是研究社会现象的数量关系的。当然，任何研究方法论的科学，都必须有它自己所研究的客体，离开了被研究的客体来空谈方法和方法论就是形式主义的。统计学这种研究方法论的科学也是如此。它所研究的方法和方法论，旨在研究社会现象的数量关系，而且时刻服从于这个被研究的客体，从而使统计方法和统计方法论日臻完善。

这个观点是否正确呢？让我们从统计学本身的内容上加以考察。到现在为止，古今中外关于社会经济统计学的著作，无论是讲述一般原理的，还是讲述分科统计的（如人口统计学，工业

---

① 参看大桥隆宪：《现代统计思想论》，第 190—191 页，有斐阁发行。

统计学，农业统计学，商业统计学，等等），它们的内容，无一不是研究对社会现象的数量关系如何进行统计观察和统计分析的原理、原则和方法的，而不是在统计学中来研究不同社会形态或不同阶段的具体的社会现象数量关系的。当然，统计方法论是以一定的阶级观点和理论为指导的，我们不应该毫无原则地把资产阶级的社会经济统计学同无产阶级的社会经济统计学混为一谈。但尽管阶级立场和阶级观点不同，而关于统计学本身所研究的内容，则无论资产阶级的或无产阶级的，却都是统计方法论。另一方面，不仅方法论学派所写的统计学著作是讲述方法论的，而且力主统计学本身是研究社会现象的数量关系或规律性的学派，他们所写的统计学著作也不能跳出这个圈子。

历史事实证明，社会经济统计学从来是而且现在仍然是从研究统计方法论上为社会服务的，在阶级社会则是为不同的阶级服务的。因而这门研究方法论的科学便随着社会经济的发展而发展起来了。这个客观存在的历史事实，是任何人都否认不了的。

其实，各个学科各有其不同的研究领域和研究任务，不可能人为地加以改变。在我看来，如果把社会经济统计学本身作为研究社会现象数量关系的科学，那么，写出的著作，有可能不是什么统计学而是"统计资料汇编"。一本有条理、有分析的统计资料汇编，当然很有用处。然而若以它作为统计学，则是把统计工作的职能取而代之了。另一种情况是有可能把社会经济统计学本身作为研究社会现象一般规律的科学，可以预料，按照这种观点写出的著作，也将不是什么社会经济统计学而是政治经济学或历史唯物主义，或者是其他什么社会科学。这实际上是超出本学科而进入其他有关学科的研究领域，同时也丧失了统计学所固有的职能。这样一来，实质上是使统计学名存实亡，即导致统计学的消亡。

六、从社会主义社会经济实践的
需要上来考察

前面，我们首先肯定了两种统计学的本质的区别，又从统计学史上和方法论上考察了它们的同异之点。那么，从实践的观点来考察数理统计学的方法以至其他数学方法，对于社会经济统计学究竟有没有用处呢？

假如不是从框框出发，而是从实际出发，实事求是地进行研究，那么，在社会主义经济领域中，运用数理统计学有着相当大的用途。有些问题，不仅要运用数理统计学的方法，而且还要借助于其他数学方法来进行研究。社会主义条件下的社会经济统计工作，虽然是以全面观察作为基本的统计方法，但也还有不少不便于或不需要进行全面观察的问题；而在全面观察中实际上也是全中有不全，需要结合进行估计和推算；计划的编制，要以长期的统计数字为基础，因而需要考察统计数字的代表性。所有这些，都在一定程度上离不开数理统计学和其他数学方法。至于人口统计学需要运用数学方法的地方就更多了。

下面，对于这些问题，谈谈个人的看法。

1. 在我们的现实经济生活中，实际上仍在采用抽样观察法。不仅产品质量检查、农产量预测要用抽样法，就是像家计调查这样经济性很强的统计对象也不能不用抽样法。

在我看来，有一些经济问题，虽然现在未用抽样法，实际上也是可以运用而且应该运用抽样法或概率论加以考察的。例如，银行的存放款与准备基金的关系；经济建设规模与物质储备的关系；货币流通量与商品供应量（包括商品的不同构成）之间的平衡关系；商品的品种、规格、数量与居民需要量之间的平衡关系；乃至生产资料中大量的通用机器零件、部件的生产量与需要量之间的平衡关系等等，如果进行全面观察，势必耗费大量的人力、财力，而这类问题，也并不需要全面观察，只要根据平素掌握的资料，或者通过若干"点"搜集些抽样观察资料，用概率论来判断它们的置信程度也就够了。

又如，在全民所有制的企业中，我国现行的生产资料管理制度是通过国家的统一调拨来进行分配的。其实，这样分配的仅仅是一部分主要的生产资料；至于各种各样的一般的生产资料，不可能全部列入国家计划进行调拨。因而由国家统一调拨的主要生产资料之外的那些生产资料，它们的生产量与需要量之间的平衡关系是靠什么来确定的呢？实际上是靠概率作判断。不过，在我们的工作上不是用数学方法按概率进行测算而是靠经验办事就是了。

2. 除抽样法之外，其他的非全面观察方法，我们也在大量的使用。而且即使是所谓全面观察，也是全中有不全。举例来说：

工业产品的产量、产值统计，算是全面观察的典型了。但是，小型企业尤其是县以下的小型企业，并不是进行经常性统计报告。产量的经常性统计也只以主要产品为限。

我们的基本建设进度统计，只是限额以上的建设项目才进行经常性的统计报告（各级所掌握的限额以上项目各有不同）。

在农业统计中，播种面积统计是全面的，粮食产量预测统计用部分观察法，入仓统计是全面的。其他有的靠年报，有的靠估算。

商品销售量统计，只是销售额比较全。最主要的商品销售量有统计，至于大量的一般商品不可能一一统计，更不要说品种规格了。

物价指数是采用加权平均法，权数实际上是在抽样观察的基础上确定的。所谓综合物价指数也仅有销售额是全面的，统计观察的商品也不是无所不包而是大分类，商品销售价格也只是在大分类中选"代表"。何况我们也并未采用这种综合物价指数。

工业和农业的产值数字是全面的，而所采用的价格也是按大分类选"代表"。

此外，为了满足编制计划的需要，年度计划中的基期数字，第四季度的数字一般是预计数。长期计划的基数，预计时间还要长些。也就是说，统计观察在时间上也是全中有不全。

上述的一些事实表明，我国的一些主要经济指标（所占比重很大）都是以经常性的全面观察为基础的。它有力地保证了统计数字的可靠性。这是社会主义制度的优越性在统计工作上的具体表现。但另一方面也表明，所谓全面观察之"全"，不过是相对的。将来恐怕也难免全中有不全（把电子计算机普遍化之后所引起的新变化除开不说）。既然如此，那么，对于不能进行全面观察的部分应该如何处理呢？据我所看到的，现在的社会经济统计学基本上不谈这些问题，只是以"全面观察"来概括一般了事。实际业务部门怎么办呢？那也只好靠经验来估算、推算了。

基于上述情况，看来在这些方面，应该探索一些科学的计算方法，而这种探索，在一定程度上还不能不借助于数理统计学。例如，在预计数与实际数之间，总是要有一个差额，从历年积累起来的资料和不同部门资料的对比中，可以找出一个规律性来。如果我们这样一步一步地探索下去，也许我们的社会经济统计学可以别开生面。这也是从统计科学上对社会主义建设应有的贡献。

3. 为了编制科学性比较高的国民经济计划，应该考虑运用数理统计学的方法和其他数学方法的作用。计划工作本身要注意这一面，统计学也应该从这方面为计划服务。

毫无疑问，计划的制定，应以马克思列宁主义的原理和党的路线、方针、政策为准则，这是根本性的原则。但是，在计划工作中，总是要把某些经济范畴具体化为计划指标，在数量关系上体现方针政策，从数量上把握质量。因而数学方法也就不能不成为重要的辅助手段。

计划工作是参照过去的长期趋势（以统计资料为重要依据）和对未来的新条件的估计来确定计划指标的。就运用统计资料来说，实际上是通过一定的指标，把过去反复出现的变量综合为平均数（即那些变量的平均状态），据以估算未来时期可能达到的发展程度。如果我们以数理统计学的原理来考察它，实际上是在运用概率论的原理，通过对过去反复出现的频率，从平均数上来判断其"置信程度"，然后据以估算未来。这又何尝不可以说，基期平均数对计划平均数，有点类似（仅仅是类似）样本平均数对总体平均数的关系呢？当然，对于未来的国民经济发展水平的确定，除了参照过去，还必须考虑新的条件，并不像"样本"同"总体"的关系那样简单。上面谈的这些，同我们现实工作的不同之处，仅在于现实工作一般是靠经验来判断，而数理统计学则是以科学的方法作出比较准确的判断。那么，我们为什么只相信自己的经验，而偏偏不相信科学的数学方法呢？

有必要指出，数理统计学对数量关系计量上的所谓准确，不过是相对的。数理统计学的估计，并不是拿出精确的"绝对值"来，它仅仅是告诉人们，估计不精确的幅度有多大，并通过概率论来推导一般的规律。在我看来，概率论的原理在计划实践上倒是可以考虑加以运用的。举例来说：

马克思在《哥达纲领批判》中曾经指出：社会主义社会的

社会总产品在进行个人消费分配之前，要有如下的扣除：

第一，用来补偿消耗掉的生产资料的部分；第二，用来扩大再生产的追加部分；第三，用作后备基金或保险基金的部分；此外，还要扣除满足社会共同需要的部分。接着他指出：这些扣除"在经济上是必要的，至于扣除多少，应当根据现有的资料和力量来确定，部分地应当按照概率论来确定。"① 二、三两项的扣除，也就是积累基金的形成。可见像消费和积累比例这样重大的经济比例，也应当部分地按概率论来确定。我们不想对"部分地"一词作什么"训诂、注疏"，只是想说，比例关系的确定，首要问题是应该从实际出发，以党的路线、方针、政策为准则；而对于数量关系的大小多少，则应该以概率论的原理和公式作为辅助手段，通过计算，提供参考。

从这里，自然就联想到，其他的经济比例，是否也可以依同理，运用概率论进行计量分析呢？看来是应该考虑的。尤其属于技术经济方面的比例关系，它的适用性是更大的。

从此，也就进一步联系到，像整个国民经济发展的总速度、部门经济发展的速度等，是否也可以参照过去的经济发展速度运用概率论加以计量呢？看来也是可以进行试验的。当然，这类数据，只能作为参考。

不容否认，以概率论为基础的数理统计学的研究对象，要求一个稳定的随机过程。在数理统计中，关于随机假设统计检验理论、概率及其中的参数统计估值理论等等，都是以长期内保持稳定为假设的，因而它的应用范围显然是受到限制的。特别是社会现象，多种因素，错综复杂，互相影响，变化多端，因而要想机械套用，势必要犯错误。但是，如果我们用两点论、一分为二的

---

① 《马克思恩格斯选集》第3卷，第9页。

方法进行分析，那也不得不承认，尽管社会现象如何复杂多变，而起支配作用和决定作用的毕竟是主要矛盾或矛盾的主要方面，而且在不同时期，同类事物虽然各有其特殊性，但毕竟还有共同性。因此，把个别时期、个别条件下的特殊变化和急剧变化除开不说，那么在长期平均趋势上，也还是有一个相对稳定的过程（尽管不像自然现象那样稳定），而一些次要的因素不可能起决定的、主要的作用，因而从数量关系上来考察，仍然可以说大体上是相互抵消了的。归根到底，总体现象在数量关系上的一般特征和规律性，总是要从统计数字上表现出来的。至于主要因素为什么发生了作用，而次要因素的影响又为什么互相抵消了，这惟有用马克思列宁主义、毛泽东思想的原理、原则进行具体分析了。

根据上述分析，看来以数理统计方法作为辅助手段，提供参考数据，仍然是必要的。我们所说的运用数理统计学，仅仅是说，在已经积累起来的统计资料的基础上，用数理统计学的方法，作出比较准确的判断，而不是机械地套用公式，硬要把客观资料拿来"拼凑"，制造出符合主观设计的什么分布曲线来。

此外，关于最优计划方案的选择，外国的一些科学家们早就在试图从不同的角度，运用不同的数学模型进行核算、比较、分析。看来，数理统计学有可能而且也应该在这方面做出自己的贡献。

4. 最后，从这些议论中，可能得出什么样的结论呢？

可否这样说：既然社会经济统计学与数理统计学原来就有它们的共同点，而从社会主义经济的实践上来考察，数理统计的若干方法又是我们需要的，那就不能因为两种统计学存在着本质的差别，就把数理统计学中对我们有用的方法和方法论加以排斥。我认为不但不能排斥，而且还要创造一套适合于我们需要的数学方法和数学公式。从发展上看，数量关系的计量，要求越来越精确，是一个必然趋势。因而社会经济统计学本身，如果不想使这门科学踏步不前的话，也不得不运用和创造一系列适合于社会主义社会经济发展需要的数学方法。

究竟适用或不适用的标准是什么呢？集中到一点来说，就是能不能准确地或比较准确地反映社会经济现象的数量关系的问题。

对于社会经济现象的计量来说，究竟什么叫准确或不准确呢？应该说，这只能是相对的。一方面适用于社会经济现象的数学方法本身，还不可能一下子就达到精确的水平；另一方面，对于社会经济现象的研究不同于自然科学，它主要是考察事物发展运动的倾向，因而对于精确度的要求也就不像精密科学那样严格。当然，这并不是说，社会经济现象的研究不需要考虑准确性，对于数量关系只要做漫画式的匡算就行了。事实上国民经济计划的制定，所有指标都要从数量关系上进行详细的比较分析，要求尽可能地达到准确，以保证计划水平的提高。既然要进行比较准确的计算，那就不仅要用初等数学的方法，而且也不能不用高等数学的方法。

是不是主张运用数学方法，特别是运用高等数学方法就是数理主义倾向呢？

从实际工作的需要来看，如果比较简单的现象，只要用初等数学就可以解决了，当然就不必用高等数学。但是，如果情况复杂，需要运用高等数学才能计算得比较准确，那也就不能拒绝对高等数学的运用。

事实上在社会经济统计中，初等数学就一直在普遍地运用着。但是，一说到高等数学方法，有些人就掩鼻而过，甚至斥之为数理主义、形式主义、资产阶级观点，等等。这种奇怪的思想倾向，显然是不科学的。

数学方法，不论是初等的还是高等的，都没有阶级性，它掌握在哪个阶级手里就为哪个阶级服务。所以，对于高等数学，根本就不应该畏之如虎，而且即使是一只虎，也是"不入虎穴，焉得虎子"，问题的实质不在于是高等数学或初等数学的方法，而在于哪种方法能够准确地或比较准确地反映实际情况。那么，在无产阶级的社会经济统计学中，为什么不从实际需要出发，对原有的东西经过检验，有所取舍，而偏偏要去高从低呢？

社会经济统计学中数学方法的来源，不外乎两个途径：第一，从数理统计学中拣选对我们合用的东西，直接地加以利用。或者是拣选出大体上对我们合用的东西，经过改造加以利用。第二，是从实际出发，把理论与实践结合起来，敢于创新，经过失败和成功的比较，然后制定出一系列适合于我们需要的方法和公式。前者是一个批判接受的问题。我们既不能否定数理统计学中对社会经济统计学有用的东西，又不能迷信数学方法而把它捧上天，而是要经过一番刮垢磨光的苦功夫。后者是一个创造性发展的问题，也是发展社会经济统计学的基本途径。我们应当把两者恰当地结合起来。毛泽东同志在谈到军事规律、军事理论时说：关于前人的战争经验总结，我们"应该着重地学习它，这是一件事。然而还有一件事，即是从自己经验中考证这些结论，吸收那些用得着的东西，拒绝那些用不着的东西，增加那些自己所特有的东西。这后一件事是十分重要的，不这样做，我们就不能指导战争。"① 不言而喻，这个原理，对于统计学来说，应该是完全适用的。

为了研究社会经济现象的数量关系而运用数学方法，本来是

---

① 《毛泽东选集》第1卷，第165页。

完全符合马克思主义的原理原则的。

拉法格写道："在高等数学中，他找到最合逻辑的又是形式最简单的辩证运动。他又认为，一种科学只有成功地运用数学时，才算达到真正完善的地步。"[①]

列宁说："社会主义，这就是统计。"[②]

毛泽东同志说："胸中有'数'"；"要有基本的数量的分析"；要注意"决定事物质量的数量界限"。[③]

由此可见，那种对于运用和研究数学方法存有戒心的思想观点并不是政治性强、阶级觉悟高，相反，恰好是违反马克思列宁主义的。

最后，要强调指出的是，要创造性地发展无产阶级的社会经济统计学，固然要研究数学方法，而更加重要的乃是运用马克思主义的哲学、政治经济学的原理来研究社会经济统计的指标体系、分组法和经济分析的方法，等等。也只有做好这方面的研究，才能更有成效地运用作为计量手段的数学方法。

（刊于《经济研究所集刊》1981 年 Ⅱ）

---

① 《回忆马克思恩格斯》，人民出版社 1957 年版，第 72—73 页。
② 《列宁全集》第 26 卷，第 275 页。
③ 《毛泽东选集》第 4 卷，第 1380 页。

论共同性的统计学原理

一、统计学的性质和研究对象

统计学是在统计工作实践的基础上产生的；而统计学一经形成，它又对统计工作所肩负的统计资料的搜集、整理、分析等起理论指导作用。由于统计工作、统计资料和统计学三者具有如此密切的联系，所以人们习惯上把这三者通称为统计。或者说，统计一词具有统计工作、统计资料和统计学三种含义。我们在这里讨论的是统计学，当然也要联系到统计工作和统计资料。因为统计学是为统计实践服务的，而统计资料的搜集、整理和分析，又都有赖于统计学的指导。

任何一门科学，都需要首先明确它的性质和研究对象，然后才便于展开讨论和研究。可是在统计学上，这个问题一直有争论。可以说，统计学说史就是一部争论的发展史。为要讨论统计学的理论和原则，我们先从它的性质和研究对象说起，然后再讨论它的发生和发展，亦即把学说史作为分析统计学的性质和研究对象的历史源流来看待。

关于统计学的性质和研究对象的争论，核心问题是：统计学究竟是实质性科学，还是方法论科学？在历史上，两种对立的意识形态，早已形成为实质性统计学与方法论统计学的两个对立的学派。不言而喻，我国的争论也是这种争论的继续和发展。

统计学是在不断争论中发展起来的。从它诞生到现在，从来没有一个明确的、统一的定义。也就是说，直至今日也还没有一个公认的解释。凯特勒在第七届国际统计会议（1869 年在荷兰召开）上说，据他的统计，统计学的定义有 180 种之多。美国经济统计学教授 J. I. 葛里芬在他所著《统计方法与应用》一书的序言中不无感慨地说："统计的应用范围如此之广，以致很难对这门学科下个定义。"还有人形象地说，有多少统计学家就有多少种定义，即使是最精明的统计学家也统计不清。当要提出我们对统计学的见解之前，首先指出这一情况，旨在表明我们的看法，不过是百家争鸣中的一家之言而已，见仁见智，谁是谁非，自当由历史实践来作检验。

我们认为统计学是研究社会现象和自然现象关于总体数量关系计量的统计方法和统计方法论的科学。它以大量观察为基础，以平均数为中心，通过统计总体，为揭示数量关系的大数规律提供一系列的计量、分析方法。

下面，对我们的这个看法作几点说明。

首先，我们在习惯上，当谈到统计、统计学而不加限制词时，一般是指社会经济统计、社会经济统计学。然而严格地说，这种说法在今天已经不够确切了。因为统计和统计学所观察、研究的对象并不限于社会现象，也包括自然现象。有人也许会用列宁的话来反驳说，列宁不是说过统计是认识社会的有力武器吗?① 怎能把自然现象统计也拉进来呢？诚然，列宁是说过这个意思的话，然而他并没有说，统计不能作为认识自然现象的武器。何况历史实践早已表明，统计和统计学是既用于社会现象又用于自然现象的观察和研究。所以，我们应该把社会现象与自然现象并提。

其次，我们肯定了统计学是研究数量关系的方法论的科学，而不是研究实质性问题的科学。这里面已经包含了研究对象，即它所研究的客体是社会现象和自然现象在总体上的数量关系，它是通过自己的统计方法和统计方法论的研究而服务于数量关系的研究的。这也就是统计科学在社会领域和自然领域中所要研究解决的特有的矛盾。众所周知，除了统计学之外，不再有其他科学来研究这种方法和方法论。

第三，方法论科学是否也探讨规律性呢？我们认为从哲学上说，辩证唯物主义者是把方法论与认识论看作是一致的。本质性的认识就是认识事物的规律性。统计学研究和提供一系列的统计方法，其目的就在于认识并且揭示数量关系的大数规律。正是在这个意义上，有的人把大数规律叫作统计规律。在这一点上，统计学也如同数学一样，是通过自己的公式和方法等等来揭示数量变化的规律。所不同的是：数学是揭示一般的数量规律；统计学则是揭示一定的统计总体的数量变化规律，而总体的同质性是统计学的一个最基本原则。

第四，既然统计学也揭示规律性，为什么不把它称作是反映规律的实质性科学呢？请注意，我们在这里说的规律，仅仅是指在一定统计总体下的数量变化的规律，而不是社会经济领域和自

① "社会认识的最有力的武器之一的社会经济统计"这句话，列宁是用以批判为统计而统计的德国资产阶级统计。参阅《列宁全集》第16卷，第431页。

然领域千千万万事物本身的各个实质性规律。当然，它也是实质性规律的数量表现。我们在前面已经指出过，统计学是一门广泛性、多科性的科学，它不可能把大千世界中各有千秋的、千差万别的客观实体的具体规律统统在一门统计科学中表达出来。然而不同事物在数量上却有共同性的规律，它是可以通过特定的方法找寻出来的。统计学上一系列的统计方法，就是这种特定的方法。惟有通过这种特定的方法，才能揭露出它们数量上共同的规律性。正是在这个意义上，我们认为统计学只能是方法论科学，而不是实质性科学。

不容否认，任何研究方法论的科学，都有它自己所用以研究的客体，离开了被研究的客体来空谈方法和方法论当然是形式主义的。统计学这个研究方法论的科学也是如此。统计学所研究的方法和方法论，旨在研究社会现象和自然现象的数量关系，而且时刻都服从于这个被研究的客体。正是基于这种原因，才使统计方法和统计方法论日臻完善。

第五，主张统计学是实质性科学的人，在他们观点的自身存在一个自相矛盾，甚至是难于克服的弱点。那就是尽管他们列举许多理由论证统计学是实质性科学，然而他们写出的统计学还是跳不出统计方法和统计方法论的框框。以苏联在50年代集体写作的那本《统计理论》为例。1954年，苏联召开了统计学问题的科学会议，并以"决议"的形式对统计的性质和研究对象作了规定，认为统计学是"研究社会发展的规律性在具体的地点和时间条件下的量的表现"。会议着重批判的是"通用论"和"方法论"观点。会后组织一批统计学家集体编写了《统计理论》（这本书对我国统计界影响深远）。可是，这本书虽然引证了"决议"中的一些词句，并把"决议"作为附录刊于书后，然而通观全书内容，除个别为举例的统计数字外，看不出具体地点和时间条件下的以数字表示的社会经济规律来。换言之，它所讲的基本内容依然是统计方法和统计方法论。① 其他一些主张统计学为实质性科学的统计书籍也大都如此。即以社会经济统计学而言，除了讲述些一般的统计学原理之外，主要也是有关各种经济统计的指标、标志和计算方法等等。书中也没有表示出经济发展变化的规律来。归根到底，即使把统计学仅仅看作是社会科学，它也无法把社会经济各领域的具体的规律性一一揭示出来。

正是基于上述的这些认识，所以，我们认为统计学是一门研究统计方法和统计方法论的科学。

二、统计学的发生和发展

在这里，我们对统计学性质和研究对象的争论作一历史的考察，并以历史唯物主义观点作些分析。

统计学是作为社会科学而发生、发展起来的。这便是社会统计学派、社会经济统计学派的历史根据。古典的统计学转变为近代意义的统计学，是由于凯特勒把概率论引进到统计学中来。这便是数理统计学派的历史根据。这就形成了近代统计学的两大流派。

凯特勒把概率论引进统计学，他为统计学提出了新的概念，开拓了新的研究领域——既研究社会现象，也研究自然现象，并且使统计学从实质性科学中分离出来，成为一门独立的方法论科学。这是统计学史上的一个质的飞跃。与此同时，不同统计学派

---

① 事实上，苏联对于统计学的性质和研究对象，到 60 年代就争论再起，及至 70 年代就有人公开反对 1954 年统计科学会议所作的结论了。

也展开了新的争论。然而颇饶兴趣的是，尽管不同学派互相争论，但无论哪一派，大都承认凯特勒是近代统计学的奠基人，资产阶级统计学家甚至把他尊之为"近代统计学之父"。可见，两派的起源是一个，它们不过是一个体系下的两派或两个分支而已。

从历史上看，统计实践远远早于统计学的诞生。中国大约在公元前一千多年的殷代、西周，就有人口数字。东周及其以后的各个朝代，关于土地、人口的数字不绝于史册。埃及在公元前三千年已有人口、财产数字；古希腊据说公元前六百年就进行过人口普查；古罗马据说在公元前四百年就建立了出生、死亡登记制度。这些数字主要是为了满足奴隶主或封建王朝实现征税或服兵役、服劳役的需要。随着社会生产的发展，计算的范围逐渐由人口、土地发展到社会经济生活诸方面。不过，当时都还未用"统计"这个术语。

（一）统计学的起源及其发展的历史

统计学的产生才不过有三百多年的历史。统计史学家把17世纪中叶出现的初始的统计学称为古典统计学，引进概率论之后的统计学称为近代统计学。

回溯统计学的发展史有三个起源：一为记述学派；二为政治算术学派；三为概率论——数学的一个分支。

下面就来谈谈三者的发展变化及其相互关系。

1. 记述学派。

统计学的记述学派，亦称国势学派。所谓国势学就是记述国家显著事项之学。主要是采用文字记述的形式，把国家重要事项系统地整理罗列出来。当时并没有什么理论指导，更谈不上对规律的探讨。它的发源地是德国，因为当时在德国许多大学里讲授这个课程，故亦称德意志大学教授派。创始的主要代表人物为康令（H. Conring，1606—1681）和稍后的阿亨伐尔（G. Achen-wall，1719—1772）。

阿亨伐尔把他的国势学规定为实际政治学，说它是叙述国家最必要的显著事项，叙述国家最高政策关系的总体。他认为这是实际政治家、世界形势分析家，特别是那些为君王和国家效劳的法律学者和官僚所必须懂得的一门学问。显然，这门国势学是用来歌颂普鲁士君主政体的。及至1749年，他把国势学称为Statistik，即统计学。事实上，它虽有统计学之名，并无统计学之实。随着资本主义经济的发展，以及政治算术学派的发展，越来越需要对数量关系的计算，要求以数字表示事实。因而国势学派的所谓统计学的后继者发生了分裂。继承其创始者衣钵的人越来越少。后来分化出表式学派，以计量为主，主张用列表的方法表示国家的显著事项，开始体现了统计学的特点，并逐渐发展为政府统计，因而它便成为统计学源流之一。

19世纪中叶，欧洲一些国家开始发行统计刊物，人们普遍地把数字资料视为统计。德国社会统计学派的先驱者克尼斯（K. G. A. Knies，1821—1897）有鉴于此，1850年，在他写的《作为独立科学的统计学》一书中指出，阿亨伐尔的所谓统计学不过是历史学的一部分，它的研究对象和研究方法也同历史学没有本质的区别；而政治算术学派则是以社会经济客观现象的数量关系为依据来探究事物发展的规律性的，这个学说，形成了与历史截然不同的独立的科学。因而他主张把统计学的名称转让给政治算术。从此，结束了统计学史上的那个奇异的一章。克尼斯的论点，虽然在当时还既有赞成的，又有反对的，但是历史实践证明，后来的统计学是按照克尼斯的观点向前发展的。时至今日，再也没有人把不研究数量关系的社会调查或历史资料搜集视为统计学了。

统计学的这个来源，简单说来就是这样。这个学派相对于近代意义的统计学来说，主要是留下了一个名称——统计学（Statistics）。

2. 政治算术学派。

这个学派的发源地在伦敦。严格地说，只有这个学派才是统计学的正统，亦即统计学的真正开端。

政治算术学派的创始人是英国的威廉·配第（W. Petty, 1623—1687）。马克思称他为："政治经济学之父，在某种程度上也可以说是统计学的创始人"。[①] 恩格斯在《反杜林论》中则说："配第创造'政治算术'，即一般所说的统计"。[②]

配第的政治算术，本来是从属于他的政治经济学的一种研究方法，当时并未成为一门独立的科学。他给政治算术下的定义是"对于人口、土地、资本、产业的真实情况的认识方法"。他主张一切论述都通过数量的表述，以数字、重量和尺度来进行，全面地排斥形而上学的和思辨的议论；只重视"诉诸感觉的"即经验上可能的论证，坚决反对受主观因素左右而进行的考察。他不仅利用数字说话，也开始利用朴素的图表形式概括数字资料。这种理论和方法被后来的统计学广泛采用，并加以发展。

配第虽然很早就运用了"政治算术"的研究方法，然而发表第一篇关于政治算术文章的人却不是配第，而是他同时代的好友葛兰特（J. Graunt, 1620—1674）。

葛兰特是一个商人，1662 年，他发表了一篇《关于死亡表的自然与政治的观察》的论文。论文以人口问题为中心，突出之点是他发现了统计现象的某种规律性。例如他指出，在每一百

① 《马克思恩格斯全集》第 23 卷，第 302 页。
② 《马克思恩格斯全集》第 20 卷，第 255 页。

个出生者之间，各种年龄的死亡人数有着一定的规律性；在几种死亡原因中，如慢性病、事故、自杀等，经常在死亡总数中保持一定的比例。与此相反，如传染性的、急性的瘟疫之类，就没有一定的比例。这个结论，说出了一个值得重视的规律性。于是葛兰特名声大噪，一跃而为学术界的名流。

发现死亡原因的规律性之所以受到重视，有它的时代背景。这就是由于在资本主义的成长中，资本家对劳动力的需要以及城市人口的集中，发生了一些棘手的问题。而引人注意的直接的、表面的原因，则又是由于当时瘟疫的流行。

17世纪以来，伦敦人口迅速上升。在当时的条件下，城市人口集中，发生了许多麻烦。不仅消费品供应困难，而且人们的健康也受到威胁。从14世纪中叶（当时人口3—4万）以来，伦敦屡遭疫病袭击，特别是1603年、1625年和1665年的黑死病，造成很多人死亡。人们都在关心并且观看出生和死亡的公告。1603年大疫流行之后，政府定期发行周报，圣诞节前的星期四还发布一年的公报。葛兰特的文章，适逢其会，因而引起人们的注意。

配第的《政治算术》成书于1671—1676年，却在他去世后的1690年才在伦敦出版。这本书是为新兴资产阶级服务的，配第的政治倾向非常鲜明。他运用各种统计资料的比较分析来论证英国可以超过荷兰和法国而称霸世界，建成英国殖民帝国。政治算术学派正是通过统计而发挥了他们帮助资产阶级夺取政权和发展资本主义经济的历史使命。与此同时，他作为统计学的先驱者，也开创了这门科学的新纪元。尽管在当时他尚未采用统计学之名，但已有统计学之实了。

政治算术这门学问出现之后，随着资本主义的日趋发展，人口统计、医学统计、人寿保险统计、财政经济统计等等的需要越来越大。因而欧洲许多国家的学者们均在其影响下，先后继起进行研究，到 18 世纪更趋繁荣。尤其在人口统计方面进一步地发展了政治算术。18 世纪的德国牧师苏斯密尔希（J. P. Süssmilch，1707—1767）被视为系统地论述了政治算术的人。他是以"神的秩序"来说明社会现象的。然而他所论证的实际上并不是什么神的秩序，而是通过大量观察，证明了大数规律的存在。在这个意义上，是具有科学价值的。

大约在 18 世纪 80 年代以后，英国才逐渐以"统计学"的名称代替了政治算术。及至 1850 年，克尼斯提出把"统计学"的名称给予政治算术之后，统计学就成为有政治算术内容的统计学了。

本来政治算术学派从一开始就是从数量关系上探索社会经济发展的规律性的。然而一门科学的创立、形成和发展，很难在短时间内臻于完备。尤其是由于阶级、世界观和时代的限制，更难达到完善的地步。例如，政治算术学派凭经验统计，知道了某些事物的规律性，如男女出生的均衡性，在各种不同条件下的死亡率，等等。然而当时的统计方法很不完善，其间遭遇到的最大困难是关于数量关系的准确性问题。尤其是在采用抽样法的条件下，如果不解决误差问题，就不可能准确地说明问题，这就要求统计学要向更高阶段发展。

3. 概率论。

概率论作为数学的一个分支被引进统计学中来，这是统计学发展史上的一个重要事件。所以，它也是统计学的来源之一。

关于概率论的研究，在 16 世纪即已开其端绪。最初是为了解决赌博输赢的得点问题而发展起来的，其发源地是意大利。17、18 世纪有许多数学家探讨和研究这个问题，尤其是瑞士的贝努里家族，在这方面贡献很大。如雅各布·贝努里（Jokob

Bernoulli，1645—1705）论证了概率的客观存在，创立了大数规律中最早的一个定理——贝努里定理。到 19 世纪中叶，概率论已成为数学上的一个重要分支。本来概率论的起源比政治算术还早些，然而在很长的历史过程中，它对统计学并没有发生多大的影响。一直到 19 世纪初，才由法国数学家、统计学家拉普拉斯（P. S. Laplace，1749—1827）在两者之间正式架起了桥梁。在拉普拉斯之前，也有些人试图以概率论解决统计学上的问题，但效果不大。恐怕概率论学说本身还不成熟，是一个重要原因。

拉普拉斯对于统计学的贡献是这样的：1786 年，他写了一篇关于巴黎人口的出生、婚姻、死亡的文章。文中提出依据法国特定地方的出生率来推算全部人口的问题。继而法国的资产阶级革命推翻了统治法国二百多年的波旁王朝，处死国王，宣布共和。拉普拉斯的建议得到新政权的支持，于是选了 30 个县进行抽样调查。时间是从 1802 年上溯到 1799 年，据以测算全国人口。这件事，在当时的条件下，无论是对人口统计来说，还是对统计方法论来说，都是一个巨大的创举，它对于以后的统计学的发展产生了巨大的影响。

在历史上，统计学的发展，长期地与人口问题的研究有关。而与人口问题相联系，保险、国家财政收入和税金、工业、贸易、物价等等，都需要进行统计的观察研究。

在 19 世纪以前，还不能进行全面统计，当时主要是利用较少的抽样统计资料来推算全面。但政治算术学派的统计方法很不完善，计算结果常常误差很大。在客观上要求克服这个难点，把这门科学推向前进。拉普拉斯在人口问题上的这个新贡献，开始实现统计学与概率论的联系。拉普拉斯指出，应以研究自然科学的方法研究社会现象。这个观点对凯特勒有很大影响。后来，凯特勒（L. A. J. Quetelet，1796—1874）为学习概率论曾经就学于拉普拉斯，进而正式地把概率论引进统计学。

凯特勒是比利时人，知识渊博，多才多艺，不仅是数学家、物理学家、天文学家、统计学家，而且是业余诗人、歌剧作家；不仅是学者，而且是社会活动家。他长期担任比利时统计委员会主席，并且主持国际统计会议。他的著作很多，仅与统计学有关的就有 60 多种。其中基本统计理论著作主要是《论人类》（1835 年）、《概率论书简》（1846 年）和《社会物理学》（1869年）三本书。他把概率论引进统计学，认为正态分布可用于各种科学，而正态规律只有借助于概率论才能得到确切的说明。他指出任何现象都有误差，任何现象通过大量观察都可以发现规律。前者符合误差规律（误差曲线、正态曲线、拉普拉斯—高斯曲线），后者符合大数规律。显然，这是把概率论、大数规律、误差理论视为统计学的理论基础，并通过他所提出的方法，对数量变化的规律进行研究。特别是他把统计方法发展为既可应用于社会现象研究，又可应用于自然现象研究的通用方法。从此，统计学就不再是单纯的社会科学了。

统观凯特勒在统计学上的历史贡献，是把概率论正式地引进统计学，从而使统计学发生了质的飞跃，走上了近代科学的道路，并为近代统计学奠定了基础。凯特勒作为近代统计学的奠基人，并成为统计学史上继往开来的人物，应该肯定他的历史功绩。

（二）统计学性质的历史分析

至此，我们可以把统计学史上关于统计学性质和研究对象的观点，作一归纳和历史的分析，然后对统计学的再分化加以考察。

记述学派的由来，就是对国家重要事项进行记述，实际上是历史学的组成部分，它当然是属于实质性的社会科学。政治算术学派虽然是以数字表示事实，但它还未从政治经济学中分化出来。这一派所探讨的规律，都是一些用数字表示的实质性的社会经济规律（例如人口问题）。所以，政治算术也属于实质性社会科学。由凯特勒继承前人的研究成果而建立、发展起来的统计学，既用于社会现象的研究，又用于自然现象的研究。凯特勒的晚年，把他对统计学理论的集中研究成果名之为《社会物理学》，试图用物理学的原理和方法来说明社会现象。同样，在他所著《论社会制度》一书中也是以力学规律与社会现象相类比。他认为社会现象如同自然现象一样，也有客观规律可循，这一点当然是对的。然而他使用机械类比的方法，这就不能说明问题了。总之，凯特勒及其追随者都热衷于规律的探索，并通过他们所观察、所探讨的规律性来验证他们的统计方法。有必要进一步指出，近代统计学者所说的规律性已经不是实质性问题的具体规律，而是被研究对象在数量变化上表现出来的规律性，即所谓统计规律。因此，以凯特勒为代表的近代统计学实际上已经不再是实质性的社会科学，而是可以通用于社会现象和自然现象的方法论科学。不错，他和他的追随者很注意规律性的探讨，但他们探讨出的规律性不过是通过统计方法表现出来的数量变化的规律。正是在这个意义上，也可以说，统计学是通过一定的统计方法揭示出统计规律的科学。

　　凯特勒是生长于资本主义发展时期的资产阶级学者，他的学术观点，无疑具有时代的和阶级的局限性。凯特勒在统计学上的贡献是肯定不移的。资产阶级学者把他奉为"统计学之父"；马克思也认为他有很大的功绩，尤其对他所论证过的平均数的统治作用给予了肯定的评价。但与此同时，马克思也指出，他从来没有对平均数所具有的内在必然性作出解释。特别是对于凯特勒揭示的犯罪行为的平均数，马克思批评他没有从资本主义的社会制度上进行分析，实质上是对资本主义制度的颂扬。[①] 众所周知，尽管人体的身高、体重、身体各部分之间，经过大量的测定，可以看出以平均数为中心的所谓"平均人"的趋势；然而一些社会现象，如犯罪、道德等问题却是同社会制度、阶级关系等联系在一起的，不应得出"平均人"的结论。对此，连资产阶级学者也对他有所非难。正是在这个意义上，我们说，凯特勒的统计学还不是真正科学的统计学。

我们认为概率论被引进统计学中来，既是统计学发展到新阶段的一个标志，又是统计学一分为二的起点。也就是说，数理统计学实质上是以概率论的面貌进入社会经济统计学，后来又以数理统计学的面貌分立出去。这并不奇怪，而是事物辩证发展的常规。这类事，在科学发展史上也是屡见不鲜的。

统计学之所以成为近代的统计学，就是由于为解决统计计量上的准确性而引进了概率论。正是在这个意义上，凯特勒成为近代统计学的奠基人，同时，人们又把凯特勒视为数理统计学的奠基人，因为数理统计学就是在概率论的基础上茁壮成长的。值得注意的是，凯特勒虽然终生从事统计活动，但他从未把他的统计学命名为数理统计学。相反，他倒是把他研究社会现象的统计学定名为社会物理学，连葛尔登也说他是人口学和社会统计学的最大权威。[②] 历史事实表明，是继之而起的统计学者，在沿着他的《论数学与统计学的关系》的观点前进中，把数理统计学发展起来了，而且后来实际上形成为统计学的数理统计学派。

数理统计学这个术语，最初出现在韦特斯坦（T. Wittstein）于 1867 年发表的一篇论文《关于数理统计学及其在政治经济学

---

① 参阅《马克思恩格斯全集》第 25 卷，第 973 页；第 32 卷，第 583 页。
② 见《自然遗传》。

和保险学中的应用》。其用意不过是想把概率论原理应用到经济学和保险业中去。殊不料这个术语，从此便被推广使用，并以此为名著书立说，以致形成、发展为自成体系的数理统计学和数理统计学派。例如以 K. 毕尔生（K. Pearson，1857—1936）为代表的描述统计学派和以费雪（R. A. Fisher，1890—1962）为代表的推断统计学派。数理统计学的兴起是以自然科学和资本主义经济的迅速发展为背景的。如进化论的确立，细胞学的发展，以及能量守恒定律的肯定，都在促进数理统计学的发展。因为它们都需要概率论或估计理论的指导，与此同时，也丰富和发展了数理统计学的理论和方法。不过，从统计学的历史渊源上看，数理统计学毕竟是在凯特勒创立的通用的统计学的母体中孕育成长起来，然后分立出去，自成一家的。

数理统计学从 19 世纪末叶以来逐步形成并发展起来。由于它主要是由英美等国发展起来的，故又称英美数理统计学派。葛尔登（F. Galton，1822—1921）和毕尔生等人把数理统计应用于生物学的研究，爱奇渥斯（F. Y. Edgeworth，1845—1926）和鲍莱（A. L. Bowley，1869—1957）等人把数理统计应用于经济学的研究，于是产生了描述统计学。及至 20 世纪 20 年代，数理统计在欧美资本主义国家的应用日益广泛，于是又建立起推断统计学。推断统计学是在随机抽样的基础上推论有关总体特征的统计科学。它导源于英国数学家戈塞特（W. S. Gosset，1876—1937）的小样本理论，继之得到费雪的充实，并由波兰的统计学家尼曼（J. Neyman，1894—?）、E. S. 毕尔生（K. 毕尔生之子）等人加以发展，40 年代以来，应用范围更加扩展。

数理统计学家几乎是一致认为：统计学计量而不计质，是应用数学的一个分支，也就是用于整理和研究统计资料的数学。统计学的对象是以"统计总体"为基础，统计学中的公式可以适用于不同类型的具体对象。也就是说，数理统计学家是把统计学当作通用于各种现象（包括自然和社会）的方法论科学。

正当英美数理统计学派异军突起之际，政府统计学家兼社会统计学家也以社会统计学派的姿态出现在历史舞台。统计学在历史上本来是以社会现象为研究对象的，所以一提到统计和统计学，人们都知道是研究社会现象的，这早已约定俗成，用不着再加上一个社会字样的限制词。可是，数理统计学一经问世，就不能不以"社会统计学"的名称与之相区别。出现以此为名的著作，则始于1898年挪威人凯耳和汉森（A. N. Kiaer&E. Hanssen）合著的《社会统计学》。

社会统计学派是以德国为中心。主要代表人物是恩格尔（C. L. E. Engel，1821—1896）和稍后的梅尔（G. V. Mayr，1841—1925）等。德国的这个社会统计学派，一方面不同意国势学派的所谓统计学，另一方面又主张统计学是实质性的研究社会现象的社会科学，并与统计方法学派相对立。它在国际统计学界中占有一定的地位，欧洲、美国和日本的统计学都受其影响。从学术渊源上看，他们实际上融会了比较记述和政治算术的观点，又继承和发扬了凯特勒强调的研究社会现象的传统，并把政府统计与社会调查融合起来，进而形成社会统计学。

随着时代的推移，社会统计学派的观点，实际上已经不是纯粹的实质性科学的主张了。由于应用大量观察和各种数学方法为统计实务所必需，从恩格尔起就在融合规律论和方法论的分歧。例如他提出，统计方法不独应用于人类社会，并可应用于各种科学。至于梅尔，他的融合倾向更加明显。然而总的看来，社会统计学派的前期人物还是坚持统计学是独立的实质性社会科学，强调因果关系和规律的探索，在实质论与方法论的争论中基本上是站在实质论方面的。

　　社会统计学派的后起者，逐步从实质论向方法论转论。第一次世界大战后，社会统计学派的代表人物，主要有四人：美国的却笃克（R. E. Chaddock）和恰平（F. S. Chapin），日本的蜷川虎山和德国的孚拉斯科波（P. Flaskamper）。他们都强调统计学是调查研究方法，提出统计工作中通用的理论和方法。尤其是蜷川，主张吸收以概率论为基础的数理统计方法，在日本被称为"蜷川理论"。有必要指出，社会统计学派尽管向方法论过渡，但仍强调以事物的质为前提和认识质的必要性。

　　说到这里，我们需要前进一步，对社会主义国家的社会经济统计学加以考察。

　　社会主义国家的社会经济统计学，从俄国十月革命后逐步建立和发展起来。不言而喻，苏联的社会经济统计学是以辩证唯物主义和历史唯物主义，以及马克思主义的政治经济学作为它的指导理论的。就社会经济统计学来说，这是统计学史上又一次质的飞跃。然而从学术渊源上看，不仅可以上溯到古典统计学和凯特勒确立的近代统计学，实际上它也深受德国的社会统计学派的影响，因为这个学派的观点，早已扩展到沙皇俄国。例如，丘普洛夫（А. А. Чупров）的《统计学教程》就是传播梅尔的统计思想的。列宁有些关于统计学的讲话就是指的社会统计学，如列宁关于统计是认识社会的有力武器的名言，就是分析批判德国的统计资料时提出的。所以，如果我们把苏联的社会经济统计学看作是对德国的社会统计学派学术观点的继承和发展，并无不当。至于我国的社会经济统计学本来是直接从苏联输入的，同时在统计理论方面的争论也是相似的。

　　通过上面的历史分析可以看出，关于统计学的性质和研究对象的争论由来已久。令人欣慰的是，这种争论的结果不是分歧越来越大，而是越来越趋向统一，即包括社会统计学派在内，承认统计学属于方法论科学的人也越来越多了，它已成为世界性的思潮。我们认为原因就在于科学技术的不断进步和社会生产力的大发展，在客观上要求有一门讲述方法论的统计科学，为揭示数量关系的规律提供科学的统计理论和统计方法。

三、统计学原理与应用统计学的差别

上面我们讨论的统计学，严格地说，是指统计学原理而言。统计学原理与应用统计学既有区别又有联系。前面所谈的争论问题，在我们看来，每每是由于把这两种既有区别又有联系的两种统计学混为一谈造成的。统计学是一门独立的科学，但它既不单纯是社会科学，也不单纯是自然科学，而是可以通用于社会现象和自然现象的研究。这只能是指统计学原理而言。

统计学原理是论述统计学最基本的原理原则的，即统计学的研究对象、特点，以及据此所提出的统计方法。这样的原理既适用于社会经济统计，也适用于数理统计。

统计学原理可以同哲学、数学相类比。统计学原理之于社会经济统计学和数理统计学，就如同哲学、数学之于社会科学和自然科学一样。哲学和数学既不是社会科学，也不是自然科学（习惯上把数学作为自然科学看待并不确切）。这两门科学都是既适用社会科学，又适用于自然科学的。所以，也可以叫"通用"的科学。区别在于哲学讲的是认识论、方法论；数学讲的是数学方法。至于统计学原理呢？它所讲的是关于统计学的理论、原则和统计方法，一般

注：关于统计学史的史实材料，主要是参考：丹麦统计学家威斯特葛尔德（H. Westergaard）的《统计学史》、德国统计学家约翰（V. John, 1838—1900）的《统计学史》、李惠村的《欧美统计学派发展简史、高庆丰的《欧美统计学史》（打印稿）、冯杞靖的《论数理统计与社会经济统计的发展道路》。

既适用于社会现象的观察和分析，也适用于自然现象的观察和分析。所以，它是各种应用统计学的共同的基础。

统计学是一门多学科的科学，它实质上是作为统计科学体系而存在的。统计学原理是这个科学体系的基础，而各种应用统计学则是这个科学体系的各个分支。大致上说，统计学可以分为两大门类，一为应用于社会经济领域的统计学；一为应用于自然领域和技术研究的统计学。在两大类领域中又各自分为许多不同学科的统计学。我们把它们叫做应用统计学，习惯上也把它们通称为专业统计学。数理统计学应用于自然领域，一般说来争论不大；至于应用于社会经济领域的社会经济统计学则争论很大。

有的人否定社会经济统计学的存在。我们认为统计学在历史上是作为社会科学而产生和发展起来的，不论中国或外国都在进行这种统计工作，并发表这方面的文章、著作。这个客观存在的历史和现实，决不会因为有人否定它，它就不存在了。

至于说到数理统计学，有人认为这个名称本身就不科学，数理与数学实际上是一个词，在近代统计学中并不存在无数字计算的统计，又何必画蛇添足，冠以"数理"二字呢？我们认为，这个观点在逻辑上是对的。然而数理统计学既已作为独立的学科而客观地存在着，谁想否定它也是徒劳的。

社会经济统计学和数理统计学都名之为"统计学"，这不是名称上的偶合，而是由于它们有共同的来源，并且以共同的原理和共同的方法为基础，对客观事物总体的数量关系去进行研究。它们是共同的统计学原理之下的两大分支。也可以说，社会经济统计学是社会经济学派（或社会学派）的统计学；数理统计学是数理学派的统计学。在这两种统计学的下面又有各种专业统计学，它们都属于应用统计学。

不论在社会领域或自然领域，各科的专业统计学都受共同的统计学原理的指导。但由于它们各自被应用于不同的部门，所以，它们又要结合本专业的特点，建立各自的统计指标体系和它所需要的统计方法。这就是说，不仅社会经济统计不同于自然现象的统计，即使同是自然现象统计，恐怕也不能要求医学统计、生物统计、天文统计、气象统计、水文统计、工程统计与统计物理学或统计力学等等都一模一样吧？所有各种应用统计学之间的共同的东西是大量观察法以及反映数量变化的若干一般的统计方法。但是，各科统计的特点则因专业不同而各异，尤其是关于结合本专业的实质性问题进行实质性规律的探讨，只能靠专业统计学来解决。在这方面，统计学原理是无能为力的。

关于各种应用统计学的内容和特点，并不是我们要讨论的。在这里，仅仅是要说明应用统计学应该区别于统计学原理，为澄清与此相联系的关于统计学的性质和研究对象的争论，下面再概括地说一说。

社会经济统计学，它的研究对象是社会现象，这当然应该承认它是社会科学，并具有社会性和阶级性。在一些经济指标的计算方法上，社会主义国家与资本主义国家有明显的不同，如关于国民生产总值和国民收入等计算方法的不同，究其原因就是由于理论指导的不同而致。社会经济统计学的应用范围很广泛，包括社会现象的各门各科的数量关系。过去的争论，实际上是由于社会经济统计学派的某些人把社会经济统计学的特殊性当作所有统计学的共同性，这是不足以服人的。其实社会经济统计学不过是统计学的一个重要的分支。它固然是一门社会科学，但它在数量关系的计量和分析方面依然需要采用数学方法，这些方法，在原理上是与数理统计学一致的。这就是说，我们应该如实地承认社会经济统计学具有二重性。我们认为有关社会经济统计学性质和研究对象的争论，每每是由于对它的这种二重性认识不清而来。

至于数理统计学，它是以抽样观察和随机抽样的研究为核心的。在应用数理统计学方面也是包括各门各科，但它主要是应用在自然现象方面，而在统计资料的处理方法上，各科之间又是基本相同的，因而没有什么争论。

四、社会经济统计学和数理统计学各自的特点

（一）社会经济统计学的特点

首先，社会经济统计学在总体上属于社会科学。之所以提出在总体上，是区别于它在部分上还有不属于社会科学的因素而言的。后者就是指数量关系的计算方法。众所周知，任何计算都属于数学的范围，而数学是没有阶级性的，它被掌握在哪个阶级的手里，就为哪个阶级服务。社会经济统计学本身具有二重性——有阶级性的社会科学和无阶级性的数学方法，两者结合起来构成一门独立的社会科学，这便是社会经济统计学的基本特点。

在统计学史上，国势学派就是记述国家大事的，其任务是为统治阶级服务，最初在德国是为普鲁士君主政体服务。它在很长时间仅限于文字记述，不存在计量问题，后来转变为政府统计，也就有了计量问题。政治算术学派是为资产阶级服务的，威廉·配第在《政治算术》中的阶级观点和民族观点很明确，其特点就是从数量的计量方面为政治服务。也可以说，从政治算术的名称上就已表明，这门学问本来就是有阶级性的政治和无阶级性的算术相结合的产物。

政治算术学派从一开始就从数量关系上探索社会经济发展的规律性。然而一门科学的创立、形成和发展，很难在短期间臻于完备，尤其是由于阶级、世界观和时代的限制，更难达到完善的

地步。例如，他们凭借经验统计数字，知道了某些事物的规律性，如男女出生的均衡性，在各种不同条件下的死亡率，等等。然而当时取得的资料很不完整，采用的一些方法也不完善，因而他们所认识的规律性并不准确。因此，要提高统计数字的准确性，特别是以抽样样本推算总体时，如何增强它的可信程度，就不能不借助于概率论。在19世纪，概率论已有相当的发展。正是在这种条件下，把概率论引进统计学，才使统计学转化为近代意义的统计学。

19世纪中叶，欧洲一些国家的资本主义发展渐趋成熟，资产阶级不论在国家管理或经济管理方面都要求有一门在数量计量上比较准确的统计学来为它服务。凯特勒的近代意义的统计学就是在这种历史背景下应运而生的。凯特勒把引进概率论的统计学既用于自然现象的研究，又用于社会现象的研究。他说："统计学是对性质相同事物进行大量观察，从而探索出社会现象相续不绝之理的一门学问。""统计学以研究社会动态的事实为主，如果仅仅研究社会静态的事实，那便成了一门死学问。"这就是说，凯特勒把统计学作为社会科学看待，他是试图以数学方法和物理规律来分析社会现象的。可见，由凯特勒进一步发展了的统计学仍具有二重性，他试图使统计学成为以无阶级性的数学为社会现象研究服务的科学。

尔后的社会经济统计学，无论是资产阶级的社会统计学派或数理统计学派，只要他们的著作是应用于社会经济现象的统计方面，它们实际上都是既具有社会科学性质而又运用数学方法。至于无产阶级的社会经济统计学则是在俄国十月革命后，在马克思列宁主义的思想指导下逐步形成和发展起来的。

马克思、恩格斯都肯定了威廉·配第在统计学上的贡献；对于凯特勒的统计学，马克思既肯定了他的成就，又批判了他的错误。马克思、恩格斯在他们的著作中都引用过大量的统计资料，并对如何使用统计资料以阶级分析的观点作了明确的论述。这些历史经验和光辉思想对于后来建立起来的无产阶级的社会经济统计学起着重要作用。列宁在运用统计资料进行经济分析上，更是光辉的典范。他不仅对统计资料进行运用和分析，而且从统计学的理论和方法论，以至在具体的分组方法上作出了卓越的贡献。这就为建立无产阶级统计学奠定了基础。苏联是无产阶级的社会经济统计学的摇篮，是由列宁为它奠定了基础，而在斯大林时代形成和发展起来的。

总之，无产阶级在资本主义条件下，是应用统计资料来揭露资本主义的矛盾及其对无产阶级的剥削实质，借以提高工人群众的觉悟，并认识自己的历史使命。在无产阶级取得了政权的社会主义国家，统计成为国家有计划地领导国民经济和进行经济管理的重要工具。在这种条件下，无产阶级的社会经济统计学是为社会主义革命和社会主义建设服务的，其阶级性是不言而喻的。但统计学作为认识社会的有力武器，它依然是通过统计总体，以它所提供的一系列统计方法，从数量方面来认识社会，不然就显示不出统计学的特性，也就不成其为统计学了。这就是说，无产阶级的社会经济统计学也无例外地是有阶级性的社会科学与无阶级性的数学方法相结合的。我们认为万千学问家之所以在统计学性质上发生争论，大家是由于对社会经济统计学的这种二重性识辨不清而来，即片面地强调它的某一个方面。

持不同观点的同行们，可能认为我们这种二重性的观点是折衷、调和，甚至说它是二元论。其实，这与折衷、调和是不相干的。因为有阶级性与无阶级性这两个方面，在社会经济统计学的内涵上同时并存是客观存在的事实（我们在上面已经作了历史的考察）。社会经济统计学的这种二重性是一种辩证统一关系。确切地说，这是在社会科学中对无阶级性的数学方法的应用，它与二元论毫无共同之点。尤有进者，在科学不断进步的当代和未来，自然科学向社会科学领域扩展，或者说，把研究自然科学的某些研究方法引进社会科学中来，已成为一种具有必然性的新趋势。我们再也不能以那种不符合实际的观点来看待社会经济统计学了。

基于社会经济统计学的上述特点，这就决定了这门科学的社会性、阶级性是起主导作用的。也就是说，无产阶级的社会经济统计学与资产阶级的统计学是以两种不同的世界观为基础和指导思想的，两者尽管在数量关系的计算方法上存在着共同点，但涉及指标标志、分组分类、经济分析时就有明显的区别。在这里，只从经济分析方面来谈谈。

无产阶级把社会经济统计学视为认识社会的有力武器，主张以历史唯物主义和马克思主义政治经济学理论为基础进行研究。

众所周知，统计分析是时刻不能离开计算的。但是，对于社会经济问题，仅靠数量的计算分析，还不能得出全面的结论。比如说，统计分析常常是以平均数为特征，这当然是正确的、必要的。但在具体运用时，某一统计指标所反映的平均数是否科学、合理，就需要进一步进行经济分析。像某些资产阶级统计学者经常使用平均财富、平均收入等指标，如果说，以它表示一国的生产、收入水平的趋势，也未可厚非，然而它并不能反映人民的实际收入。假如把百万富翁、亿万富翁与贫民窟中的贫民和流浪街头的流浪儿等量齐观，把他们的收入合计在一起，统计出一个平均数来，那不过是模糊人们的阶级观念的胡说罢了。再从我国的社会主义经济来看，我们今天仍然存在着不同的所有制，不同的经济形式，因而社会经济统计学也要以全面分析社会经济关系为基础来研究复杂多样的社会现象和社会过程。它是把各种社会现象和类型，用具体数字描绘出来，然后加以研究和总结，发现其规律性。这个任务并不是仅靠纯数量研究所能完成的，而是要依赖于历史唯物主义和政治经济学的指导进行经济分析，并探索其原因。马列主义者认为统计研究的方法，决定于被研究的社会经济过程的性质，它应当随着各种经济形式、经济指标的不同而有所改变，不能以现成的公式去套一切社会经济现象，削足适履，使活内容符合于死公式。社会经济是错综复杂、千变万化的有机体，它的发展受时间、地点、条件的制约。社会经济统计工作者应该创制和运用某些公式，用以分析过去，预测未来，但它必须符合社会经济发展的特点，才能发挥应有的作用。

总之，统计数字能够为我们揭示出某一统计总体的数量变化，经过统计分析就显示出这一事物数量变化的规律性来。然而统计规律（即大数规律）告诉我们的仅限于大量的个别变量必然转化为集团性的平均状态，至于隐藏在事物本身变化中的必然联系是什么，原因何在？它并不能解答。因而要探索社会经济方面的原因就必须有赖于经济分析，而且不论任何专科的统计学都必须同各该领域的实质性科学结合起来进行分析，才能得出正确的结论。如人口统计学之于人口学，金融统计学之于金融学，教育统计学之于教育学，等等。

（二）数理统计学的特点

数理统计学是数学的一个分支，是计量而不计质的科学。这是数理统计学家自己规定的，也是社会所公认的。

数理统计学本身又分为理论数理统计学和应用数理统计学，它的理论基础是概率论，并以抽样理论为核心。由于数理统计学是一门无阶级性的科学，所以，不管哪个阶级都可以运用它为自己服务。这是数理统计学的一个特点，也是它区别于社会经济统计学的惟一特点。

数理统计学是概率论的应用。数理统计方法就是以概率论为基础来描述偶然性内部隐藏着的规律的一种科学分析方法。数理统计的每个问题基本上都是概率问题，特别是以其中的一些极限定理为依据来研究实际生活中的具体问题。概率论中抽象的频率观念相当于实际观察到的随机现象的频率观念。数理统计学的基本方法是抽样法，是依据观察的样本来推计总体的情况。所以，它是从实际中搜集数字资料，并利用这些资料，对随机变量的数量特征、分布函数等进行估计、分析和推断，也就是通过对随机现象出现的频率进行观察，进而从数量关系上探索现象的规律性。这又是数理统计学与概率论不尽相同的特点。正由于数理统计学包括一些并非正式的概率论的内容，如随机化的理论后果，估计、假设检验的一些原则等等，这就使它既是以概率论为基础，或者说以概率论为源泉，而又汇集了数理经济学、生物计量学和应用数学等支流而形成的一门独立科学。

数理统计学是以抽样为核心进行描述、估计和推论。在科学研究中，总体属于未知，但可以采用抽样法，通过实验取得数据。这些数据不过是总体中的一小部分，但可以作为样本对总体进行估计和测度。为了使样本能以一定的置信度估计总体，就需要以概率论为依据。这门科学中所采用的一些统计方法和公式，主要是在自然科学发展中为适应科学实验的需要而制定的。其中有些公式和方法也可以有选择地应用到社会经济统计方面来，亦即根据社会经济统计的需要，选其可用者而用之。但资产阶级统计学家则认为这些公式和方法同样适用于社会经济现象的观察和分析，在这个问题上，我们是不敢苟同的。分歧之点就在于，我们认为不能离开社会经济现象的特性来滥用统计方法。

社会经济统计学和数理统计学各有各的特点。以数理统计学来说，它的内容和格局早已确定，事实上它不可能包罗万象。例如数理统计学不讲统计调查方法和统计组织工作，而这对社会经济统计学来说，却是非常重要的。特别是社会经济统计学中关于指标体系、综合平衡等一系列重要问题，事实上不可能纳入数理统计学之中。所以，数理统计学是代替不了社会经济统计学的。不仅如此，数理统计学即使应用于自然现象的观察、计量方面，也需要与具体学科相结合，对被观察实体进行说明、分析，于是就出现了天文统计学、气象统计学、地质统计学、生物统计学、医学统计学等等。它又怎么可能代替社会经济统计学呢？

数理统计学的一般任务大都是以经过多次科学实验的数值或反复观测的数值作为样本，计算其平均数，再通过对误差的测量来确定其准确性，然后据以推导全部总体（母体）。关于这些观测值的变量，应该说，它们是在围绕着一个客观存在的、未知的真实数值在变化，它所反映的是某一被研究客体本身的变异。然而由于观测的主观（感觉的变化）和客观条件（如仪器、环境等）的变化，这些变量也不一定就是被研究客体本身发生变化的反映。显然，在这种情况下，不仅全部总体的真实数值是未知的，而抽样总体本身也带有假定性。对自然现象的观察还有另一种情况，例如对于水文、气象等长期观察的历次记录，它们的数值也是参差不齐的，应该说，这些数值是反映客体本身的变化的，然而这是一种纵的观察，而时间长河是无限的。在这个意义上，可以说，由观察值构成的总体也是相对的。所以，抽样观察所提示给人们的不在于绝对的数据，而是一定幅度内的置信度。在这种情况下，有的统计学家把统计学看作是在不肯定条件下作出决策的一种科学和技术，不是没有道理的。我们认为这正是数理统计学的妙用和特点，而其他科学在这方面是无能为力的。

（原载《统计学原理》，上海人民出版社 1987 年版）

国民经济平衡和生产价格问题

根据马克思主义政治经济学的劳动两重性、产品两重性的原理和社会再生产理论，社会主义计划经济的实施，是要从使用价值（实物）和价值两个方面及其相互联系上进行国民经济平衡的。在国民经济平衡中，我们通常所说的价值，是指价值的货币表现形式——价格来说的。如所周知，价值和价格是一个矛盾统一的辩证运动过程，要想正确地进行所谓价值平衡，以及价值和实物之间的平衡，就必须正确地解决价格问题，因而也就不能不从社会再生产的见地来考察价格问题。

价格形成是由一定的生产关系决定的，同时价格又是反映生产关系的。在社会再生产过程中，生产、分配、交换、消费等各方面的关系，都要通过价格反映出来。譬如生产领域内部的各部门之间、生产领域和非生产领域之间、国家、集体和个人之间、地区和地区之间的经济关系，无一不是借助于价格来反映的。国民经济发展的规模、水平、速度和比例关系的确定，以及经济效果的核算等等，都要通过产品的估价来进行。所以，价格必须接近社会必要劳动消耗，国民经济计划才有可能正确地反映客观实际。产品价格，首先是对个别产品的计价问题。这看来好像是个别问题，其实个别产品的计价要以社会必要劳动消耗为客观依据，实际上是综合性的社会问题。国家规定出千千万万种产品的价格之后，各个方面的经济关系就都要按此形成，按此实现。所以正确地规定产品价格，实质上就是从经济上正确处理人民内部矛盾的问题。

在国民经济综合平衡中，必须运用社会总产品和国民收入这样的综合性指标。在这里，首先就碰到社会产品使用价值的运动及其总量，如何表现、如何计量的问题。不解决这个问题，则无从考察总产品的数量、构成、增长速度；无从考察生产领域内部之间、生产领域和非生产领域之间的比例关系；也无从考察总产品在分配和使用上所发生的各种关系，从而也就不可能使国民经济结构的形成和发展符合于社会对千百万种不同使用价值的需要。在这个问题上，尽管不同学派有各种不同的说法，然而解决的途径，只好把千差万别的使用价值化为单一的、可比的统一体，亦即借助于价格来表现它。

我个人完全同意这样一种看法：不同的使用价值量是不可能直接计量、比较的，惟有借助于货币表现的价值量把单位使用价值量间接地反映出来，而不同的单位使用价值的价值量的总和，也就间接地代表着使用价值量的总和。假定在一定期间，总共耗用 5000 劳动小时，创造出 10000 货币单位（按现价计算）的国民收入，那么，这 10000 货币单位的国民收入当然是按货币表现的价值，即 5000 劳动小时所创造的价值；然而与此同时也应该承认，这 10000 货币单位也代表这个期间所生产的国民收入实物量（使用价值量），因为这个使用价值，是相应价值的物质承担者。在这种场合，不能说 10000 货币单位仅仅反映价值量，而不代表使用价值量。但是，还应该看到，在劳动生产率变动的情况下，如果以可比价格进行前后期的生产比较时，那么，以货币表现的国民收入，则仅仅代表使用价值量，而不反映价值量的变化。本文不准备谈不变价格问题，只是指出，我们所谈的是现价，不要把它同不变价格混淆起来。

不同产品的价格由于背离价值而过高或过低，对于社会总生产和国民收入的分配、交换、使用都有显著的影响。

例如，在生产领域内部，有一些部门的产品价格过高，而另一些部门的产品价格过低，那么，这样两种部门之间经济往来的结果，必然形成创造收入和实现收入之间的不相一致。实际上这是使产品价格过低的部门得不到应有的补偿，或者只得到较少的利润，而使产品价格过高的部门得到了额外的收入，也就是通过非等价值的交换，[①] 把价格过低部门所创造的收入转移到价格过高部门去实现了。如果按照这样的价格进行国民经济平衡，显然不可能正确反映各部门的生产发展情况和各部门间的比例关系。

上述的非等价值的交换，如果是发生在全民所有制企业内部之间，对国家收入来说，好像没有什么影响，但是，对于作为在国家集中领导下独立核算单位的企业来说，实际上也要影响到经济核算的真实性和准确性。特别是从国民经济按比例发展的角度来考察，如果某一企业或部门，长期地得不到应有的价值补偿，或者仅仅得到较少的利润，终归对它们的发展是不利的，而那些得到额外收入的企业或部门，则有可能得到不应有的突出的畸形发展。这显然是不符合于国民经济发展的客观要求的。不仅如此，在两种所有制——全民所有制和集体所有制并存的社会主义经济中，全民所有制各企业之间的关系，也不单是全民所有制内

---

① 在社会主义条件下，价格应该接近价值，并实行等价值的交换。我对于这种情况下的价值，是作为全社会平均条件下的社会必要劳动消耗来说的，而不是指原始的价值。

部的问题。事实上全民所有制企业的产品，都要直接地或者间接地拿来同集体所有制的产品进行交换。这样，全民所有制企业的产品价格，无论过低或过高，都将在一定程度上给集体所有制经济带来影响。这一点，是绝对不应该漠视的。

至于在两种所有制之间的产品价格，如果是一方过高，一方过低，那就不利于两种所有制经济的协调发展，实质上不仅对价格过低的部门不利，对价格过高的部门也是不利的。在现阶段，两种所有制的产品价格主要是工农产品价格的问题。如果对工农产品的比价摆得不平，无论是工业品价格过高，农产品价格过低，或者是农产品价格过高，而工业品价格过低，都不能真实地反映工农业生产发展的实际和工农业比例关系的实际。在不真实情况的基础上进行国民经济平衡，只能是不真实的平衡。不过，更为重要的还在于：这样的价格不仅无益于农业和工业的发展，也无益于整个国民经济的发展；不仅无益于农民集体经济的巩固和发展，也无益于整个社会主义经济的巩固和发展。由于工农产品比价是反映工人和农民的经济关系的，如果两者之间不是等价值的交换，那就不可能调动广大工人和农民的生产积极性，也不可能巩固工农联盟。这样，又怎么可能使工业和农业协调发展，巩固和发展集体经济和整个社会主义经济呢？

产品价格的过高或过低的情况，如果出现在两大部类之间，对国民经济平衡的影响更为明显。例如，生产资料价格和消费资料价格向相反的方向背离，则两大部类的比例关系实际上成为不真实的；在成本核算中物质消耗和工资（主要是用于购买消费资料）的比例也是不准确的；从而引起消费和积累的比例也是不准确的。因为消费基金的实物构成主要是消费资料，积累基金的实物构成主要是生产资料。与此同时，由于积累基金是由国家、企业、集体经济单位来掌握和使用的，消费基金主要是由居民个人来掌握和使用的，因而上述这种价格与价值的背离就涉及国家、集体和个人之间的分配关系问题。从社会主义分配原则来说，这又是一个如何实现按劳分配的问题。

在前面，我们已经提到过经济核算的问题。有必要着重指出，背离价值的价格，不论它是过高还是过低，都不利于经济核算的正确进行。经济核算的内容，无非是对投入的活劳动和物化劳动同生产出的使用价值进行计算、对比和分析。其目的无非是为了获得最经济的生产成果。只有最经济的生产成果才符合于交换双方的利益，才符合于国家和人民的利益。然而在价格与价值背离的情况下，就有可能产生这样的问题，即：从价格表现上看，某种生产是最经济的，而从实际劳动消耗上看，又是很不经济的。我们知道，国民经济平衡计划是以大量的个别单位的经济核算为基础的。如果价格与价值背离，而经济核算不能准确地反映实际社会劳动消耗，那也就无从选择和确定社会劳动消耗（包括活劳动和物化劳动消耗）最少的、经济效果最大的最优计划方案。

据此，我们的结论是：惟有价格是接近价值的，或者说是接近实际社会劳动消耗的，然后制定出的国民经济平衡计划才可能是准确的；最优计划方案的选定才可能是有科学根据的。当然，价格要接近于价值，以及等价值的交换，① 都不过是相对的，而且在国民经济平衡中，价格的杠杆作用，也是不容忽视的。这个问题，留在后面再谈。

产品的价格要接近于价值，这是价格形成的客观要求。原则

---

① 　等价交换是资产阶级的法权，这是就分配关系来说的，即等量劳动要得到等量产品。我在本文中所说的等价值的交换，主要是指在社会再生产中，为要进行国民经济平衡，各部门的经济往来必须是等价值的，才能使各部门得到价值的补偿和实现。因此，这种平衡意义上的等价值的交换，还不能与资产阶级法权等同视之。

地说，这是没有多大争论的；然而具体地说，社会主义的产品价格依以确定的价值或社会必要劳动，究竟指的是什么，却有各种不同的认识。如所周知，产品价格由物化劳动消耗、必要劳动消耗和剩余劳动三部分构成。前两部分形成成本价格，这是比较容易确定的。争论的焦点，在于剩余劳动如何分配。概括起来，这种不同认识，可以分为三大类：一种是主张按原始的价值规定价格，即：产品成本加按活劳动支出的盈利率计算的利润；一种是主张按成本盈利率规定价格，即：产品成本加按成本盈利率计算的利润；另一种是主张按资金盈利率规定价格，即：产品成本加按垫支资金盈利率计算的利润，亦即所谓生产价格。此外，还有主张按成本盈利率结合资金盈利率规定价格的，实质上是认为二、三两种主张，既各有是处，又各有不足。我是持有第三种主张的。我认为在社会主义社会，只有生产价格才能比较准确地确定国民经济发展的规模、水平、速度和比例，核定经济效果，并正确处理各种经济关系。下面，将提出我的一些看法，同时我也吸取了我认为是正确的其他"生产价格论者"的某些论点。至于在规定价格时，还应该考虑级差收益问题，对此，本文则存而不论。

在社会主义经济中，价格形成是否以生产价格为依据，这是由社会主义的生产关系决定的，而不是以人们的主观意志为转移的。如果以生产价格为依据，就要引起社会主义生产关系的破坏，造成社会主义经济的混乱，而偏偏主观地要把生产价格塞到社会主义经济中来，那显然是极端荒谬的；反之，如果以它为依据是符合客观要求的，即有利于社会主义生产关系的正确处理，有利于社会主义经济的发展，那也不会由于某些人不承认它，它就消声灭迹，退出历史舞台。这就是说，如果违反了这个客观要求，它就将从反面显示其作用——具体表现为各部门间经济关系的不正常并造成社会生产上的浪费。因此，我们应该根据社会主义社会再生产的特点进行具体分析，来判断社会主义生产价格是否合乎客观要求。

社会主义经济是社会化的大规模经济，它是以劳动的高度社会结合、社会劳动分工的深化和社会生产各部门间的紧密联系为特征的。我们的社会再生产是在统一的计划指导下进行的；社会资金的来源是由国家经过统一的再分配而集中起来的；社会资金的使用是由国家根据社会需要而进行统一分配的；而在现代化生产中，劳动技术装备程度的高低，从而劳动生产率的高低，又是同资金占用量的多少分不开的。在这种情况下，每个部门都要先从社会总资金中领取国家分配给它的资金，然后才能进行生产。那么，各个部门在生产之后，除为社会提供一定数量的、满足社会需要的产品之外，也比例于占用社会资金的多少，为社会提供相应的剩余产品，看来这不仅符合于社会、国家和全体人民的利益，各部门之间的相互利益，而且也无损于各个部门本身的利益。而且也惟有这样，才能保证社会资金的节约使用，促进社会再生产的不断扩大，国民收入实物量最大限度的增长，从而保证社会需要的进一步的满足。所有这些，不正是表明以生产价格为依据的价格形成，是内在于社会主义经济本身的客观要求吗？

首先，从社会分工深化、部门联系密切和价格的关系上来考察。

我认为生产价格是在社会化大规模经济的条件下产生的。为了说明这个问题，先来谈谈简单的原始的价值决定是怎样转化为生产价格的。

马克思在考察资本主义经济时指出："商品依照它们的价值，或近似依照它们的价值进行的交换，比之依照生产价格进行的交换，要求一个更低得多的阶段。要依照生产价格来交换，资本主义发展到一定的高度，就是必要的。"并且接着指出："把商品价值看做不仅在理论上，并且在历史上，先于生产价格，也是与事实完全适合的。这种考察，对于生产资料属于劳动者所有的状态，是适合的。"① 如所周知，在简单商品经济的条件下，生产资料是属于劳动者个人所有的，当时所采用的是以简单的生产工具为基础的手工劳动，不同生产者的技术水平比较接近，原材料一般是就地取材，在商品生产的支出中活劳动比重比较大，因而在这种情况下，商品价格由原始的价值决定（当然，这也不过是说，价值是一个重心，价格围绕着它来变动），或者说，商品是按照它的价值出售，是客观的必然。但是，随着资本主义的发展，固定资本的作用显著加强，扩大规模的再生产已成为一般。社会分工越来越发展，各部门间的经济往来越来越频繁，而不同生产部门的资本有机构成的差别和资本周转时间的差别越来越明显。于是等量资本在相等时间内提供等量利润的规律便应运而生了；于是商品的价格形成便不再是由原始的、简单的价值来决定，而是由价值的转化形态——生产价格来决定了，亦即商品不再是依照它的价值出售，而是依照它的生产价格出售了。为什么价格形成发生了这样的变化呢？归根到底，这是由于资本主义发展到较高阶段，社会生产已不再是简单的商品生产，而是社会化的大规模生产，社会劳动分工的深化和社会地结合着的劳动已经作为基本条件来发生机能。在这种社会分工的情况下，价值规律实际上不是个别商品，个别部门的规律，而是由各个部门形成的社会总体的规律。社会产品也不像在小商品生产条件下，仅仅是个别生产者的生产物，"而是特殊的由分工而独立化的社会各生产部门各个特殊场合的总生产物；所以不仅在每个个别的商品

---

① 《资本论》第3卷，第201—202页。

上要只使用必要的劳动时间；并且在社会的总劳动时间中，也要只把必要的比例量，用在不同各类的商品上。"① 也正是在这种情况下，才迫使不同部门的资本家，只能从等量资本中取得等量利润。如果不是这样，资本主义的生产体系就将遭到破坏。

社会主义经济在本质上不同于资本主义经济。这是毫无疑义的。然而社会主义经济毕竟不属于简单商品经济的类型，而属于社会化大规模经济的类型。在社会化程度上，它是以社会分工的高度发达和劳动的大规模社会结合作为本质的特征的，因而每一部门的发展都要以另一些部门的发展为条件，而在各个部门之间也就必然互相影响，引起一系列错综复杂的连锁联系。

社会主义经济是一个统一的整体，任何一个由劳动分工而独立化的单位，都不可能是孤立存在，"老死不相往来"的，它们都不过是这个总链条中的一个环节。每个单位的产品都不仅仅是本单位职工的劳动产品，而且是社会主义生产总体系中的产品；一种产品的价值，由于部门间的连锁联系，不只是包括本单位投入的活劳动，而且直接地、间接地互相依存，把其他一系列有关产品的价值作为一个组成因素而包括到本产品的价值中来。但是，各部门的劳动技术装备程度和劳动生产率提高程度却是各不相同的。尽管我们在计划安排上，力求各部门技术水平的平衡发展，努力克服薄弱环节，使落后的部门赶上先进的部门，然而在发展过程中，各部门的技术装备程度有高有低，劳动生产率的提高程度有快有慢，终于是不可避免的，特别是由于各部门的生产特点不同，它们所要求的物质条件也各不相同。例如，有些部门要多占用些物化劳动，少占用些活劳动；而另有些部门则又与此相反。这种技术构成的不同，反映在资金的价值构成上就必然表

---

① 《资本论》第 3 卷，第 830 页。

现为资金有机构成的不同。同时，各部门的生产周期也是有的长一些有的短一些，因而它们所需要的资金数量也各不相同。在这种情况下就产生了这样的矛盾，即：从各部门产品按原始的价值出售的观点来考察，将表现为有的部门利润率高，有的部门利润率低；而从全社会的角度来考察，上述按原始的价值出售所实现的利润，又未必全是本部门所创造的。在技术不断进步，社会分工不断加深，各部门的联系日益密切的条件下，这个部门的劳动生产率的提高，常常是由于另一些部门生产资料的价值或费用的减少而得来的，因而这个部门的利润率提高，不过是分享了另一些部门生产力发展了的成果，实际上这是社会技术进步和社会劳动生产率提高给全社会带来的好处，而不是某一部门所独有的功绩。

经济建设的历史经验告诉我们，把劳动预支在技术装备、劳动手段的生产上，预支在制造劳动手段的劳动对象和运用劳动手段所必需的劳动对象（如动力、燃料等）的生产上，必将使以后的社会生产大大减少劳动消耗，大大提高劳动生产率。这在经济上是最为有利的。我们每年都以巨额投资用在生产资料的基本建设上，其直接目的就是为了这个。无数事实表明，投资的增加和新技术装备的采用，接着就将引起劳动生产率的提高，而新的技术装备一般都是其他部门提供的，同时提供这个技术装备的部门又要依靠其他一系列的部门直接地、间接地为之提供生产资料。这实际上是采用新技术装备的部门，把它生产某种产品的劳动消耗的一部分，转移到其他部门生产生产资料去了；这实际上是劳动生产率较高的部门把劳动生产率较低的部门带动起来了。这类事实所表明的不是别的，而是社会劳动分工向纵深发展。譬如说，用手工劳动，用简单农具和畜力进行农业生产，则劳动生产率比较低，而它所需要的垫支资金也比较少；反之，如果采用现代化的技术进行农业生产，大量地使用各种农业机器，电力、汽油、化学肥料、农药和除莠剂等等，则劳动生产率必然提高，而它所需要的垫支资金也比较多。显然用不着多说，后一种生产方法之所以能够提高劳动生产率，是由于把一部分劳动预先投在机器制造业、电力工业、炼油业、化学工业，以及冶金工业，采油、采矿、采煤等矿业方面了。如果把这种劳动生产率的提高，简单地归功于农业劳动自身，是不符合社会分工深化、部门联系密切和劳动的高度社会结合这个客观实际的。这不过是以农业为例来说明这个问题，其实其他各部门的情况也莫不如此。

我们知道，劳动生产率的提高，同时也就引起剩余产品的增加，因而在上述情况下，对于剩余产品的分配，就不是某一单位、某一部门的问题，而是由社会进行统一的再分配，以使之符合于社会利益和各部门间相互利益的问题。这样，也就要求有一个共同的、统一的社会尺度。这种尺度只能是价值的货币表现——价格，而在社会主义的社会化大规模经济的条件下，这种价值只能是价值的转化形态——生产价格。因为只有计量垫支资金的盈利率，以平均利润为尺度，才能正确衡量各部门对社会的贡献，才能把各部门置于对等地位，才能使各部门的经济效果成为可比，从而才能正确处理各部门之间的经济关系。

当谈到以社会分工深化和部门联系密切为特征的社会化大规模经济是社会主义生产价格存在的社会经济条件时，常常被反对者看作是以生产力观点，从物与物的联系上来论证生产价格，是把价格变成生产力问题而不是生产关系问题。我认为由于社会劳动分工深化而来的部门间的连锁联系，固然具有物与物的联系的一面，然而与此同时，它也具有人们在生产过程中的劳动联系，即生产关系的一面。马克思主义政治经济学的基本原理告诉我们，生产关系总是与物结合，并且是作为物而出现的。所以，在社会劳动分工条件下的部门联系，实质上是不同部门劳动者的劳动活动的交换，这不过是与生产力相联系的生产关系问题，怎能够简单地把它看做是生产力问题呢？如果仅仅看到物质资料在社会生产过程中的自然的物质性质，而看不到它们在这个过程中取得的社会的经济的性质，并以这种观点来批驳与自己相反的观点，我看这倒是不符合马克思主义的基本原理的。

如所周知，正确安排部门联系是国民经济平衡中的一个重要问题。社会再生产的规模、水平、速度和比例的安排都是同部门联系分不开的。在一定意义上，部门联系是通过部门间的实物平衡进行劳动平衡的，而实物平衡除了按物质的自然属性进行实物量的平衡之外，还必须按货币表现进行价值量的平衡。从这里很明显地看出，部门联系所表现的实物联系，实质上是部门间的经济关系。因此，为了进行合理的国民经济平衡，不仅要有由技术关系规定了的平均物质消耗定额，而且要有一个全社会平均条件下的劳动消耗定额。这种全社会平均条件下的劳动消耗定额，只有以价值的转化形式——生产价格为依据，才符合于社会化大规模经济的客观要求。

其次，从社会资金和价格的关系上来考察。

社会主义社会扩大再生产的进行是同社会资金的规模，使用方向和效果等分不开的。从国民经济平衡的见地来看，国民经济发展的规模、水平、速度和比例，都同社会资金的如何使用息息相关，因而在规定价格的时候，就不能不考虑价格和社会资金的关系。

反对社会主义生产价格的人们认为，资本主义的商品是当作资本的生产物来交换的，因而它要求在剩余价值总量中得到与它的资本量相比例的一份；而社会主义产品并不是资本的生产物，而且生产的目的和推动力也不是利润，因而也就不存在什么平均利润、生产价格。我们究竟应该怎样理解这个问题呢？

资本是剥削剩余价值的价值，社会主义社会已经消灭了资本剥削。据此，说社会主义产品不是资本的生产物，无疑是完全正确的。但是另一方面，我们必须看到，社会主义社会也还存在着为社会谋福利的"资金"这个经济范畴。资金是什么呢？它不过是垫支于社会再生产的那部分利润，它的来源仍然是补偿生产上的物质消耗和生活需要的必要量以后而多余出来的那部分剩余劳动。实际上，社会主义社会再生产的进行，从来是首先把固定资金、流动资金和工资基金垫支出去，使各部门、各生产单位得到相应的生产资料和消费资料（通过工资来实现），然后才能生产出各种各样的社会产品来。而社会对于垫支资金的分配，实际上就是对于已经形成的剩余劳动的分配。因此，尽管我们的生产是为了满足需要，而不是以利润作为生产的目的和推动力，然而既然没有相应的垫支资金，就不可能进行相应的生产，而生产的规模和效率，又和资金的多少及其如何使用分不开，那么，在这个意义上，我们不说，社会主义产品是社会资金的生产物，但是，是否可以说，社会主义产品是社会主义社会资金所发生的经济效益的具体表现呢？

我这样地提出问题，决不是说，价值是由活劳动和物化劳动共同创造的。马克思主义的基本原理告诉我们，价值是由活劳动创造的，在不变资本和剩余价值之间，从而在总资本的价值和剩余价值之间，并没有内在的必然的联系。这个原理，把它的资本主义性质去掉，对于社会主义经济来说，也是适用的。但是，我们也要看到，社会主义的社会生产也像其他社会的社会生产一样，活劳动惟有在一定的物质条件下才能形成价值。因而要进行社会生产，要使一定量的劳动实现在产品之中，就不仅要投入活劳动，而且必须把劳动依以实现的物质条件垫支下去，即必须投入一定量的劳动手段和劳动对象。在这个限度内，在劳动量和生产资料量之间，从而在剩余劳动量和生产资料量之间也就产生了一定的技术关系，惟有按照这种一定的技术关系进行生产，才能发挥活劳动的应有作用。尤其在技术进步的条件下，固定资金在社会生产中的作用显著加强，而它又是促进劳动生产率提高和国民收入实物量加速增长的一个重要的物质因素。所以，任何忽视物质条件的观点，只会造成社会生产中的浪费和损失。但是，在劳动生产率提高的情况下，活劳动在单位时间内所推动的生产资料量虽然越来越大了，而它在单位产品中所占的比例却越来越小了。很明显，活劳动在同一时间内提供的价值量并没有变，不过是在同一时间内提供的使用价值量有所增加罢了。从这里可以看出，这根本不存在什么活劳动和物化劳动共同创造价值的问题。物化劳动的重要意义仅在于它在社会生产中是劳动依以实现的不可或缺的物质条件，而在技术飞跃进步的社会中，它的作用正在越来越大。其实，这也不是什么新问题，马克思在肯定劳动创造价值的同时，对于劳动依以实现的物质条件的作用，从来就是反复强调而予以肯定了的。

　　既然肯定了社会资金在社会生产中的作用，那么，社会资金又从何而来呢？就社会总资金来说，它不过是由各物质生产部门已经形成的剩余劳动所形成的积累。至于各部门占用的资金，它不过是国家把社会总资金根据发展社会生产的需要而分配给各部门的。既然各个部门由于国家的统筹安排进行再分配的结果而取得资金，于是才得以建设、发展起来，那么，社会又从它们的生产成果中，按统一的资金盈利率来提取利润，这无非是使各个部门都要比例于它们的资金占用量，为社会作出大致相等的贡献。从社会的观点来考察，这无非是对各个部门实行了一个一视同仁、公平合理的经济原则，使各部门的成绩成为可比的，并据以正确处理各部门之间的经济关系。

一谈到利润问题，常常有些人把它同资本主义联系起来。持有这种观点的人，当然也就不能同意按资金盈利率来规定价格了（有必要指出，并不是所有反对生产价格的人，都把利润看做是资本主义的产物）。

我认为在研究社会主义经济活动时，对于一切社会化的生产方式所共有的东西，既不能盲目地加以否认，也不能把它们在不同社会形态中所反映的不同的生产关系加以混淆。这是一个具有极其重大理论意义的问题。本来，不同的经济范畴是从不同的侧面来反映相应的生产关系的，而在不同的社会形态中，同名的经济范畴又是各自反映不同社会条件下的相应的生产关系的。这不过是马克思主义政治经济学的常识，不应该产生什么误解。其实，这也不是什么新问题。一直到现在，在我们社会主义政治经济学和实际经济工作中，都还沿用着很多和资本主义经济同名的经济范畴，譬如商品、货币、价值、价格、工资、成本……等皆是，而利润、生产价格等不过是诸如此类的同名的经济范畴中的一两个而已。显然用不着多说，所有同名的经济范畴，在我们这里是用以反映社会主义的生产关系的，而不是用以反映资本主义的生产关系的。所以，问题不在于名词、术语之相同，而在于它们所反映的经济关系的不同。例如，利润这个经济范畴，在资本主义的条件下，它是归资本家所有，反映资本剥削关系的；而在社会主义的条件下，它是归全体劳动者所有的，利润的来源，虽然是由劳动者提供的，然而反过来它又被用来直接地、间接地为全体社会成员谋福利。又如，生产价格这个经济范畴，在资本主义的条件下，它是反映资本家之间的经济关系的；而在社会主义的条件下，它是反映社会与部门、部门与部门之间的经济关系的。这种区别，才是问题的实质之所在。马克思曾经指出："如果我们把工资和剩余价值，必要劳动和剩余劳动的特殊的资本主义性质除掉，留下来的，便不是这各种形态，而只是它们的基础，那是一切社会化的生产方式所共有的。"① 又说："把任何一种社会化的生产……当作前提，我们总是能够区分出劳动的两部分，一部分的生产物是直接供生产者及其家属用在个人的消费上，另一个部分——那总是剩余劳动——的生产物总是用来满足一般的社会的需要，而不问这个剩余生产物是怎样分配，也不问是谁当作这种社会需要的代表。……所以，不同各种分配方式的同一性，是归结到这一点：如果我们把它们的区别性和特殊形态抽掉，单只把它们的和区别性相反的共通性放在心里，它们就是同一的。"② 显然，这个原理不仅对利润是适用的，对生产价格也是适用的。

我这样地强调资金和利润问题，并不是把物质刺激作为推动社会生产的动力，为了使各生产单位为多得利润提成而努力生产；也不是不顾社会需要的满足，要根据利润的高低来确定生产计划，而是为了节约使用社会资金，使同量资金发挥更大的经济效果。如果我们不尊重客观事实，不把生产价格作为价格形成的依据，那就会出现占用社会资金多反而为社会提供利润少，占用社会资金少反而为社会提供利润大的假象；并且还会给某些部门的价值补偿和实物补偿带来一定程度上的困难（因为成本核算是按货币表现来计量的）。这样一来，不仅无从衡量、比较各部门的经济效果，而且实际上是歪曲了各部门之间的相互关系，也不可能正确地反映国民经济发展的比例性。

再次，从满足社会需要的计划安排和价格的关系上来考察。

---

① 《资本论》第3卷，第1148页。
② 同上书，第1150页。

　　国民经济平衡就是把计划期内可能掌握的社会资源同各物质生产部门可能达到的生产量加以对比；把社会需要同可能达到的各种产品的产量加以对比，以求得它们之间的相互适应。所谓社会资源，总的说来，就是物质资源和劳动资源；所谓社会需要就是国家、集体、个人对不同使用价值的需要，其货币表现就是有支付能力的社会需求。为了进行社会生产和社会需要之间的平衡，除了分别按具体劳动和使用价值进行计量之外，还必须按统一的社会尺度——价格进行计量。这种作为统一的社会尺度的价格，从国民经济平衡的见地来看，只有以生产价格为依据，才能有利于社会再生产，从而更好地满足社会需要。

　　反对社会主义生产价格的人们说，资本主义生产是为了追求利润，因而在竞争的压力下，使商品交换不能不按生产价格实现；社会主义生产不是为了追求利润，而是为了满足社会需要，并且是有计划地进行安排的，因而在社会主义经济中也就不存在什么生产价格。我认为这不能成为否定社会主义生产价格的理由。

　　资本主义的生产，就其自体来说，是不问所生产的商品是何种使用价值的，它所追求的是利润，而不是为了消费和社会需要的满足。这是事实。因而在那里，生产的增长和消费的有限范围之间的矛盾是不可避免的。然而另一方面，也还必须看到，"如果它所生产的商品不满足一种社会需要，就是无目的的"①。在资本主义生产的条件下，生产资料的一部分，是靠生产资料和生产资料之间的交换实现的，即在第一部类内部相互满足需要。然而生产资料的生产，究竟是为了什么呢？归根到底，不是为了生产资料本身，而是由于生产消费资料的部门对生产资料的需要日

---

　　① 《资本论》第3卷，第226页。

益增加。所以，从追求利润和满足社会需要的关系上来看，资本家要想达到他们追求利润的主观欲望，终于要受社会再生产客观规律的制约，而不得不使他们的产品生产在一定程度上满足社会的需要。这就是不同生产部门的具有不同有机构成的资本，假若商品是按原始的价值出售，将会有极不相同的利润率，因而资本将会从利润率低的部门撤出，而转投在利润率高的部门中去。这种相应于利润率的高低而在各部门之间不断进行的资本分配，终于要受供给与需要之间的比例的制约，于是不同部门的利润便趋向于相等，而使价值转化为生产价格。所以，不同生产部门的资本家，究竟从商品出售中得到多少利润，这并不由本部门生产这个商品时所生产的剩余价值有多少来决定，而是由社会总资本在一切生产部门在一定时间内生产的总剩余价值或总利润，平均分配给总资本的每一个可除部分来决定。因而不问由它们自身生产的剩余价值有多少，而他们能够确实得到的只是这样多的剩余价值，这样多的利润，也就是它们的商品价格，只能按平均利润实现，按生产价格实现。所以，有不同资本构成的部门与中位构成的部门趋向均等，这是一种必然的趋势，是在资本主义生产中起着统治作用的内在规律。诚然，这种均衡是在竞争的压力下达到的。然而为什么资本家之间的相互竞争，达到这种均衡的趋势，而不是达到其他什么趋势，这正是表明通过盲目竞争来实现这个内在规律的要求，正是表明资本家追求利润的主观欲望，只能服从于这个规律而不是相反。

社会主义生产的目的是为了满足社会需要。这是事实。然而在从使用价值上满足社会需要的同时，也还要取得一定数量的利润，而利润也是为了满足社会需要的。我们知道，日益增长的社会需要之所以能够得到不断的满足，就是依靠调动一切积极因素，尽可能快地增加国民收入实物量。只有国民收入的实物量增加了，全国人民的消费需要才能得到满足，国家和集体的积累才能有所增加，而积累的增加，又是保证国民收入进一步增长的决定性条件。积累基金从何而来呢？它不过是超过现实需要以上的剩余劳动和剩余产品，即作为积累使用的那部分利润。所以，国民经济平衡的进行，必须把资金的使用同它所产生的效果结合起来，把社会需要的满足和利润的高低结合起来，才能制定出最优的计划方案，而利润的高低和社会需要结构的变化，又都是不能同价格割裂开来的。

社会主义经济，以有计划地分配社会资金和组织社会生产代替了竞争和资本的自由转移。生产的目的旨在满足社会需要，绝不允许简单地按照产品利润的高低来决定生产什么，不生产什么。然而计划毕竟不是随心所欲的产物，而是以节约社会劳动和按比例地分配社会劳动作为最高准绳的。[①] 因而在计划社会资金的分配时，必须严格遵循这个最高准绳，经过核算比较，尽可能地满足社会需要，而不是只要能够满足需要，就不惜工本，不讲求经济效果。

计划社会生产和社会需要的平衡关系，实质上是计划如何分配社会劳动（包括物化劳动和活劳动），才能更好地满足社会需要的问题。这种平衡工作的进行，必须按货币表现来计量，因而要把社会劳动具体化为固定资金、流动资金和垫支的工资基金，在各部门之间按比例地进行分配。这里不仅有资源规模大小的问题，并且有不同因素的结合比例的问题，因而必须把垫支的生产资料资金和工资基金的比例、固定资金和流动资金的比例，按照

---

① 马克思把节约劳动时间和按比例的分配劳动时间，称做是集体主义经济的首要的、最高级的经济规律（参阅《马克思恩格斯列宁斯大林论共产主义社会》，人民出版社1958年版，第67页）。

不同部门的特点恰当地结合起来。只有这样的计划，才能促进社会劳动生产率的提高，为社会提供最大限度的国民收入实物量，也只有这样的计划，才称得上是最优的计划。然而由于各部门资金有机构成的不同，资金周转时间的长短不一，它们占用的资金量有多有少，它们生产出的产品又是千差万别的，而它们从社会总资金中领得的资金则是根据社会需要按比例分配的。在这种情况下，对于不同部门的生产成果究竟怎样来权衡优劣呢，看来，这只能从投入和产出的对比上进行考察，即：为生产出等量价值的使用价值而投入的活劳动和物化劳动必须是最少的。这样一来，就需要有一个比例于垫支资金的统一的盈利率（即平均利润率）来作为衡量的尺度，有了它才可以进行较为准确的经济核算和经济比较。社会主义国家完全可以根据社会需要，有计划地使某些产品多增产些，另一些产品少增产些，而还有些产品不增不减，从而对某些企业追加资金，而对另一些企业抽出资金；同时，国家也完全可以要求各部门把它们的利润上缴国家预算，然后转移到其他部门去实现。然而决不因此就可以放松经济核算和经济效果的比较。据此，我们要想较为准确地计算各种产品的实际消耗，有成效地进行计划管理，最节约地组织社会生产，尽可能快地加速社会生产的发展，就不能不确定统一的资金盈利率，而这种统一的资金盈利率，不能只作为考核指标，而是应该成为价格形成的依据。

社会需要结构的变动，常常是由不同的价格所引起的。社会需要的满足，总的说来，是受社会劳动总量和社会劳动生产率的制约的，然而在不同价格的条件下，社会需要结构的形成也将随之而变动。

社会需要是一个可变量。在一定的生产条件下，从社会劳动总量中分配给某种产品生产的劳动时间只有这么多，因而满足社

会需要的产品也就只能这么多。所以，社会需要和社会生产之间
的平衡，只能由社会劳动总量和社会劳动生产率可能达到的水平
来确定。从社会需要和价格的关系方面来说，经济学上所说的社
会需要并不是指人们主观欲望上的需要，而是指有支付能力的社
会需求，即满足补偿基金、消费基金和积累基金的需求。这种需
求，假定补偿基金维持原有规模不变，那么，其他两部分就取决
于从生产成果中取得收入的数量。在需求总额已定的情况下，对
于个别产品的需求量也是可变的。当此之时，不同的价格形成便
成为调节需求结构的一个重要因素。例如，按三种不同盈利率
（按工资、按成本、按资金）规定的价格，各种产品的价格将是
有差异的，因而无论对生产资料或消费资料，都将随之而形成各
自不同的需求结构。价格对于消费资料需求结构变动的影响，是
人们所熟悉的，我们不去谈它。仅就生产资料来说，假如价格形
成是以统一的资金盈利率为依据的，那就将促使计划工作者和不
同部门的生产管理者选择占用投资少而经济效果大的计划方案。
也就是要竭尽最大的可能选取投资少而效率高的生产设备，选取
花钱少而质量高的原料、材料、燃料，乃至经济可用的代用品，
以便使最后的生产成果，达到增加利润，扩大经济效果的要求。
这样一来，实际上是需求者迫使生产者去采用新技术，生产最节
约的生产资料。如此辗转相逼，势必造成技术的大发展，社会劳
动的大量节约，而新的生产资料需求结构也得以形成。我们知
道，技术的大发展和社会劳动量的大量节约，实际上是意味着生
产力的增长，促进国民收入实物量的进一步增加，它不仅毫不影
响满足社会需要的计划安排，反而会使社会需要得到更大的满
足。由此看来，自觉地遵循客观要求，以生产价格为依据规定价
格，不是恰好符合于我们党的多快好省地建设社会主义的总路线
和勤俭建国、勤俭办企业的方针吗？那么，我们对于这种有利于

人民，有利于扩大社会再生产的事情，又何乐而不为呢！

又次，从平均利润的离差，以及价格的杠杆作用上来考察。

我认为对于平均利润，不应该从绝对意义来理解。平均利润不过是就趋势来说的，任何平均数本身都包含着离差因素在内。所以，依照平均利润的趋势规定统一的盈利率，并不排除从实际出发，按不同部门的条件，把某些部门的利润率规定得稍高一些，而把另一些部门的利润率规定得稍低一些。假若由于按生产价格规定产品价格，就把各部门的利润率都机械地放在等一的水平线上，那反而是违背了平均利润的本来意义。不言而喻，这种离差也只能限定在一定幅度以内（这可以借助于统计学予以解决），如果离差太大，假设平均利润率为20%，而有的部门高达百分之百，有的部门不过百分之一二，那就又丧失了生产价格的本来意义。

不同部门对平均利润的离差，主要是应该根据生产的工艺过程和具体条件来确定，它还不等于价格的杠杆作用。我认为在社会主义社会，还不能不利用价格在再分配中的杠杆作用。这不仅是实际工作所必需，也是具体运用客观规律时所允许的。因为在价值与价格之间本来就存在着一致与背离的矛盾，只要我们经过具体分析，善于利用这个矛盾，就可以使价格正当地发挥它的杠杆作用。不过，价格的杠杆作用最好是通过销售价格来实现，不要把它同生产价格混而为一，可能是更有利于社会生产的。

我认为在社会主义条件下，生产价格的具体运用应该有别于销售价格。生产价格主要是针对物质生产部门的产品定价来说的，大体上可以比作我们现实经济生活中的"出厂价格"。或者说，出厂价格要按生产价格规定而不考虑价格的杠杆作用。至于商业部门的销售价格，按照不同的条件和需要，可以在生产价格的基础上有所损益，用以调节供求关系，调节国家、集体、个人之间的收入分配关系。这也是允许的，而且在一定条件下，也是达到国民经济平衡的不可缺少的措施。例如，对于烟酒因征专卖税而提价，对于某些高级消费品或稀缺商品在一定时期内以较高的价格出售，对于某些积压商品适当削价出售，等等。我认为这些措施，同生产价格的原理并无违背，而是相反相成的。当然，销售价格对生产价格的背离，也要有一个界限。如果消费资料的这种背离太大，就会影响个人消费或者引起不正常的消费，反过来又给生产以不良影响；如果生产资料的这种背离太大，而品种的面又很宽，那就使生产价格不成其为生产价格了。

在谈到价格问题的时候，常常碰到所谓高级盈利和政策性补贴。我认为这是一种需要单独处理的特殊性问题。

在社会主义再生产中，本来不存在什么高级盈利和一般盈利的区别。通常说的高级盈利，不过是指为了培养某种必须发展的事业，而在当前还不完全具备条件的情况下，允许它在一定时期内少盈利、不盈利，乃至给以补贴，而一旦建立、发展起来之后，它就要为社会提供更大的利润。这实际上是一个"欲取先予"的辩证法，等于对某种事业支付了"实验费"。这种问题，不仅现在有，将来也还会有。然而这种事业，严格地说，应该作为"实验厂"处理，而且在全部社会生产中，只能是少数的、个别的，如果数量过大，即使将来能有更大的盈利，也会损害社会主义建设的当前利益。另外，为了政策上的需要，在一定时期、一定条件下，国家要对某种事业进行财政补贴，显然这也只能是小量的，而不是社会主义经济计划管理的一般要求。我认为所有这些，都不应该同价格形成混为一谈，更不应该一方面因价格不合理而造成亏损，另一方面又由国家财政进行补贴。

总之，关于价格接近价值和等价值的交换，都不过是相对的而不是绝对的。如所周知，劳动生产率是变动不居的，从而实际的社会劳动消耗量是不断变化的。但是，产品的价格却不能随之瞬息万变，而是要在一定时期内保持相对的稳定。这样，在价值与价格之间就必然产生某种离差。与此同时，各个部门、各种产品的劳动生产率的变化，又不可能平行发展，因而在部门与部门之间、产品与产品之间，价值与价格的离差，也必然各不相同，只有经过相当时期，才能进行必要的调整而趋向于均衡化。这样，各部门之间的等价值的交换，也就不过是相对的了。顺便指出，资本主义一般利润率的均衡化，一般也是一种缓慢的，横亘极长期的变动的结果。所不同的是，它是自发地调节的，而我们是有计划地调节的。从社会再生产的角度来说，只要规定价格的客观依据和出发点是正确的（价格符合于全社会平均条件下的社会必要劳动消耗），而在发展过程中又掌握了全社会的和各部门的劳动生产率的变动情况，还是可以比较准确地进行国民经济平衡的。因此，在价格问题上，我们一方面要遵循客观规律，力求价格接近价值和等价值的交换；另一方面又不能企图完全消除背离，追求什么绝对的价格符合价值和绝对的等价值的交换。

最后，我们再来看看生产价格的论点同马克思主义的劳动价值学说有无矛盾的问题。

这个问题早已由马克思解决了。他在分析商品按价值或近似于价值出售必然转化为生产价格之后就指出："在这里，价值理论就好像与现实的运动，与生产的实际现象不能相容了；从而，一般地说，好像必须放弃理解这各种现象的念头。"① 然而如所周知，马克思并没有放弃理解这些现象的念头，而是从各方面反复地论证了支配生产价格运动的是价值规定。他指出：站在生产价格后面，最后决定生产价格的是价值。生产价格的一切变化，

---

① 《资本论》第 3 卷，第 172 页。

结局都可以还原为一个价值变化。问题在于商品的生产价格不是只由特殊商品的价值来决定，而是由一切商品的总价值来决定。社会总产品的生产价格总和等于它的价值总和；一切生产部门的利润总和等于它们的剩余价值总和。平均利润，总不外是社会平均资本的利润，其总和是与剩余价值的总和相等，从而以平均利润加在成本价格上形成的价格，也不外就是转化为生产价格的价值。所以，无论价格是怎样规定的，结果总是价值规律支配着价格的运动。

由此看来，生产价格不过是社会生产在进一步发展条件下的价值的变形；生产价格理论不仅没有违背劳动价值学说，而且恰好是这一完整学说中的一个组成部分。说到这里，反对生产价格的人会出来说，他们所指责的不是马克思本人，而是指那些主张社会主义生产价格的人。那么，后者是否违反了马克思主义的劳动价值学说呢？

众所周知，马克思的劳动价值学说（包括生产价格理论在内），本来是就资本主义经济来阐明的。因此，当我们分析社会主义经济时，仅仅是运用这个学说的原理、原则，而不是把社会主义的劳动价值、生产价格等等，同资本主义的那些东西混同起来。社会主义经济之所以要以生产价格为依据规定价格，我在前面已经论证过了。要知道，社会主义社会的生产资料虽然是归社会公有的，然而它不仅存在着两种公有制，而且还存在着整体与部门、部门与部门的区别，同时各个生产单位又都是在集中领导下的独立经济核算单位，因而在社会资金的运用上，也就存在着部门间有机构成的不同和周转时间的差异。在这种客观事实面前，如果否定了生产价格，那就无从正确衡量在社会资金运用上的节约或浪费，无从正确反映不同所有制之间、部门与部门之间、部门与整体之间的经济关系。承认在社会主义经济中存在着生产价格，并不是否认，而是完全承认站在生产价格后面，最后决定生产价格的仍然是价值。可见这不仅没有违反而是信守了马克思主义劳动价值学说的全部。如果说，谁主张社会主义生产价格就是违反马克思主义的劳动学说，那么，不也可以反过来说，只承认这个学说中的一部分适用（简单的价值决定），而否定它另一部分的适用（价值的发展形态——生产价格），不是更明显地违反了马克思主义的劳动价值学说吗？显然，这种说法，并无助于问题的解决。我认为某种理论的是否正确，不是靠纸上空谈，而是要从实际出发，经过实事求是的调查研究，再返回到实践中加以检验，才能做出判断。而判断的标准，归根到底是一个对劳动人民是否有利的问题。这就是要具体分析确定统一的资金盈利率，以生产价格为依据规定价格，究竟是否有利于社会主义内部的经济关系的正确处理，是否有利于社会资金的节约使用和促进社会主义经济的发展。毛泽东同志在分析功利主义时指出："唯物主义者并不一般地反对功利主义，……世界上没有什么超功利主义，在阶级社会里，不是这一阶级的功利主义，就是那一阶级的功利主义。我们是无产阶级的革命的功利主义者，我们是以占全人口90%以上的最广大群众的目前利益和将来利益的统一为出发点的，所以我们是以最广和最远为目标的革命的功利主义者，而不是只看到局部和目前的狭隘的功利主义者。"[①] 我认为这一原理，对利润和生产价格来说，也是完全适用的。

　　以上，主要是从理论上论证，社会主义价格形成的客观依据应该是生产价格。至于在现实条件下有无实施的可能，以及如何实施，那是要另做具体分析的。

---

　　① 《在延安文艺座谈会上的讲话》，《毛泽东选集》第3卷，人民出版社1953年第2版，第866页。

　　确切地计量全社会平均条件下的社会必要劳动消耗定额，是一件很复杂的事情。要想计算得很确切，在目前是有困难的。然而如果要大致上计量出社会平均利润率，倒也不是什么太困难的事情。因为垫支的固定资金和流动资金总额、工资总额和集体农民的分配收入总额，以及利润总额等，大体上都有统计数字，或者是可以估算的。尽管准确程度差一些，但是总还可以比较接近于客观实际。因此，我认为实行生产价格的可能性是存在的。

　　不过，从一种价格形成制度转到另一种价格形成制度的改革，即使我们承认它在理论上是正确的，在现实生活中是有可能的，也不是一朝一夕就可以完成的。实际上在改革过程中必然会遇到一系列的矛盾。例如，在改变为资金盈利率时，有些生产部门可能是上缴利润较前大大增加，而它们急切地提供不出那么多的利润；而另有些生产部门可能是上缴利润较前有所减少，如果减少它们的上缴利润，那只会造成浪费而不利于整个国民经济的发展。因此，这种改革，只能是经过实事求是的调查研究和重点试验，然后一步一步地进行。

　　关于其他价格形成的观点，不是本文所要议论的主题，因而只想简单地谈谈。

　　首先，关于按成本盈利率规定价格的问题。我认为为了进行经济核算，加强企业的经营管理，成本盈利率无疑是一个非常重要的指标，然而如果把它作为价格形成的依据，则是不够合理的。

　　产品成本是产品价值中的一个独立组成部分，它的大小是可以在企业范围内确定下来的，然而利润则是一个社会性的范畴，任何产品的利润的高低，不仅在企业内部，就是在部门内部也无从确定，只有按统一的社会尺度进行衡量比较，才能确定下来。不错，按全社会的产品成本确定的平均盈利率，也可以作为一种社会尺度。这个尺度也是价值的转化形式的一种，它已经在一定程度上体现了资金的有机构成。但是，它所体现的仅仅是耗用资金的有机构成，而不是垫支资金的全部，它的缺点也就从此而来。如果以成本盈利率作为价格形成的依据，实际上是意味着成本高的部门可以得到较多的利润，尽管利润是上缴国家的，但是它却不利于促进成本降低和经济核算的正确进行；另一方面，在价格已经确定的条件下，那就必然是成本越高，则利润越少，实际上是给国家造成了减少收入的损失。特别是在技术进步的条件下，垫支资金尤其是固定资金的作用日益增大，不用说技术装备不同的部门，就是同一企业，只要追加投资，进行必要的技术改造，产品成本就可以显著下降，利润也就随之而上升（在价格已定的前提下）。不言而喻，这种成本降低和利润上升，实际上不是由于成本费用本身的节约，而是由于增加了投资，即增加了社会劳动消耗而取得的。可见成本本身并不能充分反映生产的盈利性。其原因就在于成本费用中没有包括社会生产费用的全部，反映不出单位产品资金占用量的大小。在技术飞跃进步，社会劳动分工日益发展，部门联系愈益密切的社会化大生产中，不考虑资金占用总量和单位产品的资金占用量来规定价格，实际上就不可能正确地计量、特别是比较各部门的经济效果，不可能正确反映和处理各个生产部门在社会再生产过程中的经济联系。

其次，关于按成本盈利率结合资金盈利率规定价格的问题。

有人认为价格形成可以采取成本盈利率和资金盈利率相结合的办法，以收相互补充之效。我认为如果把它作为价格改革过程中一个过渡的临时措施，倒也不失为可行之计。例如，一方面规定一定比率的资金利息，一方面规定一定的成本盈利率，就可以把两者结合起来。然而这种办法同节约使用社会资金和正确处理各种经济关系的要求，还有很大的距离。因而终归不是根本之计。

最后，关于按原始的价值规定价格的问题。

坚持按原始的价值决定价格的人们认为在社会主义经济中，利润和剩余产品价值应该是一致的，这也是他们反对社会主义生产价格的主要理论武器。

究竟利润和剩余价值是不是一个范畴呢？

马克思和所有的马克思主义者在分析资本主义经济的时候，从来以可变资本和剩余价值（v 和 m）之比来尺度资本家对无产者的剥削程度，也就是据以考察资本家阶级和无产阶级之间的关系。这一普遍真理是永远适用的，如果谁否定了它，谁就是阉割了马克思主义的精髓，从而也是否定了阶级和阶级斗争的学说。然而与此同时，马克思也指出，在资本家看来，可变资本和不变资本是没有区别的，不问剩余价值是从哪里发生的，它总归是垫支总资本的一切超过额。资本家的"利益的实际程度，不是由它对可变资本的比率决定，而是由它对总资本的比率决定，不是由剩余价值率决定，而是由利润率决定。"[1] 很明显，当我们以无产阶级的立场、观点进行分析的时候，剩余价值仅仅是由可变资本的价值变化而发生的，它不过是可变资本的一个增加额。然而"对于资本家，很明白，这个价值增加额，是由用资本进行的生产过程生出来的，是由资本自身生出来的；因为这个价值增加额在生产过程之后才存在，在生产过程之前是不存在的。先就生产上所耗的资本来说，剩余价值好像是同样由所耗资本的不同各种价值要素（由生产资料和劳动构成的要素）发生的。"[2] 因为总资本无论是用于劳动手段和劳动对象，还是用于劳动，都会

---

[1] 《资本论》第 3 卷，第 25 页。

[2] 同上书，第 15—16 页。

在物质上成为生产品的形成要素。虽然在价值增殖过程上只有一部分资本参加，而在现实的劳动过程上却是全部资本在物质上的参加。因此，"剩余价值，当作垫支总资本这样的观念上的产儿，便取得了利润这样一个转化形态。"① 在这种情况下，利润是反映资本家的经济关系的。因此，商品价值构成可以用两个公式来表示：当我们要表示 m 是由垫支在劳动力上的资本价值 v 的转化而产生的增加额时，用 c + （v + m）这个公式；而当表示在生产前有一个资本总额，而在生产后有一个价值增加额时，用 （c + v）+ m 这个公式。这两个公式是各自表示不同的经济关系的。依同理，这个价值增加额，按比率计算也可以用两个公式来表示：一个是依可变资本计算的剩余价值率——$\dfrac{m}{v}$，另一个是依总资本计算的剩余价值率，即利润率——$\dfrac{m}{C} = \dfrac{m}{c+v}$。这样看来，在资本主义经济中，利润和剩余价值从来就不是一个范畴，不应该把剩余价值的转化形态——利润同剩余价值混为一谈。

社会主义经济在本质上不同于资本主义经济，这是首先应该肯定，而且也是无可争论的。问题在于在社会主义经济中，剩余产品价值和利润究竟是不是一个经济范畴。我认为它们是有联系而又有区别的两个经济范畴，它们是从不同的侧面反映不同的社会主义生产关系的。就是说，剩余产品价值是反映劳动者个人和企业（或集体生产单位）、国家之间的分配关系的；而利润则是反映剩余劳动在社会与部门之间、部门与部门之间的分配关系的。这两种不同的经济关系，应该用两个经济范畴来反映。所以，社会主义的产品价值构成也要用两个公式来表示：当计量垫

---

① 《资本论》第 3 卷，第 17 页。

支工资基金和剩余产品价值的关系时，用 c＋（v＋m）这个公式；而当计量垫支资金总额和剩余产品价值的关系时，用（c＋v）＋m 这个公式。计量剩余产品价值比率的公式也要有两个，一个是剩余产品价值率——$\dfrac{m}{v}$；另一个是利润率——$\dfrac{m}{C}=\dfrac{m}{c+v}$。这样，当我们分析经济活动时，也就不必强求利润与剩余产品价值、利润率和剩余产品价值率的一致。如果硬要把两个不同的范畴，机械地合而为一，那就不能如实地反映两种不同的经济关系，而只会造成概念上的混乱。

至于谈到按原始的价值定价，我在前面已经论证过，社会主义经济是社会化的大规模经济而不是简单商品经济，因而价格形成的客观依据，只能是全社会平均条件下的社会必要劳动消耗，即价值的转化形式——生产价格，而不是原始的价值。在这里只谈谈按部门价值定价的问题。

一般说来，几乎没有人主张按个别价值规定价格。所以，主张按原始的价值定价的大多数人是主张按部门价值确定价格。在产品价格中，成本价格是由各部门的支出额决定的，但是，加到成本上面去的利润，却不能由个别生产部门自行决定，而是要以全社会的平均利润作为尺度。所以，即使说，要以工资盈利率作为价格形成的依据，也只能是比例于全社会的工资总额来确定盈利率。惟有在这个前提之下，部门的价格总和与价值总和是否存在离差，才得以进行比较分析。本来，部门价格的高或低，是对全社会而言的，如果是由各部门各自按照部门价值来确定部门价格，实质上就是否定了全社会统一的共同尺度。这样，既无从对各部门的价格和价值有无离差进行对比，也无从对部门间的经济关系是否合理进行衡量。这种以局部代替全局的所谓理论观点，是站不住脚的。

　　主张按部门价值定价的基本论点是认为，每个部门的剩余产品价值是该部门劳动者直接创造的，因而部门的必要产品价值和剩余产品价值应该保持一个不变的比率。其实，这种观点是经不起实践的检验的。因为在社会化大生产中，一个部门在整个国民经济中的地位，大体上也类似一个企业在该部门中的地位。全社会的产品固然是多种多样的，但是一个部门的产品，除了少数例外（如电力工业），种类也很多，甚至一个企业的产品也并不都是单一的。所以，在全社会范围内经过再分配而实现的利润平均化，不过是在社会化大规模生产条件下，部门内部利润平均化的进一步发展而已。事实上任何部门的价值补偿和实物补偿，都要在社会再生产中借助于部门间的经济往来才能实现，而各个部门劳动生产率变动的幅度又经常是不相一致的，因而一进行部门间的产品交换就将引起价值量和实物量之间的背离，从而在部门内部确定的必要产品价值和剩余产品价值的比率就要不断被突破，而不是保持不变。这个问题很复杂，也不是本文所要探讨、回答的，所以就此搁笔了。

　　　　　　　　　　　　　　（刊于《经济研究》1963 年第 12 期）

再论社会主义经济中的
生产价格问题

20 年前，我写过一篇有关生产价格问题的文章，发表后遭到广泛批判。其实，这个问题早有争论。我对价格问题素无研究，当时，只是想从宏观经济的角度，对价格形成的基础作一尝试性的探讨，看看什么样的价格才符合国民经济综合平衡的要求。由于那篇文章中，有些观点很不成熟，有的甚至是错误的，所以当时的那些批判，除了"超学术"的抨击外，我倒觉得不论从正面或者从反面，对我都有很大的启发。

打倒"四人帮"后，价值规律和价格问题再度被提出讨论。然而，这个问题不论在理论上或实践上都还没有解决，所以，我想重新谈谈我的意见，也算是对 20 年前争论问题的一个答辩。生产价格争论中涉及的问题很广泛，不可能在一篇文章中一一论及。本文只从几个侧面讨论社会主义经济中的生产价格问题，在进行考察前，先作几点说明。

首先，生产价格就是成本价格加平均利润，是以价值规定为基础的，不过是价值的转化形式。在价值与价格的关系上确实有个计量问题。然而马克思对资本主义经济的这一理论分析旨在表明，作为总利润的这部分总剥削收入是要在资本家之间进行再分配的。因此，不应该把价值转化为生产价格问题简单地归结为数学逻辑问题。可是，有些自称为马克思主义者的人，竟然也认为生产价格与劳动价值理论互相矛盾。这实际上是重复了资产阶级学者攻击转型问题的老调。对于这种超出社会主义生产价格范围的错误观点，在这里就不谈了。

其次，有人说，承认等量资本取得等量利润就是承认不变资本也创造价值了。这无异于说，马克思自己否定了自己的劳动价值理论。因为马克思本人就是承认平均利润的。况且，主张成本利润的人是否也是承认不变资本能创造价值呢？因为成本中也包括购买生产资料的资本呵！其实，这个问题马克思早已作过清楚的说明，在这里只需要指出，剩余价值之转化为利润，并不是以利润来说明资本家对劳动者的剥削，而是用以说明利润与资本的关系。而利润之转化为平均利润，它所表明的是资本家之间的再分配关系，并非意味着资本创造价值。

另一个问题是要正确地理解社会主义经济中的价值范畴问题。如何理解社会主义下的生产价格是同社会主义下的商品、货币、价值、价格，以及与价值有关的一系列的经济范畴分不开的。分歧的产生在于现实的社会主义经济，并不是像马克思恩格斯当年所设想的那样，商品、货币、价值，以及与价值有关的一系列的经济范畴不复存在了，而是依然存在。不仅中国如此，而是所有社会主义国家概莫能外。如果我们胶柱鼓瑟，拘泥于马克思主义的词句，就无法说明这些问题。斯大林说得好，"如果从形式上、从现象表面的过程来看问题，就会得出不正确的结论，仿佛资本主义的范畴在我国经济中也保存着效力。如果用马克思主义的分析方法来看问题，即把经济过程的内容和它的形式、把深处的发展过程和表面现象严格区别开来，那就可以得出一个惟一正确的结论，即资本主义的旧范畴在我国保留下来的主要是形式，是外表，实质上这些范畴在我国已经适应社会主义国民经济发展的需要而根本改变了。"① 这就是说，社会主义的商品、货币、价值、价格等等已经不是政治经济学上原来意义的商品、货币、价值、价格……了，它们所反映的已经不是资本主义的生产关系而是社会主义的生产关系了。只有这样地理解它们，才不致造成概念上的混乱。我就是基于这样的理解来使用这些范畴，并讨论社会主义的生产价格的，深望持不同观点的朋友们不要在这些概念上同我进行"三岔口"式的战斗。

社会主义经济中是否存在生产价格？生产价格论者认为，生产价格是社会主义经济中客观存在的经济范畴；反对生产价格论者认为，社会主义经济没有生产价格存在的客观必然性，是生产价格论者把它塞进社会主义经济中来的。这就是争论的焦点。

我认为生产价格是社会主义的客观经济范畴，决不会由于某些人否认它，它就消声灭迹、退出历史舞台。

第一，从社会总劳动时间的分配与国民经济按比例发展上来考察。

社会主义实行计划经济，要求国民经济的各个环节，各个部门保持按比例的发展。这种比例性开始于按比例地分配社会劳动时间。在现实的社会主义经济中，社会必要劳动时间要通过商品价值来表现，这就必须首先弄清价值与价格的问题。同时，它也向我们提出了一个问题，如果仅仅有各个部门的社会价值，而没有部门之间的社会价值，那么，各部门之间将如何实现等价交换，等价补偿呢？而且又将以什么作为社会尺度来衡量各部门之间是否按比例的发展呢？显然，这并不是单纯的计量问题，因为比例关系反映的是经济关系。

价值和价格要从社会再生产总体上来考察，同时价值也要与

---

① 《斯大林文选》，第 613 页。

使用价值联系起来考察。价格就其一般性来说，首先也只是货币形式上的价值。价格是反映分配关系的，一定的分配关系只是历史规定的生产关系的表现。社会主义的价格是由社会主义的社会形式和生产关系所决定，它必须与这种形式和关系相适应，这些，都不用多说。

生产首先是社会的生产，而不是单个人的孤立行动。在社会化大生产中，满足某种使用价值需要的商品，都是在特定的某一生产领域生产的。然而商品的价值，不是决定于这个生产领域某个企业所实际消耗的劳动时间，而是决定于这个生产领域为生产这种商品的全部即商品总量所需要的劳动时间，商品中包含的劳动量只能是社会必要劳动。马克思说："任何生产者，不管从事工业，还是从事农业，孤立地看，都不生产价值或商品。他的产品只有在一定的社会联系中才成为价值和商品。第一，这个产品是社会劳动的表现，从而，他自己的劳动时间也是整个社会劳动时间的一部分；第二，他的劳动的这种社会性质，通过他的产品的货币性质，通过他的产品的由价格决定的普遍的可交换性，表现为他的产品所固有的社会性质。"① 这就是说，商品的个别价值要同它的社会价值相一致，亦即把一个部门的生产总量当作一个商品，把许多同种商品的价格当作一个总价格。这样，这个商品总量包含着为生产它所必需的社会劳动，这个总量的价值等于社会价值或市场价值，而个别商品的个别价值是这个社会总价值的一个可除部分，于是个别价值就平均化为社会价值或市场价值了。我们通常说，价格是价值的货币表现，所谓价值指的就是这个社会价值或市场价值。在实际生产活动中，各生产单位的产品成本有高有低，即有的劳动消耗高，有的劳动消耗低，但它们只

---

① 《马克思恩格斯全集》第 25 卷，第 719—720 页。

能按社会必要劳动量售卖或交换，因而只有努力节约劳动，降低成本，才能获得较高的利润。

马克思在《资本论》第三卷第十章中所讨论的社会价值或市场价值，一般是指这种同一部门同一商品的市场价值。有的人便据此而否定部门间社会价值的存在，其实，马克思在讨论部门内的市场价值时也一再提到生产价格（即部门间的社会价值），他说："这里关于市场价值所说的，也适用于生产价格，只要把市场价值换成生产价格就行了。"① 马克思还说，使商品的各种不同的个别价值形成一个相同的市场价值和市场价格，是首先在一个部门实现的。而在资本主义生产方式发展到更高水平时，不同部门的资本的竞争又使不同部门之间的利润率平均化而形成生产价格。由此可见，我们不能孤立地看待一个部门的社会价值或市场价值。因为部门不过是社会再生产总体中的一个组成部分。

社会化生产是以社会分工为前提的。在一定的劳动生产率的基础上，每个部门生产一定量的物品都需要一定量的社会劳动时间，每一种物品都用来满足一定社会需要。劳动时间的社会的有计划的分配，调节着各种劳动职能同各种需要的适当的比例。因而消耗在各种社会产品上的社会劳动就要在社会劳动总量中各占一定的份额。多了不行，少了也不行。这种比例，在资本主义社会是通过竞争自发地实现的，在社会主义则由社会预先控制，进行有计划的安排。请允许我作个较长的引证：马克思说："尽管每一物品或每一定量某种商品都只包含生产它所必需的社会劳动，并且从这方面看，所有这种商品的市场价值也只代表必要劳动，但是，如果某种商品的产量超过了当时社会的需要，社会劳动时间的一部分就浪费了，这时，这个商品量在市场上代表的社

---

① 《马克思恩格斯全集》第 25 卷，第 200 页，并参阅第 222 页。

会劳动量就比它实际包含的社会劳动量小得多。……因此，这些商品必然要低于它们的市场价值出售，其中一部分甚至会根本卖不出去。如果用来生产某种商品的社会劳动的数量，同要由这种产品来满足的特殊的社会需要的规模相比太小，结果就会相反。但是，如果用来生产某种物品的社会劳动的数量，和要满足的社会需要的规模相适应，从而产量也和需求不变时再生产的通常规模相适应，那末这种商品就会按照它的市场价值来出售。商品按照它们的价值来交换或出售是理所当然的，是商品平衡的自然规律。"① 又说："事实上价值规律所影响的不是个别商品或物品，而总是各个特殊的因分工而互相独立的社会生产领域的总产品；因此，不仅在每个商品上只使用必要的劳动时间，而且在社会总劳动时间中，也只把必要的比例量使用在不同类的商品上。……社会劳动时间可分别使用在各个特殊生产领域的份额的这个数量界限，不过是整个价值规律进一步发展的表现，虽然必要劳动时间在这里包含着另一种意义。为了满足社会需要，只有这样多的劳动时间才是必要的。在这里界限是通过使用价值表现出来的。"② 我本来无意于介入两种含义的价值决定的争论，但这里既已提出了另一种含义的必要劳动时间，也就无法回避。在此，我仅指出，两种含义的价值决定是辩证统一的关系。我们不能把"价值"看成某种孤立存在的东西，它是社会劳动发展的结果，是同商品、货币联系在一起的。商品的价值量是通过它们的价值在一种特殊商品的使用价值上的表现来衡量：所有商品都表现为一种形式，它们是作为社会劳动的化身而存在。它们可以同其他任何商品相交换，即转化为使用价值。所以，我们不能把社会产

① 《马克思恩格斯全集》第 25 卷，第 209 页。
② 同上书，第 716、717 页。

品的生产同社会规模的对使用价值的需要割裂开来。也就是不能把价值决定同社会需要机械地分开。价值决定，在单个商品上是以生产某种使用价值为前提，离开使用价值也就无所谓价值了；在社会总产品的生产上，它是以生产一定量的使用价值为前提，即以生产满足全社会需要的使用价值为前提。所以，从社会总体上看，产品的价值只能是由能满足社会需要的使用价值所必要的劳动时间来决定的。生产价格论者主张全社会的所谓社会价值或各部门间的所谓社会价值，其根源即在于此。全社会生产的商品生产价格的总和等于它们的价值总和，也是在这个意义上说的。我们知道，在商品经济下，所有商品都表现为同一劳动的物化，都不过是同一实体在量上的不同表现。惟有首先确认了全社会的必要劳动时间或部门间的社会价值的存在，然后各个部门、各种产品才能实现等价交换，等价补偿，整个国民经济才能按比例地发展。有人说，有了部门内部的社会价值就够了，所谓各部门间的社会价值并不存在。果真如此，那么不同部门间的商品交换以什么作为等价交换的依据、标准或尺度。

不同部门、不同产品的社会价值是怎样确定的呢？按照马克思的说法，这就是形成同一的一般利润率，使它们的价值成为不同于原来价值的生产价格。在资本主义条件下，这种平均化是通过竞争形成的。马克思说："竞争在同一生产领域所起的作用是：使这一领域生产的商品的价值决定于这个领域中平均需要的劳动时间，从而确立市场价值。竞争在不同生产领域之间所起的作用是：把不同的市场价值平均化为代表不同于实际市场价值的费用价格的市场价格，从而在不同领域确立同一的一般利润率。因此，在第二种情况下，竞争决不是力求使商品价格去适应商品价值，而是相反，力求使商品价值化为不同于商品价值的费用价格，取消商品价值同费用价格之间的差别。"① 诚然，上面的引文，依然是针对资本主义经济所作的分析。这里所说的"力求使商品价值化为不同于商品价值的费用价格"（即生产价格），就是不同部门间的"社会价值"。这就是说，在简单商品生产条件下，商品的市场价格是围绕着商品价值上下波动；而在第二种情况下，亦即在资本主义发展到一定高度时，商品价值已转化为生产价格，商品的市场价格是围绕着生产价格这个中心上下波动。我认为这个原理，对于社会主义经济也是适用的。我们暂不谈竞争问题。就社会主义经济的按比例发展来说，节约劳动、按比例分配社会劳动的规律是永远不能违背的。个别劳动者是作为全社会的总劳动者（或称总体工人）中的一分子，一个产品的价值永远是社会产品总价值中的一个可除部分。劳动的节约与否，要以全社会的社会必要劳动为尺度。以节约劳动为原则的按比例分配社会劳动就是以社会必要劳动为尺度分配社会劳动，而社会必要劳动就是价值的实体。马克思所说的同一部门的商品价值用这一部门的社会平均劳动时间来表示，不同生产部门的商品价值只能用生产价格来表示的观点，在社会主义经济中也适用。因为如果不以生产价格为社会尺度，则所谓等价交换就成为价值不相等的交换；从而就不能比较准确地反映部门间的比例关系、经济关系；对于节约劳动，按比例分配劳动也无法进行比较准确的考察、考核、比较和分析。

　　第二，从社会主义的社会总资金与利润分配上来考察。

　　讨论社会主义经济中的价格问题，不能离开资金、成本、利

---

　　① 《马克思恩格斯全集》第26卷，第230—231页。马克思在这里用的"费用价格"就是"生产价格"（c＋v＋平均利润）。请参阅同上书，第688页注释62，以及同上书第25卷，第722页。

润等范畴。

在社会主义经济中，反映剥削关系的资本范畴不复存在了，然而我们还需要一个反映社会主义生产关系的资金范畴。我们的资金和利润，在性质上与资本主义的资本和利润截然不同。我们的资金也是剩余劳动转化为利润而积累起来的，但我们的资金和利润是为全体人民所有，利润也是满足社会需要的。我们现在正在为实现四个现代化，建设社会主义强国而奋斗，合理地使用和节约资金，并按比例地取得适度的利润，是完全符合全体人民的利益的。我们应该正确地对待资金和利润问题。只有在这个统一认识的前提下，我们在价格形成问题上才有共同语言。

在资本主义经济中，商品的生产价格是作为价值的转化形态而出现的。它不问资本有机构成的不同和资本周转速度的快慢，而是等量资本取得等量利润。马克思说："社会劳动生产力在每个特殊生产部门的特殊发展，在程度上是不同的，有的高、有的低，这和一定量劳动所推动的生产资料量成正比，或者说，和一定数目的工人在工作日已定的情况下所推动的生产资料量成正比，也就是说，和推动一定量生产资料所必需的劳动量成反比。"① 马克思把那种同社会平均资本相比，不变资本所占百分比高，可变资本所占百分比低的资本叫做高构成的资本，反之，叫做低构成的资本。最后，把那种和社会平均资本有同样构成的资本叫做平均构成的资本。各部门的资本有机构成高低不等，它们的利润率本来是极不相同的，但在资本主义条件下，通过竞争都按照社会资本的平均构成形成平均利润，从而形成生产价格，即在成本价格上加平均利润。他们所得到的不是本部门生产这些商品时所生产的剩余价值或利润，而只是按照它在社会总资本中

---

① 《马克思恩格斯全集》第 25 卷，第 183 页。

所占比例，从剩余价值总量或利润总量中，平均地取得相应的剩余价值或利润。这样的分配，无疑是由资本主义的生产关系决定的。那么，在社会主义经济中又是怎样呢？

在社会主义经济中，各部门的资金有机构成也是高低不等，它们的利润率也是各不相同，这是人们所公认的。但是，社会主义的社会资金是否也要形成平均构成的资金，并按平均构成资金而各自赢得平均利润呢？主张生产价格和反对生产价格争论的分歧点就在这里。反对者认为，社会主义实行生产资料公有制，各部门利润率有高有低是无所谓的，总之，统归国家所有；我们的投资分配方向是按社会需要确定，而不是以利润率高低为转移，因而平均利润对我们来说，是没有意义的；社会主义经济中并不存在资本主义那样的竞争，从而也不可能形成平均利润，如果人为地计算出平均利润来，也是无意义的，等等。

我认为平均利润，从而生产价格是社会主义经济中客观存在的经济范畴。

首先，使用等量资金要不要提供等量利润的问题？我认为这对社会主义经济来说，也不例外。我们今天的社会劳动分配要通过社会资金的形式来进行。社会总资金既然是按比例地分配给各部门，那么，各部门也就应该按比例地提供利润。这正是从社会再生产总体上，从社会总资金与社会总利润的关系上提出来的问题。

我们暂不谈现实的社会主义经济还存在不同的经济形式。仅就全民所有制经济来说，国家资金是全民的财产，任何部门、企业，它们所使用的资金都是社会总资金的一个组成部分，某一部分生产资金不论是用以经营什么行业，也不论是用以发工资或购买生产资料，最后，都必须既提供一定的生产成果，又提供一定的利润。这个要求，从投资时开始就已经确定了，也是每个计划工作者所熟悉的。

我们通常把国家计划的安排，归结为劳动力、物资和财政三种平衡，其中财政资金处于支配地位。不论任何社会，只有劳动力与生产资料相结合，才能形成生产力。在社会主义经济中，资金并不就是生产力，然而它却作为社会生产力的代表而存在。以社会生产来说，生产建设开始于投资。资金投放到哪里，劳动力和物资也就跟到哪里。国家是社会总劳动者的代表，它作为投资者（不论是国家财政拨款，国家银行贷款，或者把国家财政拨款改为银行投资，总之，都是国家的资金），要求接受投资单位提供一定的生产成果和利润，这本来是经济活动的常规。然而以什么作为社会尺度来衡量社会资金与利润的关系是否合适呢？这就不能不提出等量资金，提供等量利润的要求。从投资方面来说，这是社会资金应该享有的社会权力；从使用资金方面来说，它也具有按等量资金提供等量利润的社会义务。由此可见，平均资金利润，从而生产价格，并不是哪个人强加给社会主义经济的，而是社会主义经济本身的一个客观要求。

再从处理各部门间的经济关系来说，它也要求有一个合理的社会尺度。

有人说，在资本主义经济中，商品是当作资本的产品来交换，因而资本家要求平均资本利润。在我们社会主义国家，财政资金为国家所有，各部门的资金利润率，不论哪个部门高，哪个部门低，反正都属于国家，因而这种差别是无所谓的事情，不存在利润平均化的需要。诚然，马克思曾经指出过，"工人各自占有自己的生产资料，并互相交换他们的商品"，"利润率的差别是一件无所谓的事情"。① 然而他在那里指的是小生产者，而社

---

① 参阅《马克思恩格斯全集》第 25 卷，第 196—198 页。

会主义是社会化大生产，两者是不可同日而语的。马克思在作了上述的分析之后，紧接着指出："商品按照它们的价值或接近于它们的价值进行的交换，比那种按照它们的生产价格进行的交换，所要求的发展阶段要低得多。而按照它们的生产价格进行的交换，则需要资本主义的发展达到一定的高度。"① 这里所说的一定的高度，当然是指资本主义生产发展要到较高的水平，商品生产和商品流通都相当发达了。我们社会主义社会的生产关系，当然不同于资本主义，然而我们也是社会化大生产（这个问题将在下文中讨论），而不是自然经济或小商品经济，因而我们也就不能不从社会总体的高度来考虑社会总体的经济利益，各部门的经济利益，以及各部门之间的经济关系。国家计划安排是按照社会总体利益的原则和国民经济按比例发展的要求来分配资金的，因而它作为投资者自然也就要按照总体利益原则来要求各部门按比例地提供利润。这是就国家与部门在资金与利润的关系上来说的。其实，在国家与地区之间也是如此，引申下去，部门与部门之间、地区与地区之间、企业与企业之间，以及国家、部门、地区、企业之间，也都要求在资金使用与利润提供的关系上处于平等地位。企业中的个人，一般同利润分配无直接关系，但在利润留成的条件下，利润的高低对劳动者的奖金、福利也有影响。所以，利润分配是涉及国家、部门、地区、企业、个人相互间的经济利益的问题。这就是说，社会主义国家在根本利益一致的前提下，也还有各自的不同利益。因而从价格上反映和处理这些经济关系（即生产关系），就需要有一个统一的社会尺度。在我看来，这个社会尺度就是平均利润，从而在价格形成上就要以生产价格为基础。

---

① 参阅《马克思恩格斯全集》第 25 卷，第 196—198 页。

以上是仅就全民所有制经济来说的，如果把集体所有制经济、个体经济，以及与外资合营的工商业等结合起来，即把不同的所有制合起来作为社会总体来考察，那就将更为明显地看出，平均利润、生产价格的客观必然性。所有这一切都在表明，社会主义经济中之所以存在平均利润、生产价格，是社会主义生产关系的要求，而不是哪个好事者任意地把它塞进来的。

第三，从生产力与生产关系统一的社会化大生产上来考察。

社会化大生产一般是指大机器工业生产，它的主要标志就是在生产中使用机器体系。有资本主义的社会化大生产，也有社会主义的社会化大生产。离开一定社会形式的生产关系来讨论价格，当然是不能说明问题的。我过去的那篇文章，没有讲清楚这个问题，现在再进一步谈谈。

为了说明这个问题，还是要再回到商品经济发展的历史上来。

众所周知，在简单商品生产的条件下，不论农业或手工业，都是只使用简单劳动工具的手工劳动。他们出卖商品主要是为购买另一种商品，即为买而卖。双方在交换中所关心的是劳动时间的补偿而不是利润的高低。他们是凭经验来判断所交换的商品是否符合或接近于价值。随着资本主义的发展，社会生产建立在较高的物质技术基础之上，他们是为交换而生产，为取得利润而生产。在这种生产力条件下，各产业部门的资本技术构成极不相同，从而由资本技术构成决定并反映这种技术构成的资本价值构成，即资本有机构成也极不相同。各部门这种资本有机构成不同所引起的是各部门利润率高低不等的差异，而不是利润率的平均化。然而资本家不问资本有机构成的高或低，他们所要求得到的是等量资本，等量利润。如果商品都按它们的价值出售，那么，资本就会从利润率较低的部门抽走，投入到利润率较高的其他部门去。正是在这种竞争的压力下，在不同的生产部门就形成了利润平均化，即价值转化为生产价格。马克思指出，"这个国家的条件越是适应资本主义生产方式，资本就越能实现这种平均化。"这个条件就是"资本有更大的活动性，更容易从一个部门或一个地点转移到另一个部门和另一个地点；劳动力能够更迅速地从一个部门转移到另一个部门，从一个生产地点转移到另一个生产地点"。① 这就是说，生产价格是经济发展到社会化大生产阶段的产物。需要说明的是：技术进步、资本有机构成高低不同固然是引起平均利润、生产价格的根源，然而它并不能直接引起利润平均化。其发展程序是技术进步引起各部门资本技术构成的不同，从而资本价值构成不同；资本有机构成不同所引起的是各部门利润率的差异；进而是资本家在竞争的压力下形成利润平均化。这个历史事实所表明的是：平均利润、生产价格是在技术进步的社会大生产中产生的，然而它的出现则是由资本主义的生产关系促成的。正是在这种情况下，马克思说："把商品价值看作不仅在理论上，而且在历史上先于生产价格，是完全恰当的。"② 可是，我国在生产价格问题的争论中却有人说，把生产价格说成是生产社会化高度发展的产物，不仅在理论上是错误的，也与历史事实不符。试问这种言论，与马克思的论断有何共同之点呢？

至于说到垄断价格，大资本家当然能够利用他的垄断力量而独占市场，或者是以提高价格的手段来攫取高额利润，或者是先以低价倾销，在战胜了他的同行之后再转卖高价，以攫取最大限度的利润。然而我们永远不要忘记，垄断资本家的垄断价格，到头来也还是要受客观规律的制约。即使是国家垄断价格也不是可以凭

---

① 《马克思恩格斯全集》第 25 卷，第 219 页。
② 同上书，第 198 页。

主观意志，为所欲为的。违反了客观规律，终于要受到客观规律的惩罚。

　　从上面的分析中看出，平均资金利润实质上是利润再分配的结果，生产价格是与商品价值相背离的。那么，在社会主义经济中为什么还存在生产价格呢？我认为原因仍然在于我们的社会主义生产是各部门分工协作的社会化大生产。任何社会生产都是在生产力与生产关系的统一中进行的。不言而喻，社会主义社会的分工协作的社会大生产所体现的是社会主义的生产关系，如果有谁把它等同于资本主义的生产关系，那就大错特错了。社会化大生产一般是以大机器工业生产作为生产力基础的，然而谁若是把社会化大生产仅仅看作是生产力问题，那也是片面的。

　　社会化大生产是相对于自给自足的小生产而言的。它的特点是以大机器生产为基础，在全社会实行分工协作。社会化的程度越高，分工就越细，而协作的范围也就越广泛，从而商品生产和商品交换也就愈益发达。列宁说："社会分工是商品经济的基础。……商品经济的发展使各个独立的工业部门的数量增加了；这种发展的趋势是：不仅把每一种产品的生产，甚至把产品的每一部分的生产都变成专门的工业部门；——不仅把产品的生产，甚至把产品制成真正消费品的各个操作都变成专门的工业部门。"接下去还说，"这种专业化过程也出现在农业中"。① 列宁在《俄国资本主义的发展》中讲的这种发展趋势，随着现代科学技术的发展早已成为现实。不同部门、不同企业之间要分工协作自不待言；而且，一种构造复杂的产品也要在全社会范围内实行专业化的分工协作。例如，一台电动机车有近25万件的零部件，而一架波音747飞机的零部件多达450万件。如果把所有的

---

　　① 《列宁全集》第3卷，第17、18页。

零部件统统由一个全能的大企业自行生产，任务过于繁重，往往是事倍功半，因而一般都由专业化企业分头生产，以至在几个国家中的千百家企业来分工协作。这种社会生产力发展结果所要求的社会化大生产，必须有一个分工协作的生产关系与之相适应。难道说，在我们社会主义条件下，这种分工协作的社会化大生产不是社会主义的生产关系的体现吗？

既然这种分工协作属于社会主义的生产关系，那么，各个部门、各个企业就都要求他们的产品要实现等价交换、等价补偿。在这种情况下，各部门、各单位理所当然地要求等量资金取得等量利润。

再从社会生产过程的总体上看，社会化大生产的生产、分配、交换、消费等各个环节是紧密地联结在一起的。部门与部门、地区与地区、企业与企业之间，相互依存，相互配合，形成纵横交错的网络。在这个有机总体中，要不停顿地生产，不间断地分配和交换，千百万次的经济行为都在连续不断地发生。这种经济关系永远处在运动过程中，并不是孤立现象。当我们处理这些经济关系时总是离不开商品、货币、价格等等。如前所述，处理这些经济关系的科学的、合理的社会尺度，只能是生产价格。

这就是我强调社会主义的生产价格是在社会主义的社会化大生产条件下形成的根据。

我过去的那篇文章还提到社会分工深化，也遭到了非难。①批判者说我把物化劳动的作用和活劳动的作用绞了线。其实，我的用意是指在生产力发展中，劳动的社会性质以及国民收入的实现在部门间的转移。这笔账确实很难算清，未始不可名之为"绞线"。我的这种说法，并非杜撰，也是有经典根据的。请看

---

① 参阅管蠡：《关于生产价格形成的原因》，《光明日报》1964 年 4 月 13 日。

引文："产业的向前发展所造成的不变资本的这种节约，具有这样的特征：在这里，一个产业部门利润率的提高，要归功于另一个产业部门劳动生产力的发展。在这里，资本家得到的好处，仍然是社会劳动的产物，虽然并不是它自己直接剥削的工人的产物。生产力的这种发展，归根到底总是来源于发挥着作用的劳动的社会性质，来源于社会内部的分工，来源于智力劳动特别是自然科学的发展。在这里，资本家利用的，是整个社会分工制度的优点。"①

引文当然还是对资本主义经济的分析。但是，如果把它独特的资本主义性质去掉，从社会生产一般来看，社会主义社会也是这样的。正由于各部门、各单位是分工协作，紧密配合的，而又有各自的经济利益，因而具有等量资金，等量利润的要求。这仍然是生产关系问题。

第四，从社会生产的目的和计划编制上来考察。

相当多的人都认为社会主义实行计划经济，生产是为了满足需要，而不是为了追求利润，因而平均利润、生产价格对我们是没有意义的。

诚然，社会主义的社会生产是为了满足社会需要，生产任务的确定并不是以利润的高低为转移。然而我们的企业在生产出一定的物质产品的同时，也必须赢得一定的利润，而且在评价某项生产建设任务的经济效益时，也需要通过利润指标来比较、衡量。所以，我们不应该把满足需要同取得利润对立起来。马克思在《哥达纲领批判》中讲的从社会总产品中的"扣除"，如用来扩大生产的追加部分；用来应付不幸事故，自然灾害等的后备基金；用来作为一般管理的费用；用来满足共同需要的费用；用于为丧

---

① 《马克思恩格斯全集》第 25 卷，第 97 页。

失劳动能力的人而准备的基金等等，都是社会总产品中扣除的剩余产品，它的货币表现就是我们所说的利润。所以，我们决不能因为生产目的是为了满足需要就否定利润的必要性，重要性。实际上利润也是满足社会需要的，这是列宁早就说过了的。如果不要利润，我们将何以扩大再生产？将何以满足非生产领域的社会公共需要。从另一方面说，资本家的动机和目的固然是为了利润，然而他们生产出的产品如果不能满足一定的需要，它就是无用的。那又怎能销售出去，取得利润呢？这也是马克思早就说过了的。可见，满足需要与盈利是不能机械分开的。既然承认利润存在的必要性，在社会化大生产中，就需要有平均利润这个社会尺度。

进一步需要讨论的是在社会主义条件下，如何实现利润率平均化。在资本主义条件下，利润率平均化是在竞争的压力下达到的，社会主义不存在资本主义的那种竞争，商品价格是计划价格，社会资金分配并不以利润高低为转移。这些，确是无可争辩的事实。有些人便以此为根据否定平均利润的存在。并且说，如果计算出一个平均利润来，也是无意义的。

让我们从理论和实践两个方面来讨论这个问题。

从理论方面说，劳动二重性和商品二重性，不仅是理解政治经济学的枢纽，也是理解如何制定计划和实行计划经济的枢纽。

某种特殊的使用价值是由具体劳动创造的。某种商品所含的劳动量是生产该商品的社会必要劳动量，因而劳动时间只能是社会必要的劳动时间。这是一种和价值量有关的规定。马克思说："人们使他们的劳动产品彼此当作价值发生关系，不是因为在他们看来这些物只是同种的人类劳动的物质外壳。恰恰相反，他们的各种劳动作为人类劳动而彼此相等。"[①] "完全不同的劳动所以

---

① 《马克思恩格斯全集》第23卷，第90页。

能够相等，只是因为它们的实际差别已被抽去，它们已被化成它们作为人类劳动力的耗费，作为抽象的人类劳动所具有的共同性质。"① 这就是说，产品作为价值是社会劳动的化身，它要能通过交换，由一种使用价值转化为其他任何使用价值。因此，个别劳动必然表现为一般劳动，也就是商品必然表现为货币。社会主义社会在制定国民经济计划时，当然要计量具体劳动和具体产品的数量。但是，当商品货币关系还存在的条件下，全社会的不同领域间的平衡和相互联系，它们之间的限度和比例，则是要通过社会平均劳动量来计量，也就是通过货币表现形式来计量。

上述的理论原则，具体化到计划工作实践中来，特别是当我们要进行国民经济综合平衡时，就必须把千差万别的使用价值统统化为价值指标，形成综合概念，然后才能进行统计、计划。国民经济的发展，既是实物形式（使用价值）的运动，又是货币形式（价值）的运动，两者相辅而行，但又各有各的渠道，而最后在实现时则要求商品可供量与有支付能力的社会需求相平衡。每个计划工作者都知道，国民经济计划中的实物指标是分别不同产品按平均消耗定额计量的；价值指标是针对不同的产品或项目，分别按不同的某种基金平均定额计量的。其中包括平均成本和平均利润等指标在内。而且不论编制计划或检查计划都要以平均利润作为考核、评价经济效益的主要指标。在制定计划价格时也是要计算平均利润的（其差别仅在于按成本计算平均利润，还是按全部垫付的资金计算平均利润）。这怎能说，计算平均利润是没有意义的呢？马克思说："只有在生产受到社会实际的预定的控制的地方，社会才会在用来生产某种物品的社会劳动时间

---

① 《马克思恩格斯全集》第23卷，第90页。

的数量，和要由这种物品来满足的社会需要的规律之间，建立起联系。"① 这里说的受到社会预先控制，实际上就是指计划经济。在资本主义经济中，利润平均化是竞争的结果而不是起点；与此相反，社会主义计划经济不是自发地，也不是自动地实现，而只能是通过全社会自觉的有计划的活动来实现。这就要求我们在进行社会生产之前，根据已往的长期趋势，以平均定额为出发点，预先进行计算，定出计划。根据我国和外国的经验，编制计划都离不开平均定额和各种平均数。如果离开了平均数，计划、统计工作就都停摆了。

如果承认在社会主义经济中，平均利润是存在的，那么，剩下来的问题就是以成本（所费资金）利润率作为价格形成的基础呢？还是以全部垫付资金（所用资金）利润率作为价格形成的基础呢？我不想在这里评论成本利润率的是非利弊，只想重说一次，社会主义价格是要从社会总体上来考察的。我们依循的是节约劳动，有计划分配社会劳动规律，而当分配社会劳动还要通过分配社会资金来进行时，评价经济效益也就离不开平均利润指标。所以，在我看来，假如从我们的头脑中清除了资金"供给制"和吃"大锅饭"的思想，我们就应该承认平均资金利润，从而生产价格的科学性和合理性。不言而喻，所谓平均并不是绝对平均或平均主义、"一刀切"，譬如说使各部门的利润率一律为15%或20%或……平均数之所以为平均数本来就是对大量的个别变量的平均，因而它从来表现为离差与平均的矛盾。这本来是统计学上的常识，根本不能成为反驳生产价格的理由。

至于在价格制定上成本利润率与资金利润率相比，利弊如

---

① 《马克思恩格斯全集》第25卷，第209页。

何？以及从成本利润率改为资金利润率如何实施？当然还有许多问题需要研究解决。由于篇幅的限制，只好俟诸异日，另行探讨了。

（刊于《经济理论与经济管理》1984 年第 3 期）

关于价值和价值规律的考据

这是一篇读书笔记，是为自己求得理解而写的。所以名之曰考据，就是不想借题发挥，大作文章；也不想对经典著作的某些条文妄加"注疏"；而是只就考据所得，略抒己见而已。不言而喻，"考据之学"总是和"义理之学"紧相联系的。从来的所谓考据，很少有是为考据而考据的，一般都是为了论证一定的问题，有所为而作。我这个考据和学习体会的最终目的，就是想根据经典著作中关于价值和价值规律的本来意义来说明在社会主义制度下的"价值"和"价值规律"的命运问题，以及价值规律、节约劳动和有计划分配劳动规律、国民经济有计划（按比例）发展规律三者的同异问题。

一、关于价值的涵义

马克思和恩格斯关于价值的论述很多，但我们却不可能从那里找到一条关于价值的永远适用的定义。

恩格斯说："他（指费尔曼——引者注）错误地认为马克思在他进行分析研究的地方，只是马克思要对事物加上一个定义的地方，因此，一般地说，人们尽可以指望在马克思的著作中，找到一些固定的、完成的、永远适用的定义。实则，不说自明，在事物及其相互关系不是当作固定的东西，而是当作可变的东西来理解的地方，它们的思想映象、概念，会同样发生变化和转型。我们不能把它们封闭在硬结的定义中，而是要就它们的历史形成过程或逻辑形成过程来阐明它们。"①

所以，我们对于马克思的价值学说，只有综合研究，融会贯通，才能得到一个比较准确的理解。经过考证和学习，我对价值的涵义有如下几点认识。

第一，商品的价值是社会规定的劳动的"体现"。价值的实体是劳动。

每个商品的价值都是由物化在它的使用价值中的劳动量决定的，即由社会必要劳动时间决定的。

"物化在各种商品使用价值中的劳动时间，是使使用价值成为交换价值因而成为商品的实体，同时又衡量商品的一定价值量。包含同一劳动时间的不同使用价值的相当量是等价物，换句话说，一切使用价值，在它们包含的已支出的物化劳动时间相等的比例上，都是等价物。作为交换价值，一切商品都只是一定量的凝固的劳动时间。"② 所以，商品有价值，仅仅由于它们是人的劳动的表现，不是因为它们本身是物，而是由于它们是社会劳动的化身。

一切劳动产品的生产都是人类劳动力的支出，都是人类劳动在其中的积累。这种产品所共有的社会实体的结晶就是价值，就是商品价值。所以，商品的生产过程就是劳动过程和价值形成过

---

① 《资本论》第 3 卷，郭王译本（下同），第 XX 页。
② 马克思：《政治经济学批判》，《马克思恩格斯全集》第 13 卷，第 18 页。

程的统一。我们必须把生产过程当作价值的形成过程来考察。

由于使用价值或财物有抽象的人类劳动对象化或物化在其中，所以有一个价值。关于价值量的测量，就是由包含在其中的"形成价值的实体"，劳动量去测量。

第二，物品的价值只有在交换中，在一个社会过程中实现。

价值是以商品交换为前提的。劳动本身并不就是价值，只有劳动产品转化为商品而互相交换时，劳动才表现为价值。

"商品生产是一种社会关系体系，在这种社会关系体系下各个生产者制造各种各样的产品（社会分工），而所有这些产品在交换中彼此相等。"① 因为物品的使用价值没有交换也能为人服务。劳动产品只是在它们的交换中，才作为价值，取得一种社会等同的现实性，同它们在物质上作为不同使用品的现实性分开了。"从那时起，生产者们的私人劳动，方才事实上取得一个二重的社会性质。一方面，它必须当作一定的有用的劳动，来满足一定的社会需要，并由此证明它是社会总劳动的一部分，是自然发生的社会分工体系的一部分。另一方面，它能满足生产者本人的复杂需要，又不过因为任何一种特殊的有用的私人劳动，都能和任何别一种有用的私人劳动相交换，和它相等，并以此为限。"② 这就是说，人们是在交换中，把他们的不同种产品看作价值而使它们互相均等的时候，才把他们的不同劳动当作人类劳动，把它们均等起来了。

一个商品的价值只能用另一个商品的价值来表现，并且只有在同另一商品相交换时才能实现。所以，价值是以交换价值的形式表现出来的，它所反映的是私人的商品交换关系。

---

① 列宁：《卡尔·马克思》，《列宁选集》第 2 卷，第 589 页。
② 《资本论》第 1 卷，第 49 页。

第三，商品的价值是这些商品的"社会存在"；商品价值的对象性只能通过它们全面的社会关系来表现。

"在商品生产者的社会内，社会的生产关系一般是这样形成的：他们把他们的产品，当作商品，也就是当作价值，并且在这个物质形式上，把他们的私人劳动，当作等一的人类劳动来相互发生关系。"① 私人劳动的总和形成社会总劳动，个人劳动构成这总劳动中的一个组成部分，由于交换，使劳动产品之间发生了联系，从而彼此独立的私人劳动失去其特殊性而作为人类劳动互相等同起来，即采取了价值的形式。这便是商品生产所独具的特点。价值不是由单独生产某种产品所必要的时间构成，而是与同一时间内所生产的一切其他产品的数量成比例。一个商品实现的价值，并不是它的个别价值，而是它的社会价值。

"任何一个生产者，不管是从事工业，还是从事农业，孤立地看，都不生产价值或商品。他的产品要在一定的社会联系中方才成为价值和商品。第一，这个产品要当作社会劳动的表现来表现，从而，他自己的劳动时间也要当作一般社会劳动时间的部分来表现。第二，他的劳动的这种社会性质，也只有通过产品的货币资格，通过产品的由价格而定的一般交换可能性，方才当作一个刻印在他的产品上面的社会性质来表现。"②

商品是某个特殊生产领域的产品，它的价值决定于商品总额所需要的劳动，而不决定于单个资本家或企业生产所需要的特殊劳动时间。它的特点就是把私人劳动的社会有用性反映在劳动产品正好对别人有用的形式上，而把不同劳动互相均等的社会性质反映在不同的劳动产品有共同的价值性质的形式上。

---

① 《资本论》第 1 卷，第 55 页。
② 《资本论》第 3 卷，第 749—750 页。

第四，价值是私人产品中所包含的社会劳动的表现。

"在一切社会状态内，劳动产品都是使用品，只有在一个历史规定的发展时期，才把一个有用物品生产上支出的劳动，表现为它的'对象性'属性，那就是表现为它的价值，并且把劳动产品转化为商品。"① 这里所说的一个历史规定的发展时期，就是指私有商品经济时期，只有在这个时期，产品生产上支出的劳动才表现为价值。换句话说，在非商品经济条件下，产品生产上的劳动就不再表现为价值，而人们在其社会生产中的关系也不表现为物的价值。以私人交换为基础的劳动的特征是：劳动的社会性质以歪曲的形式表现为物的属性，社会关系表现为物（产品、使用价值、商品）的相互间的关系。

劳动是社会规定的人的活动，是价值的惟一源泉。所以，价值是社会规定的劳动的体现，它实际上是人们的生产活动即人们的各种劳动的相互关系，不过它是以物的形式表现出来的。列宁说："一位旧经济学家说过，价值是两个人之间的一种关系。他只是还应当补充一句：'被物外壳掩盖着的关系。'只有从某个一定的历史社会形态的社会生产关系体系来看，并且表现在重复亿万次的大量交换现象中的关系体系来看，才能了解什么是价值。"②

价值本来是反映社会生产中人与人的关系的，但在商品经济中却被物的外壳掩盖着。商品形态的神秘性就在于它把人们自己劳动的社会性质作为劳动产品的自然属性来反映了，把生产者同总劳动的社会关系作为存在于生产者之外的物与物的社会关系来反映了。事实上商品形态和它借以表现的劳动产品的价值关系，

① 《资本论》第 1 卷，第 35 页。
② 《卡尔·马克思》，《列宁选集》第 2 卷，第 589—590 页。

是同劳动产品的物理性质，以及由此产生的物的关系是全然无关的。然而在人们的面前，它却采取了物与物的关系的虚幻形式，因而有了商品拜物教性质。价值是商品对人的支配，它是拜物教性质的核心。

第五，关于价值和生产价格的关系问题。

生产价格是需要专门讨论的问题。这里，仅就价值和生产价格的关系简单地谈谈。

"商品成本价格所涉及的问题，不过是商品包含的有酬劳动的量；价值所涉及的问题，是其中包含的有酬劳动和无酬劳动的总量；生产价格所涉及的问题，则是有酬劳动加无酬劳动的一个对特殊生产部门说本来不是由它本身决定的量的总和。"①

生产价格是价值的变异形态。就全部社会产品来说，生产价格的总和等于价值的总和。就个别产品来说，生产价格是与价值相背离的。由于利润平均化的缘故，资本有机构成高的部门，产品的生产价格高于它的价值；而资本有机构成低的部门，产品的生产价格就低于它的价值。

商品的生产价格决定于商品所包含的预付资本的价值加上它的年利润率，这就使商品的生产价格不同于它的价值了。生产价格与价值的这个差额，同一般利润率是一回事。生产价格的前提就是一般利润率的存在。求出不同生产部门的不同利润率的平均数，把这个平均数加入到不同生产部门的成本价格中去，由此形成的价格就是生产价格。

"商品按照价值或接近按照价值进行的交换，比那种按照生产价格进行的交换，要求有一个更低得多的阶段。而对那种按照生产价格进行的交换来说，资本主义一定程度的发展却是必需

---

① 《资本论》第3卷，第170页。

的。"① 因为只有在社会化大生产，物质技术装备程度不断提高的条件下，资本有机构成的差异加大了，才有利润率平均化的要求。

"若商品都是按照它们的价值售卖，那就和已经说明的一样，不同生产部门将会有极不同的利润率，视不同生产部门投下的大量资本的不同有机构成而定。但资本会从利润率较低的部门撤出，转而投到有较高利润率的其他部门。由于这种不断的移出和移入，也就是，由于资本在不同部门之间的分配（这种分配要由利润率那里下降这里提高的情况而定），供给和需要将会形成这样一种比率，以致不同生产部门各有相等的平均利润，因而使价值转化为生产价格。"②

有些人只承认价值是由社会必要劳动决定，而不承认价值的变异形态——生产价格同样是由社会必要劳动决定的。殊不知同一部门，商品价值是由生产这种商品的生产部门的社会平均必要劳动时间决定的，从而确立市场价值，而在不同生产各部门间，不同的市场价值则被平均为不同于市场价值的生产价格，即形成相同的平均利润率。其结果是使它们的价值转化为不同于商品价值的生产价格。当然，这种平均化是经过竞争达到的。

"竞争在同一生产领域所起的作用是：使这一领域生产的商品的价值决定于这个领域中平均需要的劳动时间，从而确立市场价值。竞争在不同生产领域之间所起的作用是：把不同的市场价值平均化为代表不同于实际市场价值的费用价格的市场价格，从而在不同领域确立同一的一般利润率。因此，在这第二种情况下，竞争决不是力求使商品价格去适应商品价值，而是相反，力

---

① 《资本论》第 3 卷，第 184 页。
② 同上书，第 206 页。

求使商品价值化为不同于商品价值的费用价格，取消商品价值同费用价格之间的差别。"①

二、关于价值规律的作用问题

第一，价值规律就是价值由劳动时间决定的规律。也就是按产品生产所消耗的社会必要劳动量进行商品生产和商品交换的规律。

商品生产是为交换而生产，"等量社会劳动的产品可以相互交换，就是说，价值规律正是商品生产的基本规律，从而也就是商品生产的最高形式即资本主义生产的基本规律。"②

价值规律要求商品的个别价值与它的社会价值相一致。当个别价值低于社会价值时就得到额外价值；当个别价值高于社会价值时就将少得或得不到剩余价值，甚至要赔本了。所以，在资本主义条件下，价值规律是通过竞争，作为强制的规律而盲目地发生作用的。

价值规律是一个铁面无私的尺子，又是一条残酷无情的鞭子。资本家运用这个尺子可以度量他的生产是先进还是落后；而同时这条鞭子又不断鞭策他们，迫使他们争取先进，避免落后。恩格斯说："在资本家和资本家之间，在产业和产业之间以及国家和国家之间，生存问题都决定于天然的或人为的生产条件的优劣。失败者被无情地消除掉。这是从自然界加倍疯狂地搬到社会

---

① 《马克思恩格斯全集》第 26 卷第 2 分册，第 230—231 页。马克思在这里用的"费用价格"是指"生产价格"（c＋v＋平均利润）。参阅同上书，第 688 页注释 62。下同。

② 《反杜林论》，《马克思恩格斯选集》第 3 卷，第 351 页。

中的达尔文的生存斗争。动物的自然状态竟表现为人类发展的顶点。"① 资本家在动物般的生存竞争的自然规律面前，惟有不断采用新技术，不断创造优异的生产条件，才能使自己避免被消灭的命运而立于必胜不败之地。

"生产方式和生产资料总在不断变更，不断革命化；分工必然要引起更进一步的分工；机器的采用必然要引起机器的更广泛的采用；大规模的生产必然要引起更大规模的生产。

这是一个规律，这个规律一次又一次地把资产阶级的生产甩出原先的轨道，并迫使资本加强劳动的生产力，因为它以前就加强过劳动的生产力；这个规律不让资本有片刻的停息，老是在它耳边催促说：前进！前进！"② 可见，从社会发展的意义上说，价值规律并不是一个"大坏蛋"，而是要求减少消耗，节约劳动，促进社会不断向前发展的。资本家正是利用价值规律的这一特性来达到他们攫取利润的目的的。价值规律何罪之有？

第二，价值规律支配着价格的运动。

价格是价值的货币表现，价格就是以价值决定为中心，在价值的周围上下波动。正如列宁所说的："价格是价值规律的表现。价值是价格的规律，即价格现象的概括表现。"③

"不同生产部门的商品按照它们的价值来卖这样一个假定，当然不过包含这样的意思：它们的价值是一个重心，它们的价格就是围绕着这个重心来变动，并且价格的不断涨落，也是向着这个重心来互相平衡。所以此外总有一个市场价值——以下我们就要论到它——要和不同生产者生产的个别商品的个别价值相区

---

①　《反杜林论》，《马克思恩格斯选集》第 3 卷，第 313 页。
②　《雇佣劳动与资本》，《马克思恩格斯选集》第 1 卷，第 375 页。
③　《又一次消灭社会主义》，《列宁全集》第 20 卷，第 194 页。

别。在这些商品中，有些商品的个别价值是在市场价值以下（也就是，它们生产上必要的劳动时间，比市场价值所表示的劳动时间更小），别一些商品的个别价值则是在市场价值以上。市场价值，一方面，要视为是一个部门所生产的商品的平均价值，另一方面，又要视为是按这个部门的平均条件进行生产，并在该部门的产品中占有显著大量的商品的个别价值。只有在异常的组合下面，才会由那种在最不利条件或最有利条件下生产的商品，来规定那种为市场价格形成变动中心的市场价值——不过市场价格对同种商品说又是相同的。所以，当商品供给是按平均价值，是按二极间大量商品的中位价值来满足普通需要时，个别价值在市场价值以下的商品，就会实现一个额外剩余价值或剩余利润，个别价值在市场价值以上的商品，却会让它们里面本来包含的剩余价值一部分不能实现。"① 所以，不同商品的价格变动总是由价值规律来支配的。在其他条件不变的情况下，它们在生产上的必要劳动时间如果减少了，价格就会跌落；如果增高了，价格就会提高。

事实上，商品价格总是对它的价值不断背离的。只有通过竞争与供求比例的变动，引起商品价格的不断波动，才能使商品生产的价值规律得到贯彻，也就是使社会必要劳动时间决定商品价值这一点成为现实。所以，我们通常说利用价值规律来调整价格，实际上就是利用价值与价格的偏离关系来调整价格的。

在资本主义经济发展中，价值规律的作用表现为生产价格和平均利润率的转化形态。关于价值和生产价格的关系，前已论及，这里就不再重复了。

第三，价值规律通过市场价格机制调节商品生产。

---

① 《资本论》第3卷，第185页。

　　资本家是从市场价格晴雨表的考察上来确定其投资方向和产品数量的。

　　个别商品的生产者并不了解社会经济的全局，他只有从商品的跌价或涨价上来判断社会需要什么、需要多少或不需要什么。

　　马克思在论述李嘉图的费用价格理论时指出：某些特殊领域中发生的市场价格对费用价格的经常偏离，即经常高于或低于费用价格的情况，就会引起社会资本的新的转移和新的分配。接着马克思引用了李嘉图讲的资本运动原则："每一个人都可以随意把自己的资本投在他所喜欢的地方……他自然要为自己的资本找一个最有利的行业；如果把资本转移一下能够得到百分之十五的利润，他自然不会满足于百分之十的利润。一切资本家都想放弃利润较低的行业而转入利润较高的行业的这种不会止息的愿望，产生一种强烈的趋势，就是使大家的利润率平均化，或者把大家的利润固定在当事人看来可以抵消一方所享有的或看来享有的超过另一方的利益的那种比例上。"然后马克思指出："这种趋势促使社会劳动时间总量按社会需要在不同生产领域之间进行分配。同时，不同领域的价值由此转化为费用价格，另一方面，各特殊领域的实际价格对费用价格的偏离也被拉平了。"① 这就是说，价值规律通过价格变动，使资本从利润率较低的部门撤出，转而投到利润率较高的其他部门中去，以实现其在不同部门间的资本分配。资本主义经济就是这样通过市场价格机制和供求关系的变化来调节生产的。

　　商品生产是以分工为前提。社会把它所能利用的劳动时间的一部分来生产这种商品，社会也是用它所能支配的劳动时间的一定量来购买这种商品。生产这部分商品的一部分社会劳动，由能

---

① 《剩余价值理论》，《马克思恩格斯全集》第 26 卷第 2 分册，第 282 页。

够满足他们各种需要的商品的另一部分相等的社会劳动相交换。在一定的社会劳动生产率的条件下，某种商品的生产在社会总劳动中只能占一定的份额。所以，商品按照它们的价值来进行交换或售卖是商品平衡的自然规律。对于某一生产部门来说，它所花费的社会劳动只能是总劳动中的一个必要部分，为满足社会需求所必要的劳动时间。如果这个部门的商品生产过多了，即使单位商品所包含的仍是社会必要劳动时间，但由于这种商品总量所包含的社会劳动超过了它所应占的社会必要劳动时间，单位商品却不得不贬价出售，等于丧失了一部分使用价值。这样就迫使资本家必须按照市场需求来确定自己的生产，从而使社会生产达到不平衡的平衡。所以，价值规律在商品经济中是经过交换从流通过程中显示其作用，再返回到生产过程中间接地来实现其调节社会生产的作用的。

在我国经济学界关于价值规律的讨论中，有的人把价值规律在交换中发生的作用同它在生产中发生的作用割裂开来，好像有两种价值规律似的（例如说，商品市场价值规律，生产领域中的价值规律），在我看来，这种见解未必是科学的。

如所周知，社会再生产过程就是生产过程和流通过程的统一。商品在生产过程中生产出来，然后在流通过程中进行交换，商品出售后资本又流回到生产领域进行再生产。这本来是再生产之流周而复始，循环往复，以至无穷的过程。价值规律就是在这个整个再生产过程中发挥其自然规律的强制作用，也就是通过市场价格机制来调节社会生产。这个强制作用，归根到底，决定于社会必要劳动。按社会必要劳动消耗进行生产，这是交换的惟一正确的基础。所以，价值首先是用来解决某物是否应该生产，它的效用能否抵偿它的生产费用，只有解决了这个问题，才谈得上按价值进行交换。如果说商品生产只有通过商品交换，在供求关系和价格变动中才能显示出价值规律的作用，那当然是对的。但是若把价值规律只看作是市场价值规律，而看不到它在生产过程中的基础作用，那就不符合商品生产的实际了。

由此可见，商品只能按它们的市场价值进行交换和售卖，同它们只能按社会必要劳动的消耗进行生产，都是这同一个价值规律的同一个要求，我们不能把市场价值规律的作用和生产价值规律的作用机械分开。事实上，价值规律的基本意义在于它是价值由社会必要劳动时间决定的规律。劳动时间起着二重作用，一方面作为尺度，计量在生产某一商品上花费的劳动，度量、比较每一商品生产上的费用与效用的关系；另一方面是劳动时间的按比例分配。在社会总劳动时间中只能把必要的比例量分配在各种不同商品的生产上。这便是通过价值规律调节社会生产的问题。

马克思说："各不同生产领域之间确乎会不断企图保持平衡：一方面因为，固然每个商品生产者都必须生产一种使用价值，必须满足一种特别社会需要，各种需要的范围又有数量上的差别，但其中仍然会有一个内部的连带，让各种不同的需要量连结成为一个体系，一个自然发生的体系；另一方面因为，商品的价值规律结局会决定，社会所可支配的总劳动时间有多少能用在每一种特殊商品的生产上。不过，不同各生产领域这种保持平衡的不断趋势，只是当作这个平衡不断破坏的反映来证实它自己。那种在工场内部的分工上先验地按计划进行的规律，在社会内部的分工上，只是后发地，当作内部的，无言的可以在市场价格晴雨表变动中知觉到，并且会对商品生产者们的没有规律的随意行动进行控制的自然必然性，来发生作用。"[①]

社会生产总量生产各种不同的产品来满足各种不同的需要，

---

① 《资本论》第1卷，第378—379页。

因而各种产品都要占用它所必需的社会必要劳动。"如果这种分工是按比例进行，不同种产品就会按照它们的价值（在发展的后一个阶段上，是按照它们的生产价格）来卖，或按照那种不过是价值或生产价格按一般规律决定的某种变形的价格来卖。那事实上就是那个一直在发生作用的价值规律，不过这里有关的，并不是个别商品或物品，而是各个特殊的因分工而互相独立的社会生产部门在每一个特殊场合的总产品；所以不仅在每个商品上要只使用必要的劳动时间；并且在社会的总劳动时间中，也要只把必要的比例量用在各种不同的商品上。因为，条件仍然是使用价值。如果就个别商品说，使用价值是取决于它本身是否满足一种需要的事实，那么，就社会产品总量来说，使用价值就是取决于它本身是否和社会对各种特殊产品的已经在数量上确定的需要相适应，劳动是否比例于各种数量已定的社会需要、是否按比例分配给不同生产部门的事实。（这一点，在我们论述资本在不同生产部门的分配时一定要牵涉到。）在这里，社会的需要，即按社会尺度来说的使用价值，对于社会总劳动时间分别用在不同生产部门的分量来说，看起来就是一个决定的因素。所以，这里所说，不过是同一个已经在单个商品上表示出来的规律：商品的使用价值，是它的交换价值的前提，从而也是它的价值的前提。……用在这个特殊部门的社会劳动一般说已经过多；也就是说，产品的一部分已经没有用处，所以，全部产品只有这样售出，好像它本来就是按必要的比例来进行生产一样。这对社会劳动时间可以分别用在不同部门的份额来说，是一个数量限界。这个数量限界，不过是总的价值规律的一个已经更进一步发展的表现，虽然必要劳动时间在这里包含着另外一种意义。只有这样多才是满足社会需要所必要的。限界的出现在这里是由于使用价值。社会在一定生产条件下，只能把它的总劳动时间这么大的一个部分用在这样的一种产品上。"①

从上面的引文中看出，资本家从市场价格的晴雨表的考察上各自确定其投资方向和产品生产数量，实质上就是由价值规律来决定社会总劳动的按比例分配。尤其值得注意的是马克思把这种按比例分配社会劳动的数量界限称之为"总的价值规律的一个更进一步发展的表现"。（着重点是引者加的）因此，我们可以据此得出结论说，在资本主义下，价值规律也就是他们的按比例分配劳动的规律。毫无疑问，资本主义所有制本身决定了资本家是惟利是图，各自为政的，他们不可能协同一致，认识和掌握价值规律，把社会生产放在他们的共同控制之下，而分工合作，按比例地分配社会劳动。所以，在那里，价值规律是盲目地自发地发挥作用的。因而那里的所谓比例性，只能是理论上的假定，只能是在平衡的不断破坏、不断波动中出现近似的平衡。而当出现严重的不平衡时，就要经过危机进行调节。恩格斯说："直到今天，社会的全部生产仍然不是由共同制定的计划，而是由盲目的规律来调节，这些盲目的规律，以自发的力量，在周期性商业危机的风暴中起着自己的作用。"②

三、关于社会主义下的"价值"和"价值规律"问题

第一，在社会主义社会，产品不表现为价值，但价值本身还存在。

---

① 《资本论》第 3 卷，第 745—747 页。
② 《家庭、私有制和国家的起源》，《马克思恩格斯选集》第 4 卷，第 171 页。

马克思和恩格斯都一再指出：在一个集体的、以生产资料公有制为基础的社会里，消耗在产品生产上的劳动，就不表现为产品的"价值"。不需要"价值"插手其间，人们在其社会生产中的关系也不表现为"物"的"价值"。

另一方面，马克思和恩格斯也一再指出：即使交换价值消灭了，劳动时间也始终是财富的创造实体和生产财富所需要的费用的尺度。①

在资本主义生产方式消灭以后，价值决定仍然在劳动时间的调节和社会劳动在不同生产之间的分配上起支配作用。②

为什么以公有制为基础的社会，消耗在产品中的劳动不再表现为价值呢？这就是因为每个人的劳动，都成为直接的社会劳动。无论用途如何不同，都直接地作为社会总劳动的构成部分存在着。

在商品经济中，价值是私人产品中所包含的社会劳动的表现。商品作为价值，它代表的是人们在其生产活动中的关系。"价值"概念是以产品的交换为前提的，产品是作为私人商品来互相交换的。这种交换在本质上是劳动的交换，但劳动的社会性却被歪曲地表现为物的属性，而人们之间的社会关系被歪曲地表现为物和物之间的相互关系。

劳动产品变成商品，并不是一开始就发生的，它只是社会发展到一定时期，即在历史发展的一定阶段才发生的。所以，"交换价值"是一个"历史的"概念。当公有制建立起来，商品经济不复存在时，虽然还有产品交换，但在产品上的劳动却不再表

① 参阅《剩余价值理论》，《马克思恩格斯全集》第 26 卷第 3 分册，第 282 页。

② 参阅《资本论》第 3 卷，第 1000 页。

现为价值。也就是人们在其社会生产中的关系不再表现为物的价值了。这本来是说，政治经济学上本来意义的价值是指私人产品中所包含的劳动，它是要经过交换才表现出来的东西。在公有制经济下，既然私有经济不复存在了，这种反映私人商品交换关系的"价值"当然也就不复存在了。但是这只是形式改变了，劳动同产品的关系不再用价值的形式来表现了。至于劳动时间的必要性，它并不为社会生产的一定形式所取消，而可能改变的只是它的表现形式。所以，劳动时间始终是创造价值的实体和生产财富所需费用的尺度，价值决定仍在社会劳动各部门的分配上起支配作用。在我国经济学界关于社会主义下价值问题的争论中，往往有人把不复存在的价值所表现的一定形式同不能取消的价值的实体混为一谈。据我所见，坚持在公有经济下价值决定永恒存在的人指的是价值的实体（即社会必要劳动），而不是指价值所反映的私有经济下的商品交换关系；而主张价值是"历史性"概念的人指的是价值所反映的私有经济下的商品交换关系，而不是说价值的实体也不复存在了。假如是属于这种争论的话（当然也仅限于这种争论），那么，这种"形式"对"实体"的"三岔口"式的战斗，不是可以罢休了吗？

第二，现实社会主义经济中的价值问题。

如所周知，马克思、恩格斯当年所设想的社会主义革命，是首先在资本主义高度发达的几个国家同时取得胜利，经过短期的"阵痛"之后，比较快就进入共产主义的初级阶段——社会主义社会了。在那里，建立起了生产资料公有制，不再有商品、货币。产品是进行直接分配的，劳动者只使用不得流通的劳动券，作为按劳分配的凭证。因而作为商品经济所特有的价值范畴也就随商品生产的消灭而消灭了。

可是，历史实践并不是像马恩当年所设想的那样发展的。社会主义革命没有在资本主义高度发达的国家取得胜利，而是在资本主义相当落后的俄国爆发了。十月革命初期，列宁也曾经设想取消商品货币，实行直接的生产和分配。然而经过几年内战和军事共产主义的实践，列宁英明地看出了在俄国这样一个生产力相当落后的国家，虽然建立起了无产阶级的政权，实行了工厂、矿山、铁路、银行等等的国有化，但并没有完全改变原有的社会经济结构，还不可能实行直接的产品交换。因而他毫不掩饰地进行检查说：“我们曾打算用这种热情（指政治热情和军事热情——引者注）直接实现与一般政治任务以及军事任务同样伟大的经济任务。我们原打算（或许更确切些说，我们是没有充分根据地假定）直接用无产阶级国家的法令，在一个小农国家里按共产主义原则来调整国家的生产和产品分配。现实生活说明我们犯了错误。”① 那么，怎样改正这个错误呢？列宁极力主张实行新经济政策，允许商品货币的存在。这一伟大的创见，对后来所有社会主义国家经济的发展都起了不可估量的积极作用。

有必要指出，列宁在提出新经济政策时，是把商品交换作为资本主义因素提出的。后来，不论苏联的实践或其他社会主义国家的实践都在证明，不仅在向社会主义过渡时期，就是实现了农业集体化之后，也还需要商品货币经济的继续存在。关于这一点，斯大林早在《第一个五年计划的总结》中就把社会主义商业称作“特种商业”②，后来又把苏联的商品生产称之为特种商品生产，没有资本家参加的商品生产等等。他在第十七次党代表大会的总结报告中还把空谈直接产品交换的某些“红色教授”和商业工作人员讽之为唐·吉诃德式人物，说他们失去了起码的

① 《十月革命四周年》，《列宁全集》第 33 卷，第 39 页。
② 参阅《斯大林全集》第 13 卷，第 184 页。

生活嗅觉，和马克思主义相去万里。并且说："货币在我们这里还会长期存在，一直到共产主义的第一阶段即社会主义发展阶段完成的时候为止。"①

从十月革命算起，六十多年来，所有社会主义国家的历史发展过程都在证明，在我们现实的社会主义社会中商品经济是不能取消的。既然有商品货币经济的存在，那就必然有与之有关系的价值、价格、成本、工资、利润、利息等一系列经济范畴的存在。但是，不应当拿社会主义经济中的这些范畴同资本主义经济中的那些同名称的范畴进行机械类比。应该说，我们社会主义下的商品、货币都已不再是政治经济学上原来意义的商品、货币了。列宁在强调商品交换时就曾经说过："用来交换农民粮食的国家产品，即社会主义工厂的产品，已不是政治经济学上的商品，决不单纯是商品，已不是商品，已不成其为商品。"② 同样，我们的经济中的价值、工资、利润等范畴也不再是政治经济学上原来意义的经济范畴了。它们是适合于社会主义经济发展需要的新的经济范畴了，它们所反映的已经不再是资本主义的生产关系，而是社会主义的生产关系了。斯大林说得好："如果从形式上，从现象表面的过程来看问题，就会得出不正确的结论，仿佛资本主义的范畴在我国经济中也保持着效力。如果用马克思主义的分析方法来看问题，即把经济过程的内容和它的形式、把深处的发展过程和表面现象严格区别开来，那就可以得出一个惟一正确的结论，即资本主义的旧范畴在我国保留下来的主要是形式，是外表，实质上这些范畴在我国已经适应社会主义国民经济发展

---

① 参阅《斯大林全集》第 13 卷，第 303—304 页。

② 列宁：《劳动国防委员会给各地方苏维埃机关的指令》（草案），《列宁全集》第 32 卷，第 374 页。

的需要而根本改变了。"①

既然承认在社会主义经济中有商品、货币、价值……等等经济范畴的存在，而它们又为今日的社会主义经济发展所必需，那我们就应该把社会主义的商品、货币、价值……等同资本主义的同名称的经济范畴区别开来，不要动不动就把它们拿过来当作资本主义因素予以批判，予以鞭挞！相反，而是要根据社会主义经济发展的需要，正确地认识它们、掌握它们，使它们为社会主义经济服务。例如，我们强调价值，丝毫也不意味着企图发展资本主义，而是力争按社会必要劳动的要求进行生产、按等价原则进行交换（所谓等价就是指两种产品所含的社会必要劳动量相等）。这是一个不以人们的意志为转移的客观要求，决不是你想这样干就这样干，不想这样干就可以不这样干，而是违反了它就要受历史的惩罚。又如费用与效果关系的比较（即以最小的劳动消耗取得最大的经济效果）问题，按比例分配社会劳动问题，马克思和恩格斯把这种价值决定看作是在共产主义生产中起决定性的因素或起支配作用的东西。怎可想象，我们在社会主义社会生产中把它作为资本主义范畴加以抛弃呢？又比如，我们在编制国民经济计划时，不仅要从实物（使用价值）上进行平衡，而且要从价值上进行平衡，并且要从实物与价值的相互关系上进行综合平衡。如果仅仅有实物（使用价值）指标而没有价值指标，那还有什么国民经济综合平衡之可言呢？

如此等等。

由此可见，商品、货币、价值……在我们现实的社会主义经济中本来是无所不在的。实际上在我们的现实经济中，这些经济范畴所反映的早已不是资本主义的生产关系而是社会主义的生产

① 斯大林：《苏联社会主义经济问题》，《斯大林文选》，第 613 页。

关系了。但是，许多人总是对于它们存有戒心，特别是对于价值规律更是大大地存有戒心，同它保持距离。这是为什么？说到底，无非是抱着圣洁的心理，惟恐资本主义经济的毒素侵入社会主义的乐园就是了。

就我所读过的马恩列经典著作，在论及未来的公有制经济时，只提价值概念、价值决定的意义而未提过价值规律。价值决定及其规律是有别于价值规律的，胡寄窗同志对这个问题作了有根有据的考证。[①] 我完全同意，价值决定就是指价值由劳动时间决定，价值决定的规律本身就是反映价值及其各个成分的相对量如何由劳动形成的规律。从严格意义上说，价值决定及其规律本身的确是有别于价值规律。从《资本论》第 3 卷第 993 页（郭王译本，1966 年版）的论证中，最为明显地看出了它们的区别。但从广义上说，我们又不能不承认两者是一脉相通的，它们在某些点上是共同的。不言而喻，价值决定是价值规律的基础，价值规律如果离开了价值由劳动时间决定这个基础，它也就不成其为价值规律了。价值规律的作用，在本质上是减少消耗，节约劳动。费用和效果的对比计量、在不同生产部门间的劳动分配（实质上是调节生产），既是价值决定的要求，又是价值规律的要求。关于价格环绕价值上下波动是受价值规律的制约的，但其根源还在于价值决定。这是就理论上来探讨这个问题的。至于在我们现实的社会主义经济中，既然有商品、货币、价值等经济范畴的存在，那么，价值规律，即作为价值由劳动时间决定的规律，也就不能不存在，不能不发挥作用。

下面，拟对价值规律的盲目性、自发性问题，以及所谓限制、利用价值规律等问题，略抒己见。

---

① 参阅《价值决定不是价值规律》，《经济研究》1959 年第 7 期。

　　在资本主义制度下，价值规律确实是盲目地、自发地起作用，像自然规律一样强制性地、破坏性地为自己开辟道路。但这是不是意味着价值规律就是个盲目的、自发的规律，价值规律作用到哪里，哪里就必然出现盲目、自发现象呢？反之，是否还有另一种规律，例如社会主义经济的有计划、按比例发展规律，它是一种自觉的、善良的规律，它作用到哪里，哪里就出现有计划、按比例的发展了呢？事实并非如此！

　　马克思主义教导我们，任何规律都是客观存在的。你理解它，它在起作用；你不理解它，它也在起作用。任何规律都是在一定的条件下起作用的，只要具有它发挥作用的条件，它就要发挥作用。规律不是人，不是动物，并无知觉，不能接受人们的指挥。所以，人们对于规律，不能取消它、改造它，也不能限制它。譬如说，能不能对价值规律赋予计划性，让它受国家计划的调节呢？不能。事实上，我们通常所说的自觉的、有意识的、有计划的等等，不过是说，人们对规律有所认识而加以应用就是了。何曾有什么自发的规律和自觉的规律的区别呢！

　　恩格斯说："社会力量完全像自然力一样，在我们还没有认识和考虑到它们的时候，起着盲目的、强制的和破坏的作用。但是，一旦我们认识了它们，理解了它们的活动、方向和影响，那么要使它们愈来愈服从我们的意志并利用它们来达到我们的目的，这就完全取决于我们了。这一点特别适用于今天的强大的生产力。……它的本性一旦被理解，它就会在联合起来的生产者手中从魔鬼似的统治者变成顺从的奴仆。这里的区别正像雷电中的电的破坏力同电报机和弧光灯的被驯服的电之间的区别一样，正像火灾同供人使用的火之间的区别一样。"[①]　在社会占有了生产

———————

① 《反杜林论》，《马克思恩格斯选集》第3卷，第319页。

资料之后，"人们自己的社会行动的规律，这些直到现在都如同异己的、统治着人们的自然规律一样而与人们相对立的规律，那时就将被人们熟练地运用起来，因而将服从他们的统治。"① 恩格斯还从自由和必然的关系上论证了这个问题。他说："黑格尔第一个正确地叙述了自由和必然之间的关系。在他看来，自由是对必然的认识。'必然只是在它没有被了解的时候才是盲目的。'（着重点是恩格斯加的）自由不在于幻想中摆脱自然规律而独立，而在于认识这些规律，从而能够有计划地使自然规律为一定的目的服务。"②

从上面的引文中看出，规律是客观存在的，但是，人们在客观规律面前并不是无能为力的。特别是在社会占有了生产资料之后，人们成为自觉的、真正的社会主人了，因而对于客观规律有可能加以认识和掌握，把客观的异己的力量放在人们自己的控制之下，使它服从人的统治。但是，这并没有改变规律的本性，只是人们学会应用它来为社会谋福利就是了。任何规律都是不以人们的意志为转移的，当你正确地认识了事物的必然性，而按照它的要求办事时，你就有了自由。你的认识程度同客观必然性的差距越小，你的自由范围也就越大。从表面上看，好像规律服从人的统治了，其实是由于主观符合客观，人们因而有了较大的自由。归根到底，不是人指挥了规律，而是人接受了规律的指挥而自觉地应用它为社会服务了。另一方面，当你不认识事物的必然性而违反它的要求时，规律就要盲目地、自发地为自己的作用开辟道路，人就得不到自由，而且要受到它毫不留情的惩罚。斯大林曾经直截了当地指出："对自然规律的任何违反，即使是极小

① 《反杜林论》，《马克思恩格斯选集》第 3 卷，第 323 页。
② 《反杜林论》，《马克思恩格斯选集》第 3 卷，第 153 页。

的违反，都只会引起事情的混乱。"并且进一步说："对于经济发展规律，对于政治经济学规律——无论指资本主义时期或社会主义时期都是一样，——也必须这样说。"[①] 以上讲的是规律的客观性，已经超出政治经济学的范围，讲起哲学的一般原理了。还是言归正传，回到政治经济学问题上来吧。

50 年代以来，我国在价值和价值规律的讨论中，主流派的观点是师承斯大林的，然而实践证明，许多论点不可能"定于一"，而是要以实事求是的科学态度，同实践结合起来，进行深入的探讨。

譬如说，规律能不能限制的问题。斯大林所说的限制，分明是说，限制规律发生作用的范围，他所举的变水害为水利的例子，是无可非议的。因为规律总是在一定的条件下发生作用，失去了这种条件，规律发生作用的范围当然也就受到限制。依同理，价值规律发生作用的条件不存在了，它的作用范围当然要受到限制。我认为这个原则是正确的，（有的人，笼统地说限制价值规律，我认为是不正确的。我个人过去也有这种糊涂观念。）问题在于我们如何理解价值规律，以及限制价值规律作用范围的条件究竟是什么。在这里，不想展开论证这个问题，仅就两个例子来谈谈。我是把价值规律作为"价值由社会必要劳动时间决定的规律"来理解的。我就以这种观点来说明我的举例。

一是价格问题。很多人在说，我们的价格是由国家计划规定的，不是由价值规律来调节。

计划是主观意志对未来的预测。只有遵循客观经济规律制定的计划（包括计划价格），主观符合于客观，才是实事求是的科学的计划。那么，价格同价值是什么关系呢？列宁说：价格是价

---

① 《苏联社会主义经济问题》，《斯大林文选》，第 573 页。

值规律的表现。价格总是以价值为重心，围绕价值上下波动的。如果违反价值规律来规定价格，那不就变成主观意志的价格了吗？再以价格政策来说，我们的原则是等价交换或接近等价的交换。等价就是说社会必要劳动量相等，就是说价格要受价值的制约。姑不论工农产品比价应该缩小剪刀差，力求达到等价交换，就是在国营经济内部也是应该实行等价交换、等价补偿的。例如，在工业产品的平均成本利润率为百分之二十的条件下，同属于能源领域的石油和电力的利润率分别为百分之七十五和百分之七十二，而煤炭却不赚钱（现已调价），这不分明是违反价值规律，违反等价交换原则而在经济利益关系上人为地造成苦乐不均吗？

二是关于制定计划的依据问题。人们经常说，我们的计划是为了满足社会需要而不是由价值规律来调节。这主要是由于把价值规律当作追求利润的规律来看待，其实就是怕利润！价值规律本来不单纯是盈利问题。就以利润来说吧，按照列宁的观点，利润也是满足社会需要的，而在社会主义条件下，它是归全体劳动者所有的。①　我们根本不应该把满足社会需要同盈得利润对立起来。再以社会需要来说吧，它也只是按社会尺度来说的使用价值。有计划地安排社会产品生产，不仅在每个产品上只能使用必要的劳动时间，而且在各类产品上也只能在社会总劳动中使用必要的比例量。所以，所谓满足社会需要，决不是可以听凭主观随意性而不受经济规律的制约。最优计划的选择和生产的实施（不论是宏观范围，还是微观范围），都必须以社会必要劳动时间为尺度。如果片面地、畸形地安排社会生产，造成比例失调；或者不讲核算，不惜工本，甚至在"政策性补贴"的掩盖下，

---

① 参阅列宁：《对布哈林〈过渡时期的经济〉一书的评论》，第42页。

盲目生产，造成严重浪费，那显然不是价值规律这个"魔鬼"在作祟，而是由于违反按比例发展规律和价值规律的要求而造成了损失。

总之，经济计划的制定，只能是遵循客观经济规律，而不是由计划来调节客观经济规律。不仅对按比例发展规律是这样，对价值规律也不能不是这样。以价值规律来说，只要我们真正地理解它、掌握它，善于应用它，按照它的要求——价值由社会必要劳动时间决定来办事，它就不能起盲目的、自发的作用。反之，如果硬是要反其道而行之，那就正如斯大林所说的，对于客观规律，即使是极小的违反也会引起事情的混乱。显然，这不是价值规律的罪过，而是违反价值规律所造成的恶果。实际上，尽管我们今天还不能直接地计算商品的价值，但我们所应用的价值、价值规律已经不再是资本主义的价值和价值规律，更不是盲目地听任价值规律的摆布，而是自觉地应用社会必要劳动范畴和有计划分配社会劳动时间规律即马克思所说的首要规律来为社会主义经济服务了。只是因为今天还存在着商品、货币，所以，还沿用着价值和价值规律的名称。

不容否认，在我们的现实经济生活中还存在着计划性和自发性的矛盾，不过当前的主要倾向在于：人们对于价值规律还很不理解，并且存有戒心。

第三，关于未来时期的"价值"和"价值规律"问题。

这里说的未来时期是指发达的社会主义阶段和共产主义高级阶段。马克思和恩格斯把共产主义划分为高级阶段和初级阶段。所谓共产主义的初级阶段就是社会主义，而现实的社会主义国家（不限于中国）一般还处于社会主义的初级阶段，即不发达的（或未成熟的）社会主义阶段。因此，一般认为今天我们的社会主义社会之所以还存在商品、货币、价值、价值规律等等，根源在于我们现实的社会主义经济水平还不高。待到将来，建成了高度发达的社会主义，就可以由社会进行直接分配，在那时，由旧社会遗留下来的商品、货币、价值等等就将寿终正寝了。这种设想，确不失为历史唯物主义的分析，也符合马克思、恩格斯历来的指教。

在上文中，我们已经指出了在公有经济条件下，人们在社会生产中的关系不再表现为物的"价值"了。但价值本身还存在，劳动时间始终是创造财富的实体，生产财富所需的费用的尺度。而且按一定比例分配社会劳动的必要性决不可能被社会生产的一定形式所取消，而可能改变的只是它的表现形式。连工资和剩余价值等也都是如此。马克思说："如果我们把工资和剩余价值、必要劳动和剩余劳动的独特的资本主义性质去掉，留下来的，就再也不是这各种形式，而只是它们的为一切社会生产方式所共有的基础。"① 所不同的是：在私有经济制度下，按比例分配劳动所借以实现的形式是产品的交换价值，即通过商品的价格变动盲目地、间接地实现的；而在公有制之下，劳动时间用于不同生产部门的调节是通过社会计划的控制，自觉地直接地实现的。

这就是说，在私有经济下，价值规律的作用是在商品交换过程中通过供求关系、价格变动表现出来，间接地对生产过程的劳动分配（具体地表现为投资分配）进行调节。在马克思致恩格斯的信中所说的，在资产阶级社会中"直接的"价值规定的作用多么小，② 据我的理解就是指此而言。但这丝毫也不意味着，在资本主义制度下的价值规律，仅仅是个市场商品价值规律。因

① 《资本论》第 3 卷，第 1029 页。
② 参看《马克思恩格斯选集》第 4 卷，第 365 页。

为商品交换本来是以商品生产为基础的。"价值是生产费用对效用的关系。价值首先是用来解决某种物品是否应该生产的问题，即这种物品的效用是否能抵偿生产费用的问题。只有在这个问题解决之后才谈得上运用价值来进行交换的问题。"①　恩格斯的这番话本来就是对资本主义来说的。而且价值规律在资本主义社会本来就具有调节社会生产，按比例分配社会劳动的作用。马克思说："商品的价值规律结局会决定，社会所可支配的总劳动时间有多少能用在每一种特殊商品的生产上。"②

在资本主义消灭之后，到了社会主义成熟阶段和共产主义的高级阶段，商品、货币、价值都不复存在了，价值规律当然也就退出历史舞台了。但是，到那个时候，价值这个概念就会愈来愈只用于解决生产的问题；在劳动时间的调节和社会劳动在各类不同生产之间的分配上，价值决定仍起支配作用。

据我的理解，这里所说的"价值"、价值概念和价值决定都是指"价值本身"、价值的实体，即社会必要劳动时间。说生产过程是"价值概念"真正活动的范围，无非是说，生产是交换的基础，到那时，社会对产品的生产和交换可以自觉地、直接地控制了；在生产中计量费用对效果的关系，更为重要了；而社会劳动消耗可以直接计算出来，不必迂回曲折求助于著名的"价值"了。但这并不意味着，交换过程不受社会必要劳动的制约。共产主义是社会化大生产。随着生产的发展，社会分工越来越

---

① 恩格斯：《政治经济学批判大纲》，《马克思恩格斯全集》第 1 卷，第 605 页。

② 《资本论》第 1 卷，第 379 页。

细。有分工就必须有交换。① 因而生产出的产品是否符合消费者（包括个人消费和生产消费）的需要，是否符合节约劳动的准则，还是经过交换和使用的检验，又返过来对生产过程有所调节的。

近年来，在我国经济工作部门和经济学界，承认价值规律是社会主义经济不可违反的客观规律的人越来越多了；承认价值规律是价值由社会必要劳动时间决定的规律的人也多了。这是一种可喜的现象。但是，价值、价值决定、价值规律究竟有何同异，还是众说纷纭，莫衷一是。我在上文中已经指出，在公有制下，产品不再表现为价值是指私有经济的商品交换不复存在了，表现这种生产关系的价值也不复存在了；而不是说，决定价值的社会必要劳动不复存在了。实际上"价值"是以另一种形式存在着。正如马克思所说："商品的'价值'只是以历史上发展的形式表现出那种在其他一切历史社会形式内也存在的，虽然是以另一种形式存在的东西。这就是作为社会劳动力的消耗而存在的劳动的社会性。"②

现在，把上述意见归纳如下：

价值的实体就是社会必要劳动时间。

价值决定就是指价值由社会必要劳动时间决定。

价值规律就是价值由劳动时间（或者说，社会必要劳动时间）决定的规律。但马克思、恩格斯是把价值规律特定为私人商品经济下的商品价值运动的规律。按照马克思、恩格斯所说的

---

① 马克思在《哥达纲领批判》中曾经说过，在生产资料公有制的社会里，"生产者并不交换自己的产品"（《马克思恩格斯选集》第3卷，第10页），我的理解是指不进行"商品交换"。

② 《评阿·瓦格纳的〈政治经济学教科书〉》，《马克思恩格斯全集》第19卷，第120页。

严格意义上的"价值"范畴，在公有经济下是不存在的。因而在社会主义成熟阶段和共产主义高级阶段，既然商品、货币、价值等等都已不复存在，价值规律当然也就不复存在了。

但是，在公有制经济的社会生产中，衡量费用对效果的关系，还是要以社会必要劳动为尺度，按比例地分配社会劳动的必要性决不能为社会生产的一定形式所取消。在这个新的历史时期，代替价值规律出现的就是马克思所说的时间节约和有计划分配劳动的规律。这个问题，留在后面再谈。

四、关于价值规律、节约劳动和有计划分配劳动规律、国民经济有计划（按比例）发展规律三者异同的考察

第一，关于价值规律。

价值规律就是价值由劳动时间决定的规律，它是决定和支配商品经济的生产和交换的规律。

"全部商品生产以及价值规律不同方面借以发生作用的复杂关系，都要从价值由劳动时间决定这一点出发来进行说明。特别是劳动惟一得以形成价值的条件。"[1]

在社会生产中，价值规律不仅要求在每个产品上只使用必要的劳动时间；并且在社会总劳动中，也要只把必要的比例量用在各种不同的产品上。条件仍然是使用价值。就社会产品总量来说，不同的使用价值取决于它本身是否同社会对各种特殊产品在数量上确定的需要相适应，劳动是否比例于各种数量已定的社会需要按比例地分配给不同的生产部门。商品的价值规律的结局就

---

[1] 《资本论》第3卷，第1054页。

是决定社会在它所支配的全部劳动时间中，能够用多少时间去生产每一种特殊商品。马克思把这种社会劳动的按比例分配称作是总的价值规律，是价值规律的更进一步发展的表现。①

这就是说，价值规律在资本主义社会中，是以价值（即社会必要劳动）为尺度，起着在不同生产部门按比例分配社会劳动的作用。

第二，关于节约劳动和有计划分配劳动规律。

马克思说："以集体生产为前提，时间规定当然照旧保有其本质的意义。社会为生产小麦、家畜等等所需要的时间越少，它对于其他生产，不论是物质的生产或精神的生产所获得的时间便越多。和单一的个人一样，社会发展、社会享乐以及社会活动的全面性，都取决于时间节约。一切经济最后都归结为时间经济。正像单个的人必须正确地分配他的时间，才能按照适当的比例获得知识或满足他的活动上的种种要求；同样，社会也必须合乎目的地分配它的时间，才能达到一种符合其全部需要的生产。因此，时间经济以及有计划地分配劳动时间于不同的生产部门，仍然是以集体为基础的社会首要的经济规律。甚至可以说，这是程度极高的规律。然而，这在本质上不同于用劳动时间来评定交换价值（劳动或劳动产品）。"②

这条引文是人们所熟悉的，也是人们经常引用的。我在这里，把"这本质上不同于用劳动时间来评定交换价值"这句话也引上了。这句话具有深远的意义。——马克思极其严肃地把公有经济同私有经济区别开来。他告诉我们不要把公有经济下的节约时间和有计划地分配劳动同反映私有经济关系的交换价值混为

---

① 参阅《资本论》第 3 卷，第 747 页。我在上文中已经作了很长的引证。
② 《政治经济学批判大纲》（草稿）第 1 分册，第 112 页。

一谈。

不言而喻，首要规律所说的分配劳动是同时包括活劳动和物化劳动的。需要加以探讨的是关于节约时间的尺度问题。我认为所谓节约时间就是要求以最小的劳动消耗，取得最大的经济效果。衡量的尺度只能是社会必要劳动时间而不是其他什么东西。这也就是说，发生作用的还是价值的实体，但它在形式上不同于私有经济下价值规律。时间节约和有计划地分配劳动是集体经济的首要规律，而在私有经济下，按比例分配劳动是总的价值规律的要求。可见这两个规律在内容上是一致的。马克思之所以提出集体经济的首要规律可能就是为了把它同资本主义的价值规律区别开来。

第三，关于国民经济有计划（按比例）发展规律。

社会主义经济在客观上要求保持一定的比例性。斯大林提出国民经济有计划的（按比例的）发展规律[1]是反映了社会主义经济生活的现实的。在我国经济学界中，有的人把这个规律叫作"计划规律"；有的人说计划规律应该同按比例规律分开；还有人认为不该把"按比例的"放在括号里，等等。规律是客观的，而计划是主观意志，因而计划规律的说法是否妥当，我还很不理解。看来，有的人是在理论上有不同认识，有的人也许是对译文的误解。

我认为斯大林提出这个规律就是根据列宁所说的："经常的、自觉地保持的比例性，实际上就是计划性。"[2] 在俄文中，планомерное пропорциональное развитие 这个组词，中文译为

---

① 在《苏联社会主义经济问题》中，这个规律也写成"国民经济有计划的、按比例的发展"。

② 参阅《非批判的批判》，《列宁全集》第3卷，第566页。该译文把此句中的 пропорциоцалъностъ（比例性）译为"平衡"。

有计划的、按比例的发展，实际上原文并无"有"和"按"的意思，而是"保持计划性的、比例性的发展"。日译本就是这样译的，德译本的译法与俄文同；英译本把 планомерные 译为（balanced 平衡的）。可见斯大林是把计划性和比例性作为同义语使用的。我国经济学界有的人对这个规律的解释，也许是望文生义——望中文而生义，未必符合原义。我的这一考证，就是为了说明，斯大林提出的所谓有计划的发展规律也就是按比例的发展规律，这个规律反映了社会主义计划经济发展的客观要求。当然有的经济学者并不是由于对译文理解不同，而是发现了另一个规律，那就又当别论了。

国民经济怎样才能达到按比例的发展呢？这首先是要从按比例地在国民经济各部门分配劳动做起。如果已经形成的国民经济结构是不合比例的，那就要在今后的劳动分配中予以调整，使之逐步改变。这就是说，斯大林提出的国民经济按比例发展规律同马克思提出的首要规律——有计划分配劳动是一致的。但斯大林未提出时间节约问题，因而它不如首要规律表达得完善。

斯大林说："在共产主义社会的第二阶段上，用于生产产品的劳动量，将不是以曲折迂回的方法，不是凭借价值及其各种形式来计算，如像在商品生产制度下那样，而是直接以耗费在生产产品上的时间数量、钟点来计算的。至于说到劳动分配，那么各个生产部门之间的劳动分配，将不依靠那时已失去效力的价值规律来调节，而是依靠社会对产品的需要量的增长来调节的。这将是这样一种社会，在那里，生产将由社会的需要来调节，而计算社会的需要，对于计划机关将具有头等重要的意义。"① 斯大林所说的劳动消耗按时间来计算，劳动分配和社会生产按社会需要

---

① 《苏联社会主义经济问题》，《斯大林文选》，第588页。

来调节，在原则上是正确的。但计算的尺度是什么呢？他没有说。我看，这个尺度就是，也只能是社会必要劳动时间。

在一定的社会生产力水平条件下，社会劳动总量是已定的，因而各种社会需要必然要受社会劳动总量的制约。也就是说，在这种条件下的这个期间，某种需要只能满足到这种程度，不能再少，也不能再多。这样才能使各种不同的社会需要保持相应的比例。这也就是所谓有计划地分配社会劳动。所以，所谓劳动消耗、社会劳动分配的计算，归根到底，它们的共同尺度就是社会必要劳动时间。如果我们不是这样地来理解满足需要，那将怎样由社会需要来调节生产，并保持国民经济的按比例发展呢？

基于上述理解，我认为在应用斯大林的按比例发展规律制定国民经济计划时必须加上节约时间的尺度，也就是必须以社会必要劳动为尺度，在国民经济各部门按比例地分配劳动。如果离开节约时间这个尺度，那么，按什么比例发展就成为没有准则的了。

在我们编制计划时是把社会主义基本经济规律放在第一位，把有计划发展规律放在第二位。计划必须反映任务和目的，这是毫无疑义的。但这个所谓基本规律，与其说它是规律，勿宁说它是基本方针或基本任务更为确切些。至于价值规律，现在无论在经济学界或经济业务部门，很多人还是把它当异己的怪物，没有从节约劳动的角度，把它作为必须遵循的规律同按比例发展规律结合起来加以运用。

关于按比例发展规律和价值规律的关系，长期以来在我国存在着"太极图"观点（即两者一长一消，此大彼小），我过去的观点，基本上也属于这一类型，尽管我肯定了价值的实体的作用。现在，直接主张"太极图"观点的人减少了，但变相的"太极图"观点仍在流行。其实，如果我们正确地把价值规律理解为价值由劳动时间决定的规律的话，那么，当商品、货币依然存在的条件下，我们在经济工作、计划工作上就时时刻刻都要按价值规律办事。正如毛泽东同志所说，"价值法则是一个伟大的学校，只有利用它才能教会我们的几千万干部和几万万人民，才有可能建设我们的社会主义和共产主义。否则一切都不可能。"至于说到将来，商品货币消灭了，但还要有社会必要劳动这个尺度。离开了它，我们在经济生活中就失去了共同遵循的准则。不管你承认也好，不承认也好，客观事物就在这样发展着。

写到这里，我们可以把价值规律、节约劳动和有计划分配劳动规律和国民经济有计划发展规律三者的异同，加以归纳比较了。据我的理解，价值规律在私有经济、无政府制度下，是价值由劳动时间决定以及按比例分配社会劳动的规律；节约劳动和有计划分配劳动规律是在集体经济制度下，以价值的实体——社会必要劳动为尺度，按比例地分配劳动的规律。如果从实质上而不是形式上来考察的话，可以说，在公有制经济下，价值规律被节约劳动和有计划分配劳动的规律所代替了。至于有计划发展规律实质上是与首要规律相一致的，只是它必须以社会必要劳动这个尺度为补充才能完整地发挥它的积极作用。

（刊于《经济研究资料》1979 年第 14 期）

国有企业改革路在何方?

　　国有企业经过十余年的改革，已收到一些成效。然而就全局来说，当前亏损和潜亏的企业仍占很大比重。改革的任务还是任重道远。

　　关于如何改革？主管部门早就提出过这样、那样的方案。理论界更是百家争鸣，花样翻新。主张在国有制基础上深入改革有之；主张"一股就灵"者有之；主张企业所有制者有之；主张国有民营者有之；主张国有外营者有之；主张私有化者亦有之；还有人说，公有制、国有制并不是社会主义的本质；……如此等等。看来，究竟如何改革，路在何方？是一个值得深入探讨的问题。迩者，我应本书主编之约，也来参加这个讨论，不过是略抒管见而已。

　　我对于国有企业改革的思路，概括说来就是：建立坚持国有制和职工做主人的，适应社会主义市场经济发展需要的，具有中国特色的社会主义现代企业。试申论之。

一、割断政企不分的脐带,规范政府行为

　　我国是社会主义人民民主国家。国家是全体人民的总代表。

所以，国有制企业就是全民所有制企业。这种企业理所当然地要由职工做主人。国有经济是我国社会主义制度的经济基础，并在国民经济中起主导作用。由于多年来管理经营不善，需要认真地进行改革。改革的目的是为了使国有企业更有效地发挥作用，决不是要改变国有制的本质或取消国有制。这一条绝对不能动摇。

然而国有不等于国营。即国有企业并不是要由政府直接经营。企业本来不属于政府系列，不能把它当作政府的附属物。几十年来的历史实践证明，国有企业由政府直接经营，政企不分，利少弊多。其后果是造成了政府包办企业、企业依赖政府的局面，发挥不了企业的主动性、积极性。而且政府是权力机关，再加上分级管理，分部门管理，形成政出多门，企业的"婆婆"很多。政府对于企业究竟应该管什么，不应该管什么，从无明确规定，以至有些政府官员往往利用官权，对企业乱加干预，而对于该管的事情又每每未管起来。这当然很不利于企业的发展。另一方面，企业也不担心企业发展的好坏。反正在政府包办企业的条件下，政府实行的是无限责任制——大供给制。要钱拨款，要物调配。亏损多少，全由政府补贴，而且是无限制的，无限制的输血、输液。实行破产吗？到头来亏损还是由国家承担。试举几个数字如下：

亏损补贴和财政赤字 （单位：亿元）

	1992 年	1993 年	1994 年	1995 年
非生产性企业亏损补贴	223.10	202.39	160.64	172.00
生产性企业亏损补贴	221.86	208.90	202.82	226.50
财政赤字	236.60	199.20	668.14	666.80

注：1992、1993 年数字见《中国统计年鉴》，1994、1995 年数字见刘仲藜在八届三次会议上报告（1995 年为预算数）。

　　这些数字表明，假如没有企业亏损补贴，我国将没有财政赤字，或使赤字大大减少。此外，每年还有300亿元左右的价格补贴，属于政策补贴性质。政府对企业的亏损补贴，实质上是以其他企业的劳动者创造的收入来养护亏损企业，而从总体上看，则是降低了全国的人均收入。当然，对于企业亏损也要作具体分析。例如，在非生产性企业中，有一部分是属于公益性或福利性事业（如医疗业），因而要由政府作必要的补贴，在西方资本主义国家也是如此。至于一般公共服务企业，虽然不以盈利为目的，但也属于商业性，故应适当增收服务费，以减少政府的亏损补贴，并以其所得微利用于本企业的扩大再生产。

　　从上面的论述中看出，政企不分造成政府与企业的矛盾，而政府是矛盾的主要方面。解决问题的出路在于割断政企不分的脐带，坚决、彻底地实行政企分开，不再把企业当作政府的附属物。特别是要规范政府行为，政府工作人员不论官职高低，都必须依法行事，管其所当管。易言之，对不该管的事乱管，那是违法行为。国家是不允许滥用官权的。至于亏损企业，政府不应该无限制地补贴下去。政府补贴亏损，企业靠补贴过活。这种对国家、对人民不负责任的态度已经到达需要彻底解决的时候了。我国国有企业亏损面很大，应区别不同类型作为专题处理。本文只是指出这个问题，不拟予以探讨。

　　所谓政企分开，旨在排除某些政府官员对国有企业的滥加干预，实现政府行为规范化。至于国家对社会经济的一般管理职能，并不受此影响，亦无所谓转变国家职能。其实，国家或政府对社会经济的一般管理，并非中国所特有，各国都在实行。这就是不论公私企业都要遵行政府法令，如照章纳税，接受工商行政管理和市场管理的规定，以及接受国家的宏观调控，等等。所有这些早已实行，今后还要继续实行，切不可把它同政企分开混为一谈。现在强调政企分开，是指政府对国有企业不再实行直接经营，把它改为委托制。政府只履行作为出资者的权利。从严格意义上说，政府作为出资者的权利，同私人出资者的权利是一样的，不应存在任何官气。究竟政府应如何执行出资者的权利，将在次节展开论述。

二、关键在于两权分离

政企分开的重要意义在于使国有企业，真正成为自主经营的经济实体。然而国有企业既然是产权属于国家，政府当然要进行管理监督。解决的办法在于实行委托制，使国家的财产所有权与企业的经营管理权分离。准确地说，就是国家的财产最终所有权与企业的法人所有权相分离。

在两权分离后，出资者按投入企业的资本额，依法享有所有者的权益，即资产受益权；并有参与重大决策和选择管理者的权利；当企业破产时，出资者只负有限责任，即只按投入企业的资本额对企业的债务负责。政府作为出资者有权依法进行监督，但不得直接支配企业法人财产，不得直接干预企业的经营活动。国有企业由国家授权，拥有国家出资所形成的全部法人财产权，并成为享有民事权利，承担民事责任的法人实体。企业对于国家授予它经营管理的财产，依法自主经营，自负盈亏，享有占有、使用和依法处分的权利，同时要照章纳税，对出资者承担保值、增值的责任，而企业所得利润则是出资者的权益。总之，出资者的所有权及其权益，企业的法人财产权及其经营自主权，均经法律确认，均受法律保护，任何人不得侵犯。

两权分离的现代企业制，是社会化大生产的客观要求，也是与现代市场经济相适应的。其实质是公司制，这在西方发达国家，多年来是行之有效的。其经验可供我们参考。我国的大中型国有企业，不论名义上叫公司或不叫公司，这种两权分离的公司制模式，对我们说来，应是可行之路。至于国防企业或其他非商业性企业，又当别论。

公司制有责任有限公司和股份有限公司之分。对我国来说，实行两权分离的公司制，不仅有利于制止政府对企业的乱干预，而且有利于废除政府对企业的无限责任制，使企业不要靠吃大锅饭过活。

其实，中国共产党十四届三中全会制定的《关于建立社会主义市场经济体制若干问题的决定》中即已提出了"两权分离"的方向、原则；而在政府颁布的《公司法》、《企业法》等法规中又作出若干具体规定。应该说，国有企业改革应走什么路，已经确定了。然而数年来国有企业改革的实绩还很不理想，有些问题还有待于进一步明确。如：

关于产权问题。产权不过是财产所有权的另一称呼。一般说来，谁是出资者产权就属于谁，并且要享受相应的收益。这本来是常识性问题。由于我国的国有企业，曾有过"下放、回收"的反复，又有所谓"分级管理"，把人们的思想搞混乱了。其实，这不过是管理上的差别，并不是产权转移。也就是说，中央政府并未把中央国有企业的产权转移给地方政府。只是 80 年代中期以来，实行"拨改贷"兴建的企业，倒是引起了产权的模糊不清。不过，溯本求源，这种由银行贷款办的企业，一般都是中央政府或地方政府有计划地组建的，并指定银行给企业贷款。与此同时，政府原拟用于兴建企业的积累基金也划拨给银行了。而且有的企业如果经营不善，出现亏损，最后还是由政府承担。所以，这种企业的产权仍属于政府而不是属于企业。

又，地方政府出资举办的企业，其产权属于谁？在历史上、我国的老根据地、解放区的地方政府就在办公有企业。解放后，地方政府也都在出资办企业，以发展经济。这种公有企业的产权，当然属于为之出资的地方政府。从整体上看，产权属于地方政府的公有企业，依然是国有企业、国有经济的组成部分。不能假借国有应属于国家的名义，而把地方企业收归中央所有。假如这样做，就是"刮共产风"，打击地方的生产积极性。更不能不允许地方政府办企业。我认为，从我国的实际出发，我国的国有企业应分为中央、省（市）和县三级所有。即哪一级政府出资，产权就属于哪一级。

关于国有企业由谁作出资者所有权的代表问题。按照我的分级所有观点就是，哪级政府出资就由哪级政府授权某某单位作为政府出资者的代表，即所谓国有资产的投资主体。当前流行的观念倾向于政府授权投资主体为国有资产管理机构，应与国有资产运营机构分开。其形式可采用国有投资公司、国家控股公司或国家大型企业集团的集团公司等等。在省市级亦可设置同样形式的公司。我认为对于新建企业，这种设想可以试行，但是否能成为最佳选择？还要经过实践的检验。因为单纯的投资公司只管资产的保值、增值，而不问企业的技术、业务和经营情况等等，能否真正有利于企业的发展，尚需通过试行，总结经验。我国多年来一直是按不同的专业分工，由各主管部门（国务院为各部、省市为各厅局）管理有关企业。这种管理方式的确很难使主管部门消除官气，而且大都是缺乏对资产的保值增值观念。也许正是由于这个原因，人们才设想抛开原来的主管部门，另行建立新的投资公司。但是，对现有企业的改革怎办呢？一般说来，原来的主管部门熟悉各企业的生产经营情况、技术情况和干部情况，如果国务院或地方政府明令赋予它们作为国有资产所有者代表的权能，并令其强化资产保值增值观念，它们当能胜任愉快。不仅如此，这些部门也当由国家明令，使之退出政府系列，改为名副其实的真正的公司，而不是像过去那样的"翻牌"公司，那么，它们在完成任务方面并非命定的不如新建的公司。至于官气吗？这主要是要靠法制来制止。我国的《公司法》已明文规定，出资者只应通过董事会提出决策意见或建议，不得直接干预企业的经营管理。《公司法》和《监督管理条例》都专设法律责任章，指出违者要依法追究责任。可见现代企业的运营已纳入法制轨道，任何人都要依法办事，不得到企业去瞎指挥。企业也要强化法制观念，如有非法干预，也要敢于说"不"。

总之，在真正建立起政企分开、两权分离制度后，政府就不再有直接干预企业的条件。这样，企业也就能真正成为享有法人财产权——行使国家授予它所经营管理财产的独立支配权，实行自主经营，自负盈亏，并且承担起资产保值、增值责任，切实保障产权最终所有者（即出资者）的权益。进一步的基本问题就在于如何实行企业的科学管理，并善于经营，不断增强企业的活力和竞争力，以适应市场需求了。

三、走科学管理，民主管理之路

现代企业制度的要旨在于科学管理和民主管理。这就是一定要在组织上建立起科学与民主的决策体制，调整生产关系，不断促进生产力的发展。惟有管理科学化，才能更有成效地发挥企业的生产力；惟有实行民主管理，按严密的科学制度组织劳动生产，才能使劳动者以主人翁的态度，依循生产要求高效地运转。企业的素质，将在科学管理水平和科学决策水平的不断提高中而日趋完善。

在企业内部应建立和强化开发、生产、营销、财务管理和信息化的管理系统，建立和强化成套的科学的规章制度。对于职工应建立岗位与责、权相适应的责任体制，并与激励机制、约束机制相结合的系统工程，进而形成不断提高劳动生产率，不断提高资本效率，不断更新改造和追求技术进步的机制。科学管理素质的提高，最后将集中表现为：形成高质、高效、高产的生产运营，并以追求利润为目标的管理格局。顺便说一句，我们必须彻底根除"君子不言利"的陈腐观念。现代企业不只是要追求利润，而且是要追求资本利润率最大限度的提高。假如资本运营无效率，不能获取利润，试问将何以实现企业资产的增值，又将何以使企业扩大再生产呢？

当出资者已确认两权分离，确认企业法人有行使资产占有、使用、处分的经营权之后，就要签定相应的合同，按各自的责权行事。现代化的国有企业在社会主义市场经济的条件下，是为交换而生产的（不包括国防工业），因而它们必须面向市场，主动地走向市场，投入市场竞争，在竞争中求生存、求发展。

国有企业当然要接受国家的方向性指导以及国家的宏观调控。然而企业的生产经营部署则是由企业自主决定的。企业的资源配置（资源包括劳动力、物力、财力）必须以市场机制、市场规律为基础，即按照市场需求来组织生产，从事经营，最终要受市场实践的检验。从中总结经验，以利再战。企业要生产出适合市场需要的商品，就必须经常掌握市场信息，善于分析判断，优化资源配置，进而生产出优质、适销的商品，及时供应市场。

市场经济的运行就是价值规律在起作用。其中含有竞争机制、效率机制。其实质就是要求低成本、高效率，以最小的投入，产出最大的成果。掌握了这个规律，做出了成绩的企业就是优胜者。因此，国有企业必须无例外地强化竞争意识。在科学地组织起生产过程的基础上，生产出优质、高效、低成本的产品，就能在竞争中立于必胜不败之地。假如经营不善，造成亏损，则是企业负责人的失职行为。应依法追究亏损原因，不能不了了之。

不容否认，国有企业投入市场，进行竞争，需要在企业外部具有平等竞争的环境和条件。近年来，政府政策向三资企业及其他非国有经济成分倾斜。例如，国有企业的税负比其他经济成分企业偏重。如果不改变对国有企业的这种不平等竞争地位，则国有企业很难重振雄风。

关于国有企业的组织形式，以股份公司为例，一般是设置股东会、董事会、监事会和经理班子。股东会是权力机构，决定企业发展的方向、原则和重大事项，选举或罢免董事、监事。董事会是经营决策机构，执行股东会决议，对股东会负责，并代表股东行使公司法人财产权，董事长为公司的法定代表人。董事会还聘任或解聘经理人员。经理层由董事会授权，主持公司的日常经营管理工作。监事会是监督机构，对董事、经理的工作进行监督，并检查、审核财务、资产状况。这种分工负责，相互制约，相互促进的制度有其合理之处。我国的《公司法》也是仿此制定的，同时结合我国的国情，注意到党组织和职工的地位和作用。人们把公司制的股东会、董事会、监事会称作新三会；把国有企业中原有的党委会、工会、职工代表大会称作老三会。并把这新、老三会并存，称之为六驾马车"并驾齐驱"。显然，这种"并驾齐驱"的组织形式，势必发生矛盾、摩擦。我认为解决矛盾的最佳选择，应是老三会与新三会融为一体。

公司的组织制度，是在资本主义经济成百年的发展中总结出来的，应该肯定它在管理经验方面的科学性。然而我们也要看到，如同马克思所指出，在这种制度中，人格化的资本是企业的主体，劳动者作为雇工是企业的客体，于是形成"物统治人"。

即他们把生产力中最活跃的因素——劳动者作为被统治者。可是，在我们社会主义国家，劳动者是社会的主人，而且也是全民所有制企业的产权享有者，这就不允许我们在公司制中置劳动者于不顾。我们以科学的态度探讨企业管理问题，当然要肯定资本、生产资料的重要作用，但同时必须充分注意劳动活动在生产中的积极作用和首要意义。劳动者当然要参加劳动，但同时又要让他们直接参加民主管理，参加生产和分配的决策。只有这样，才能使他们体会到自己真正是企业的主人。而且这也是有中国特色的社会主义现代国有企业所必需的。

那么，职工怎样参加民主管理，新老三会怎样融为一体呢？

我认为出路就在于，把作为权力机构的股东会改为"股东与职工代表会。其中既包括国家授权作为投资者的代表，又包括由职工大会选出的职工代表，两方人数大体相当。作为经营决策机构的董事会和作为监督机构的监事会的成员并由出资者和职工两方代表构成。党委书记和党委委员最好也作为职工代表参加到三会中去。这样，新老三会就合二而一，解决了职工参加民主管理问题，同时又显示出中国社会主义现代国有企业的特色。另一看法是总经理最好由董事长兼任。因为董事长为公司法人财产权的法定代表人，是与公司的成败利钝息息相关的。

至于独资的国有企业，大致上也可仿此办理。不过，权力机构可称作"国家出资者代表与职工代表会"，并以职工代表为主。

四、走科技化、集团化之路

现代企业还必须进行技术改造。只有实现了技术的更新、创新，提高了生产力，并采用科学的组织管理制度，才算是走上了现代企业的轨道。这样的企业必能增强内在动力和竞争力。

近几年来，国有企业的技术改造，已取得某些成就。然而更加艰巨的任务还在今后。党中央、国务院已经作出《关于加速科学技术进步的决定》，并提出"科教兴国"的伟大战略，强调科学技术工作必须面向经济建设，经济建设必须依靠科学技术。这既有利于开发高新技术产业，创办高新技术企业，也必将大大促进现有企业采用高新技术进行改造。企业的技术改造，当然要靠企业自己去努力，同时也需要国家的技术装备政策为之先导，把推进企业技术进步放在重要地位。

当今国与国之间的竞争，其实质都是科技与经济实力的竞争，而经济实力在颇大程度上取决于科技水平。企业是国家科技进步的基础和主体。科技成果只有进入生产领域，与经济建设结合起来，通过企业创造出更多的财富，才能真正成为第一生产力。

我国现有的国有企业，90%以上属于传统产业。有的企业还在使用五六十年代出厂的设备。据 1985 年工业普查资料，即使是 70 至 80 年代出厂的设备，属于国际先进水平的只占 13%，属于国内先进水平的也只占 22%，自动化作业寥寥无几。亦大部分技术设备属于一般水平或落后水平。大都是资源资耗型或劳动密集型企业，因而生产效率低，产品优质率低，其中在国际上冒尖的优质产品几乎是屈指可数。同时还有一些企业造成环境污染，酸雨成灾，甚至出现卫星上看不到的城市。可见，我国国有企业的技术设备改造更新的任务已是刻不容缓，而且任务繁重。不过辩证地看，这也恰好是高新技术大展鸿图的大舞台！近些年来，用高新技术改造传统产业已成为世界浪潮。我们的战略方针应该是迎头赶上，跨越技术空白，尽可能发挥"后起国效应"，力求达到后来居上。

　　我国现实的科技水平比先进国要落后几十年、上百年。假如按常规方式运行，总是跟在人家后面亦步亦趋，那我们就将永远落在人家的后面。其实，后起国应该在利用先进国既得科技成果的基础上，经过消化、吸收，进而跨越技术空白，赶到前面去。这决不是要搞什么非科学的冒进！就我国现实的产业条件、科技水平和科学家素质，以及我国已达到世界领先水平的某些科技成果来看，只要经过一番艰苦奋斗过程，我们就有可能达到后来居上。问题在于要强化企业技术改造、创新观念，并采取一些促进改造、创新的政策措施。举其要者言之：

　　1.摆正新建与现有企业技术设备改造、更新的位置。彻底改变那种片面强调基建，而把企业技术改造视为次要问题的做法。其实，企业技术改造更新是内涵性扩大再生产的重要途径，较之新建厂，投资少而收效大。

　　2.总出资单位对改造、开发、创新资金的使用，应使新建与企业技术改造各占一定比例。一些发达国家一般都是原有企业更新改造所占比重大大高于新建，大约为2/3—3/4。

　　3.应增加企业留利比例，其中应按一定比例提取作为企业技术改造、开发、创新基金，并应明确规定专款专用，不得挪用于其他。

　　4.增强企业科技人员力量，提高科技人员待遇，彻底改变"脑体倒挂"的反常现象，把尊重知识，尊重人才落到实处。

　　5.应建立企业对陈旧设备的淘汰报废制度，企业法人应有权处理。企业设备折旧率必须适当提高。当前，全国工业年平均折旧率为5.3%，无法适应科技迅猛发展的时代要求。至于对设备大修理那种保证"不变形、不增值"的"复制古董"的规制，更应该毫不容情地予以废止。

　　现代企业的另一要义，是必须实行规模经营。因为现代企业是社会化大生产的产物，它必须是规模经济，才具有强大的竞争力。我国现有的国有工业企业 10 万多个。其中大型约 4000 个，中型的有一万多个，绝大部分是小型的。显然用不着多说，许多小型企业和一部分中型企业，根本够不上规模经济，它们在市场竞争海洋中难以抗衡制胜。基于此，为了增强国有企业的经济实力，有必要实施联合化、集团化的发展战略，把一些小企业以及某些无力单独地大发展的企业吸引进来，带动起来。

这就要由国家授权，以某些国有大型企业或有条件的国有中型企业为核心，组建同行业的或跨行业的、跨地区的以至跨所有制的企业集团，即所谓母公司。进而以母公司为核心组建子公司、孙公司，形成母子公司体系。这种母子公司体系，是优化国有资产配置，理顺国有资产产权管理的一个有效途径，必将提高资本效率和生产效率。我国从 80 年代中期，即已开始组建企业集团。我认为应按母子公司模式，大力推行、发展。

组建母子公司的重要意义在于实现资本集中，促进再生产规模的扩大。这种组织形式，当然是母公司处于决策和支配地位。但并不是"归大堆"，子公司仍是独立核算单位，自主经营，自负盈亏。只是组织起来后，形成一体，统一指挥，可以发挥合力作用，形成大企业的优势，从而增强经济活动实力，于是弱者变强，强者益强。这是在社会化大生产的条件下，一条符合社会经济发展客观要求的必由之路。

关于组成企业集团的方式应该灵活多样。例如，自愿联合，组成为母公司之下的子公司，可以在上下之间，横向之间相互参股。一些小企业可采取凭原资产参股的形式组成子公司。母公司也可以投资方式组建子公司。至于收购、兼并方式，似可广泛采用。特别是某些小型企业，以及无力自行发展的企业或亏损企业，兼并后可使之得到新生，只要不是压价收购，使原有资产得到利用，职工得到安置，这不比"关、停"或破产，好得多吗？

　　关于母子公司如何按平等原则协调发展，如何创造性地、高效率地运行？这要靠法制和一系列的规章制度来作保障。这里就不论述了。

（原载《40 位经济学家关于推进国有企业改革的

多角度思考》，经济科学出版社 1996 年出版）

论联合起来的、社会的个人所有制

—— 关于社会主义所有制的一个理论问题

一、从一段译文谈起

马克思说："资本家对这种劳动的异己的所有制，只有通过他的所有制改造为非孤立的单个人的所有制，也就是改造为联合起来的社会个人的所有制，才可能被消灭。"① 这段译文很不好理解。经请教德语专家王辅民同志，始知这段译文是按俄文转译过来的，不够确切。从德文文法上看，这句话是主动式而不是被动式。它并未表示资本家的所有制被别的什么东西所消灭，而是说，资本家的所有制通过它自身的辩证发展，造成了对它自身的否定，即自我扬弃（德文 aufheben，有消灭、扬弃的意思）。这就是说，资本家的所有制经过矛盾运动的结果，把它自己改造为非孤立的单个人底所有制，也就是改造为联合起来的、社会的个人底所有制（这里，把表示所有格的"的"，按我国旧例使用"底"字，以示区别）。这里，"联合起来的"和"社会的"是

---

① 《马克思恩格斯全集》第48卷，第21页。

并列的形容词，用以形容名词"个人"（lndividuum），"个人"在这里是第二格，即所有格，旨在说明这种所有制是属于"联合起来的、社会的个人"。经过辅民同志这番解释，使我豁然开朗了。

马克思在这里讲的个人所有制，同在《资本论》第一卷第二十四章结尾时讲的重新建立个人所有制是完全一致的。即：

从资本主义生产方式产生的资本主义占有方式，从而资本主义的私有制，是对个人的、以自己劳动为基础的私有制的一个否定。但资本主义生产由于自然过程的必然性，造成了对自身的否定。这是否定的否定。这种否定不是重新建立私有制，而是在资本主义时代的成就的基础上，也就是说，在协作和对土地及靠劳动本身生产的生产资料的共同占有的基础上，重新建立个人所有制。①

上面两段引文都是说，资本家所有制在其生产发展过程中即已孕育出对它本身的自我否定因素。不言而喻，这并不是说，资本主义制度能够自然成长为无产阶级占有制。无产阶级的占有只有通过联合才能得到实现；这种联合也只有通过革命才能得到实现；只有联合起来的个人对全部生产力总和的占有，才能消灭私有制。②

我们一般的概念是：资本主义制度消灭后就建立社会主义公有制，马克思、恩格斯都曾一再地提出过；但另一方面又提出，重新建立个人所有制。这就使一些人困惑莫解。有的人甚至把它比作"哥德巴赫猜想"，目前还有争论。

在我看来，马克思提出的重建个人所有制的观点是明确的，

---

① 《马克思恩格斯全集》第 23 卷，第 832 页。

② 参阅《马克思恩格斯全集》第 3 卷，第 76—77 页。

他还从哲学意义上指出，这就是否定之否定。因为，马克思提出重建的个人所有制并不是私有制（人们每每把两者混为一谈），而是要在消灭资本家所有的私有制后实现联合起来的个人占有，即建立联合起来的、社会的个人所有制。这种所谓个人所有制实际就是我们现在常说的社会主义公有制。或者反过来说，我们现在通行的社会主义公有制，就其实质来说，应是联合起来的、社会的个人所有制。这是个涉及个人与社会、个人所有与公有的辩证关系的理论问题。

二、个人所有与公有的辩证关系

社会是由各个个人构成的总体，国家是全体公民的总代表（尽管它是属于统治阶级借以实现其共同利益的形式），而集体无论它是以全社会的人为集体，还是以一部分人为集体，它终归是由诸多个人结成的复合体，即个人隶属于集体。在现代生产力的条件下，只有在集体中，个人才能获得全面发展其才能的手段，也就是只有在集体中才能有个人的自由。在真实的集体的条件下，各个个人在自己的联合中并通过这种联合而获得自由。在控制了自己的生存条件和社会全体成员的生存条件的革命无产者的集体中，"个人是作为个人参加的。它是个人的这样一种联合（自然是以当时已经发达的生产力为基础的），这种联合把个人的自由发展和运动的条件置于他们的控制之下。"① 这是我们对个人与社会、集体关系的基本看法。

社会主义制度是经过无产阶级革命，推翻资本主义制度之后建立起来的。资本主义私有制，在资本原始积累过程中，以极其

---

① 《马克思恩格斯全集》第3卷，第85页，并参阅前后文。

残酷的手段，消灭了土地及其他生产资料为劳动者私有的小生产。把个人私有的分散的生产资料转化为社会的积聚的生产资料，多数人的小财产转化为少数人的大财产。这是少数掠夺者对人民群众的剥夺。马克思把以占有土地为基础的和以占有手工工具为基础的劳动者个人所有制视为本来意义上的劳动与劳动的客观条件相结合关系的形式。所以，他把这种劳动者个人所有制作为所有制关系辩证发展过程的起点加以考察。而当这种单个人对生产条件的所有制遭到否定时，以非劳动者的个人所有制亦即以资本主义私有制取代这种个人所有制时，这便是对劳动者个人所有制的否定。马克思把这种所有制辩证发展过程中出现的现象称作第一个否定。

随着资本主义生产的发展，一旦旧社会、旧制度土崩瓦解，资本主义生产方式站稳脚跟了，资本家就对私有者进行进一步的剥夺，那是通过资本主义生产本身的内在规律的作用，即通过集中，由一个资本家打倒许多资本家，以实现劳动的进一步社会化和生产资料的进一步集中。正由于劳动资料日益转化为只适合于为社会共同使用，这便形成了资本主义制度的生产社会性与生产资料为资本家私人占有形式之间的矛盾。这种劳动社会化和生产资料的集中，已经同它的资本主义的外壳不相容了。也就是说，资本主义发展的必然趋势造成了对它自身的否定。相对于第一个否定而言，这便是否定的否定。这种否定就是指事实上已经以社会生产为基础的资本主义所有制是对它自身的否定。当然，炸毁资本主义的外壳还要经过艰苦的革命斗争。而当这个资本主义外壳一旦被炸毁，无产阶级便可在生产资料共同占有的基础上重新建立个人所有制。所谓"重建"就是通过否定之否定，"回归"到原出发点。

这里，需要着重阐明的是：马克思所说的否定之否定，即重新建立的是个人所有制而不是私有制。这种个人所有制是建立在生产资料共同占有基础上的个人所有制，也就是联合起来的、社会的个人所有制。而不是回归到分散的、孤立的、单个人的所有制上去。大规模的生产社会化和劳动社会化，在客观上要求对生产力总和的占有，不允许把整体的、大规模的生产力瓜分为单独个人所有（那是一种倒退的小生产观点）。"在无产阶级的占有制下，许多生产工具应当受每一个个人支配，而财产则受所有的个人支配。现代的普遍交往不可能通过任何其他的途径受一个个人支配，只有通过受全部个人支配的途径。"① 对生产工具的一定总和的占有，也就是个人本身的才能的一定总和的发挥。个人的自主活动，离开了集体就无从实现。只有对生产力总和的共同占有，然后才可能有由此而来的才能总和的发挥。

　　在探讨这个问题时，把个人所有制同私有制加以区别，是非常重要的一环。人们从阶级社会观察中得来的印象一般都是把个人所有制等同于私有制，而把它同公有制对立起来。其实，所有制同它的占有方式、实现方式并不总是等同的、一致的。我们知道，所有制所表明的是劳动与劳动客观条件的关系。在社会生产中，劳动是主体，生产资料是主体活动的客观条件。把纯自然条件存而不论，所有生产资料都是积累起来的劳动。溯本求源，一切客观的劳动条件都是通过劳动者的劳动创造出来的，即劳动的主观条件的客观化。一切所有制关系、一切财产关系，从本源上说，只能是劳动者个人与由他创造并应为他所有的劳动客观条件的关系。然而在社会生产发展史中，所有制形式及其占有方式却各有不同。如在原始公社时期表现为联合占有的个人所有制（当然，那时的所有制同现在所说的所有制不尽相同），而在奴

---

① 《马克思恩格斯全集》第 3 卷，第 76 页。

隶社会、封建社会和资本主义社会中基本上是由私人占有的阶级所有制，只是在封建社会中较广泛地存在私人占有方式的个人所有制。这种个人所有制与私有制是一致的。

如前所述，马克思是把个人所有制作为对所有制考察的起点。但那时的个人所有制表现为私人占有，也就是个人的、以自己劳动为基础的私有制。而当劳动异己形式的资本家所有制被否定后，并不是回归到私人占有方式的个人所有制，而是重新建立在联合占有、社会共同占有基础上的个人所有制。这种个人所有制是社会主义公有制的同义语，本质上不同于私有制，它的组织形式就是马克思、恩格斯当年设想的，并一再提出的自由劳动者联合体。

既然是社会公有制，为什么又把它称作联合起来的、社会的个人所有制呢？

这就要求我们从哲学意义上理解个人与社会、个人与集体的辩证关系。如果从形式逻辑的观点看，那就会把个人所有与社会公有视为互不相容的矛盾。

在社会主义、共产主义社会中，个人究竟在社会和集体中处于什么地位？"个人是社会存在物"①，个人当然不能离开社会，离开集体而存在而活动，但也不能把社会当作抽象的东西同个人对立起来。所以，无论到任何时候，也不能忽视个人的地位和作用。共产主义公有制并不是像无政府主义者攻击的那样，使"社会升为最高所有者"，是对个人进行"第二次的掠夺"，社会成员都变成了乞丐和赤贫者。劳动者在社会主义、共产主义社会是生产资料的主人，在联合占有、共同占有的基础上，个人是实实在在的所有者。过去，在理论上不强调、不突出个人在生产资

---

① 《马克思恩格斯全集》第 42 卷，第 122 页。

料所有制上的作用，显然是错误的。

从历史唯物主义观点来考察，构成所有制内容的生产资料，是在历史上形成的劳动积累。无论劳动的形式、规模如何，它都是以单个劳动力的支出为基础的。因而本来是由劳动者自己创造的，而在生产过程中又为主体劳动活动所必需的劳动的客观条件，理应为劳动者个人所有。当然，在社会主义、共产主义的条件下，它不是由个人直接占有的个人所有制，而是建立在社会共同占有基础上的个人所有制。具有更加深远意义的是：正是这种个人所有制得以实现主观劳动条件与客观劳动条件的直接结合，从而使劳动对劳动客观条件的运用得以充分实现。而且惟有这种个人所有制，才能真正让作为同一的社会的人处于平等的基础上充分发挥个人的才能。

马克思关于重建个人所有制的理论，在一定意义上，无疑是与劳动力为劳动者自己所有这一起源有关的。然而马克思的这个理论却不是从劳动力个人所有制的狭隘观点出发，而是根据生产社会化、劳动社会化的客观要求提出的。不能将两者加以混同。关于社会主义制度下的所谓劳动力个人所有制观点，是需要专门探讨的问题，本文不去讨论它。

三、这一理论的现实意义

马克思关于建立联合起来的、社会的个人所有制的理论，对我国当前经济管理体制改革和所有制改革的现实意义，可归纳为两句话，就是要以这一理论为指导，改进和完善全民所有制，大力发展和整顿集体所有制。

从理论上说，我国的公有制企业均相当于马克思、恩格斯当年设想的劳动者联合体，当然，在当前是商品经济条件下的联合体；我们社会生产中的劳动性质均属于联合劳动（是对雇佣劳动的否定）；我们的生产资料所有制形式，无论是全民所有制还是集体所有制，均应是联合起来的、社会的个人所有制。

遗憾的是我们现实的生产资料所有制只是着眼于大和公，未能表现出它是联合起来的、社会的个人所有制。联合起来的劳动者本应是生产资料共同所有的主人，然而他们在所有制中的地位、权利和利益却被扭曲了。

我们的全民所有制财产，当然是为十亿人民所共有。通过什么形式来体现它是全民所有呢？只能以国家为代表，从而全民所有实际上成为国家所有。在我们的旧管理体制下，全民企业实际上成为各部门、各地区的行政机构的肢体。这种以行政隶属关系为实质的所有制体系，不仅在社会范围内无从体现它与每个公民的关系，即使在一个企业内，该企业的劳动者也不认为自己是生产资料共同所有者的主人。颇有讽刺意味的是：这种全民所有制变成了"无主所有制"。① 谁也不认为自己是它的主人，谁也不为它的命运操心。这种怪现象，当然不是社会主义本身的罪过，而是我们在理论和实践上，对所有制的构筑和管理存在着问题。这也恰好说明，这种体制非改革不可。

我国集体所有制的发展很曲折。先是急于求成而盲目"升级"、"过渡"，在拨乱反正后才转向民营。近年来，大集体、小集体又蓬勃发展起来。但一般是各行其道，五光十彩。若使它们真正转化为联合起来的、社会的个人所有制，还有赖于整顿和提高。

当前，我国正处于体制改革当中。对于所有制的完善、改

---

① 参阅李光远同志《社会主义商品经济三题》，《北京社会科学》1986 年第 3 期，第 58 页。

革，人们提出不少有价值的、可供试行的方案或模式，包括股份制、承包、资产经营责任制、租赁，以及对国有小型企业作价转让或招标出卖，改为集体所有、合作经营，等等。这些我认为都是可以试行的。但切忌一哄而起，全面铺开，最好是先行试验，总结经验，然后逐步推广。这些方案、模式的不足之处是都从资产、资金的角度出发。社会主义经济发展，当然应该高度重视资产、资金的重要，讲求生产效率和经济效益。然而实行股份制、租赁、承包等之后，把劳动者放在什么位置呢？投资者、租赁者、承包者、责任者同该企业的劳动者是什么关系呢？在社会主义社会，假如只考虑作为客观条件的生产资料的作用，不重视人的因素，不去充分调动作为生产资料主人并运用生产资料进行劳动生产的劳动者的积极性，这不能不说是一个偏向！面对我国旧体制存在的严重缺陷，以及某些有识之士提出的改革设想尚有某些不足之处，我认为我们应该以马克思在共同占有的基础上建立个人所有制理论作为所有制改革的指导思想。

第一，关于改进和完善全民所有制。

我认为首要问题是要改变人们对公有制的观念，纠正不敢触及、更不敢强调个人在社会中地位和作用的偏向。这就要从理论上阐明个人与集体的关系，阐明劳动者是社会主义国家的主人、社会主义企业的主人。无论社会主义公有制以什么形式出现，劳动者终归是生产资料的共同所有者，而不是在劳动者之外，另有什么组织或单位是生产资料所有者。社会主义公有制的正解，只能是联合起来的、社会的个人所有制。添加了联合起来的、社会的这两个限制词，正是表明这种个人所有制是社会主义以至共产主义公有制的同义语。当然，观念的改变不简单是理论宣传问题。它惟有在体制改革中，通过各种渠道、方式，使劳动者从实践中体会到，他们作为生产资料主人的权利、利益和意志确实得到了实现，然后才能有真正的观念改变。

在阐明这一理论时，须特别注意两点：

第一点，马克思说的建立个人所有制，丝毫也不意味着要废除国有制（即我们今天的全民所有制）。我国在体制改革中有人提出要取消全民所有制改行企业所有制，或通过各种方式使国有企业与国家的生产资料所有权脱钩。这些构想和议论同马克思说的建立个人所有制并无共同点。国民经济发展如果不以国有经济为主导，国家如不拥有雄厚的经济实力，而听任各企业自由发展，其前途将有可能无法保障国民经济沿着社会主义方向发展，也将无法保障统一计划管理的贯彻实施。尤其在商品经济条件下，这种可能性更明显。因而这种意见是不可取的。

第二点，建立个人所有制并不是回到私有制。这一点已在前面指出。考虑到我国体制改革中的某些议论，有必要加以重申。例如，在提倡股份制的呼声中，有人主张把国有企业的财产，折股分给每个职工，作为职工股份，据以调动职工的积极性。这种混淆视听、化公为私的言论，同本文倡导的马克思关于重建个人所有制理论是截然相反的。前面已经指出，马克思说的个人所有制是社会主义公有制的同义语。这种公有制的建立是对私有制的否定，而且共产主义思想是同私有制观念的彻底决裂。马克思早就说过，"私有制使我们变得如此愚蠢而片面，以致一个对象，只有当它为我们拥有的时候，也就是说，当它对我们说来作为资本而存在，或者它被我们直接占有，被我们吃、喝、穿、住等等的时候，总之，在它被我们使用的时候，才是我们的。"① 可见，谁要设想社会主义可以建立在个人私有的基础上，或者是想以个

---

① 《马克思恩格斯全集》第42卷，第124页。

人私有制来调动人们的积极性，那就未免太荒唐了。这是我们探讨马克思关于重建个人所有制理论时，必须加以区分的。

顺便指出，在社会主义商品经济的条件下，股份制是可以采用的。例如，在全民所有制企业中，企业以其留存利润入股，或职工用个人所得入股等都是可行的，它将有利于推动企业的发展，也不致因此而影响全民所有制的绝对优势。但这种股份必须是企业的自有资金和职工的个人所得，不允许以挖国家财产的方式来实现。

其次，联合劳动者对生产资料的主人地位要以其权利和意志的实现为标志。这主要是要由劳动者实行民主管理体现出来。假如劳动者不能参与共同管理，那也就不成其为主人了。

劳动者在企业中的民主管理权利，包括选举权、被选举权和罢免权，参与决策和提出建议的权利，以及检查监督权，等等。民主管理的组织形式应根据具体情况决定。一般是由职工大会或职工代表大会选举或罢免经理和其他管理干部、监察人员。也可从劳动者中推选代表若干人参加企业管理。如酌情成立由管理人员、技术人员和劳动者组成的共同管理委员会（劳动者应占必要的比例），对经营管理的方针、方向制定"共同纲领"作为共同遵行的准则，等等。关于民主管理的细节，这里就不谈了。

需要进一步明确的是民主管理与厂长负责制的关系问题。

现代化企业必须实行权威性的统一指挥。我国在体制改革中肯定了实行厂长负责制，并实行责、权、利的统一。这是完全必要的、正确的。现代化生产具有严密的组织性、科学性，不论在企业内部或外部都实行分工协作，它要求每个生产过程，每个环节都要保证质量，达到标准化，并遵守严格的时间要求，准时完成任务。假如某一环节出了差错，就将引起一系列矛盾，以至在市场竞争中丧失主动权。正因为这种客观要求，所以，企业必须实行严格的科学管理和厂长负责制的权威性指挥。然而厂长、经理的责任，不只是物的管理，如资金运用、经济核算、生产效率、经济效果等等，他还必须同劳动者打交道。这就提出了厂长、经理与劳动者的关系，以及劳动者在企业中的地位问题。

在社会主义国家，企业中执行管理职能，并拥有权威性的统一指挥权的厂长、经理是社会主义的企业家，在性质上不同于资本主义社会代替职能资本家执行管理职能的企业经理，他不是压制、统治劳动者来为资本家利益服务，而是接受国家委托（在实行任命制的条件下）来执行经营管理企业和指挥劳动的职能。也就是说，我们的企业是劳动者共同所有的企业，而厂长、经理则是管理企业的代理人，也可以称之为企业法人的代表。实际上，他也是联合劳动中的一分子，只是在分工上作为厂长、经理执行管理职能就是了。

从根本意义上说，社会主义国有企业应该还权于联合起来的劳动者，让劳动群众自己民主管理企业。厂长、经理应民主选举产生。民主管理与厂长负责制的关系就是民主与集中的关系。其基本原则是在民主基础上的集中和在集中指导下的民主。两者是对立统一的辩证关系。没有民主的保障，集中就有可能流为专断独裁和官僚化；没有集中的指挥民主就有可能转化为无政府倾向，完不成现代的社会化大生产的任务。列宁说："群众应当有权为自己选择负责的领导者。群众应当有权撤换他们。群众应当有权了解和检查他们活动的每一个细小的步骤。群众应当有权提拔任何工人群众担任领导职务。但是这丝毫不等于集体的劳动过程可以不要一定的领导，不要明确规定领导者的责任，不要由领导者的统一意志建立起来的严格制度。如果没有统一的意志把全体劳动者团结成一个像钟表一样准确地工作的经济机关，那么无论是铁路、运输、大机器和企业都不能正常地进行工作。"① 所以，列宁又说："我们应该学会把这种民主精神与劳动时的铁的纪律结合起来，与劳动时绝对服从苏维埃领导者一个人的意志的精神结合起来。"② 列宁是把群众民主讨论与建立严格的责任制视为民主范畴的两种职能。他主张在经济方面实行民主集中制，实际上是把科学管理、权威性的统一指挥和群众的民主权利三者结合起来作为一个整体来实施。我认为这正是我们进行管理体制改革的理论依据和准则。

在我国当前试行的改革模式中，无论是股份制、承包制、资产经营制或租赁制等等，落实到企业中都有个企业负责人与劳动者的关系问题，而且不可能改变联合劳动者为企业的主人这一基本前提。因而归根到底，都需要通过民主管理形式体现出生产资料主人的地位、权利和意志。只有这样的企业才是名副其实的社会主义企业，也只有这样的做法，才能真正调动起广大劳动群众的积极性，为社会、为集体奉献自己的劳动。

最后就是从分配上体现出生产资料主人的个人利益。联合起来的劳动者，既是所有者又是劳动者。社会主义的分配制度是按劳分配，实行多劳多得，少劳少得。这当然要足够重视个人的经济利益。决不能因为按劳分配属于资产阶级权利的性质而搞平均主义的"大锅饭"。这就要求我们在制定工资政策时要保持必要的差距，在奖励、分红方面也要贯彻多劳多得，有奖有惩的原则。在实行职工参股的企业中除按劳分酬外，还要按股金多少分红。劳动者以他的劳动所得入股，为社会主义

---

① 《列宁全集》第 27 卷，第 194 页，并参阅第 190—195 页。
② 《列宁选集》第 3 卷，第 523 页。

建设作出贡献，理应得到必要的报酬。切不可把劳动者的劳动积累同资本家剥削剩余价值的积累——剩余价值资本化等同视之。

总之，对这种演变成"无主所有制"的全民所有制，应该通过体制改革，进行综合治理，使之转化为名副其实的在联合占有、共同占有基础上的个人所有制。这是我们所有制改革的核心问题。至于当前试行的那些从资金、资产角度出发的改革方案、模式，固然不无可取之处，然而仔细推敲，有的恐怕只能是过渡形式，有的则不过是"扬汤止沸"的急救措施而已。在我看来，有些企业，假如试行国家所有、合作经营的方式（巴黎公社曾经设想把资本家逃亡而停工的工厂改变为合作工厂），较之其他方案、模式可能更加符合社会主义经济发展的要求。

第二，大力发展和整顿集体所有制。

在社会主义国家，各种经济事业，是全由国家包下来，实行国营好呢？还是在国有经济的主导下，依靠群众，发动群众，组织起来，让群众自己动手去办好呢？这是涉及经济发展战略方向的根本问题，我认为应该是后者。

我国幅员辽阔，人口众多，生产力水平还相当低，现仍处于社会主义初级阶段，国家的经济财力有限。对于诸多的经济事业，由国家都包揽下来，不仅包不了，包不起，而且也管不好。许多经济活动本来都是同群众生活息息相关的。依循我们中国共产党的群众路线的优良传统，发动群众，组织群众，让群众自己去办将会更好些。至于国家，只要掌握有关经济命脉的重要事业就行了。

基于这种看法，我认为我们的社会主义经济建设，不论是现在的社会主义初级阶段，以至到未来的发达社会主义时期，都应该组织群众，大力发展集体所有制的合作经济。我国宪法明文规定，各种形式的合作社均为社会主义劳动群众的集体所有制经济。我国的经济政策和一些文献，均把集体所有制与全民所有制并列称之为社会主义公有制的两种形式。所以，不论从哪个角度来说，都不能不高度重视集体所有制经济的发展。至于我国现实的合作经济、集体经济中还存在若干不正规的现象，那是可以经过整顿、改革而予以提高的。这里就不说了。

以上是就我国现实经济发展的需要来说的。让我们再回到理论上来吧。假如说，我们把全民所有制解释为联合起来的、社会的个人所有制，还不易为人们所理解的话，那么，劳动群众的集体所有制则明显地体现出生产资料既是归联合起来的劳动集体所有，又是归每一劳动者个人所有。这些参加合作经济、集体经济组织的成员既是共同工作的劳动者又是生产资料的所有者，从而实现了劳动者与生产资料的直接结合。劳动成果归劳动者共同享有，实行按劳分配和一定比例的按股分红，还从盈余分配中提取一定比例的公积金和公益金，用以扩大再生产和举办集体福利事业，实现了私人经济利益与集体经济利益的直接结合。这种集体所有制经济，是由劳动群众自己集资举办，实行自主经营，民主管理，自负盈亏。不增加国家的财政负担，也不需要国家的财政补贴。所以，我认为这种劳动群众的集体所有制，不但直接体现了马克思主义关于联合起来的、社会的个人所有制理论，同时又非常适合我国社会主义经济发展的现实需要，并可较好地调动劳动者的积极性，因而应大大发展。也正是在这个意义上，我认为有些国有企业实行合作方式经营，也不失为良策。

关于集体所有制的合作经济的组织管理，因限于篇幅，本文从略。我认为这种经济的最大特点是把企业放在民主管理的基础上。例如，经过民主选举，成立理事会、监事会、实行厂长负责制与民主管理相结合等。假如我们千千万万的集体所有制合作组织普遍实现民主管理，千千万万的全民所有制企业也普遍推行民主管理，那么，我们的社会主义民主就将具有坚实的经济基础了。

（刊于《中国社会科学》1988 年第 3 期）

社会主义在发展中

本文的基本思想是论述社会主义在发展，社会主义经济在发展，它没有固定不变的模式，要在实践中创造性地发展。辩证法是与僵化的、反科学的观点不相容的，我们必须在革命化、科学化的道路上永远前进。

一、我们信奉和实行的是科学社会主义。但是，我们是在社会生产力很落后的国家取得革命胜利的，经过二三十年的成功与失败的比较，终于总结出了我国还处于社会主义初级阶段，我们要建设有中国特色的社会主义的正确结论，不再把"理想"当作现实的目标。

二、科学社会主义是以生产资料公有制作为社会经济基础的。我国的社会主义公有制有两种形式，即国家所有制和集体所有制。这两种所有制，在理论上均相当于马克思当年设想的在生产资料共同占有基础上，联合起来的、社会的个人所有制（这种个人所有制并非私有制），这是我国所有制改革的理论基础。劳动者作为生产资料主人的权利，应通过对生产的管理和劳动产品的分配得到实现。

三、国有企业体制改革，应以政企分开，两权分离为前提，需通过立法把它固定下来。企业要真正成为经济法人，既负盈又负亏。从宏观上说，废除大供给制、大包干制是经济体制改革的关键，应引起注意。承包或租赁是可以的，但最好是一人牵头，集体承包（或租赁），协作生产，集约经营。小型企业最好是有偿转让，改为集体所有制，合作经营。集体所有制企业的主要问题是多样化、不规范，应引导它们逐步走向规范化。这关键是产权问题，应按宪法规定，使之真正成为劳动群众的集体所有制。

四、革命化、科学化是社会生产力发展的客观要求，人的意识形态必须与之相适应，永远在革命化、科学化的道路上前进。干部、领导干部需要提高素质，在决策上、管理上真正实现科学化、民主化、法制化，并以法制化保障科学化、民主化的实现。另一重大问题是弘扬有计划的商品经济理论，处理好计划与市场的关系。计划机制与市场机制、计划调节与市场调节，是可以有机结合的。在商品经济条件下，计划的科学性就是要认识市场变化，以市场运行规律为依据。

社会经济是在一定的生产方式下发展的，革命就是为了解放生产力。社会主义经济的发展，理所当然地要努力提高社会生产力水平。然而社会制度、管理体制，以及指导思想、政策方针等等，是促进经济发展，还是阻滞经济发展，关系极大。所以，社会经济的发展不单纯是生产力问题，它是在上层建筑与经济基础、生产关系与生产力的矛盾统一、协调发展中不断前进的。

一、社会主义的创造性发展

马克思主义不是教条，而是要在社会实践中创造性发展的。马克思对未来社会将付诸实施的社会主义，并未给后人绘制出一幅固定不变的蓝图。恩格斯从他的宏伟著作——《反杜林论》中把社会主义部分提出来单独出版时，给它另加个标题——《社会主义从空想到科学的发展》。这个命题本身就是科学的。多年来的历史事实已经证明，社会主义不论在思想、理论方面，还是在作为社会制度的实践方面都是一个从空想到科学的发展过程。恩格斯说："我们是不断发展论者，我们不打算把什么最终规律强加给人类。关于未来社会组织方面的详细情况的预定看法吗？您在我们这里连它的影子都找不到。"[1] 现在我们看到的社会主义，可以说，理想日趋科学，模式不只一个。

中国革命是中国共产党领导全国人民经过 28 年的革命战争，然后取得了新民主主义革命的胜利，取得政权后不几年又实现了社会主义革命的转变。中国革命之所以取得胜利，关键在于创造性地发展了马克思主义，运用了马克思主义普遍真理与中国革命具体实践相结合的指导思想。例如，在革命战争中采取了农村包围城市的战略；取得政权后，在社会主义建设中经过成败利钝、正确与错误的反复比较，终于总结出了我国还处于社会主义初级阶段，我国要建设有中国特色的社会主义的正确结论。这是在指导思想上的又一次飞跃。从国情的实际出发，不再把对未来的"设想"当作现实的目标。

我们信奉和实行的是科学社会主义，但在今天，我国的社会

---

① 《马克思恩格斯全集》第 22 卷，第 628—629 页。

主义还是低水平的，"事实上不够格"。①

　　我国工业化的起步，比先行的资本主义国家要晚两个多世纪。我们惟有艰苦奋斗，忘我拚搏，大约要用 100 年左右（从1949 年算起）的时间才能达到发达国家的经济水平。②到那时，方可在生产力水平上同发达国家比高低、争先后。现在，我国是发展中的社会主义国家，必须清醒地看到，我们在生产力、生产效率方面还是落后的，切不可"打肿脸充胖子"。那么，我们的社会主义制度到底是否优越呢？是不是要等到下世纪中叶再来谈优越性？不，从过去 40 年的历史中已经显示出我国社会制度的优越性。在经济发展方面，我们在前进，人家也未停步，假如我们能以 100 年左右的时间，赶完比人家落后 200 多年的路程，这件事本身就是我们社会制度的优越性之所在。

　　我们的国家是人民共和国，由人民作主人。人民国家是为人民谋福利的，这种制度极其有利于发挥人民的积极性。我国的人民民主和社会主义原则已以根本大法的形式在宪法中固定下来。50 年代，在讨论我国宪法草案时，毛泽东特别强调了这两项基本原则。我们的政权是人民民主专政政权。民主专政的实质为：对人民是民主的；对敌人是专政的。列宁在《国家与革命》中就这样地提出了这个问题；毛泽东在《论人民民主专政》一文中，更加精辟地阐明了这个问题。西方国家一些人士，说他们是民主国家，而说我们是集权国家，意即不民主的专制国家。其实，我国的人民代表大会是最广泛的人民民主制度，它的广泛的代表性是西方国家只代表资产阶段的议会制所无法比拟的。所以，把我国说成集权国家，其中有些人即使不是有意诬蔑，那也

---

　　①　《邓小平重要谈话》，中央文献出版社 1987 年版，第 23 页。
　　②　毛泽东早就说过，我国建成社会主义大约要用 50 年或 100 年。

是误解。至于多党合作，政治协商，更是中国社会主义的一大特色，是我国对社会主义政治制度的新创造、新发展。我国的政治协商会议现有委员 2000 余人，包含各党派和各社会团体。新中国从来不是一党制，而是多党合作制。这种以共产党为首的多党合作、政治协商制度，在抗日战争后期即已开始，在解放战争中进一步发展，而在新中国成立后愈益壮大了。只是我国的多党制不同于西方国家的多党制就是了。我国的多党制是多党合作，政治协商，参政议政，互相监督；而那些夸耀为民主国家的多党制，一般都是互相倾轧，尔虞我诈，你争我夺。究竟哪种形式的多党制更科学、更合理？当今的有识之士和未来的历史学家，将会作出正确的判断。不容否认，我们在实施民主过程中还有许多不足，有待进一步地改革和发展。

我国在社会主义经济发展方面的成就尤为彰明较著。

在国民经济恢复时期（1950—1952 年），经济增长很快（年平均增长在 20% 左右），但含有恢复因素，并不能代表正常发展。因此，我们以 1952 年作为比较的起点。

1953—1989 年，我国社会总产值年平均增长 8.7%，国民收入年平均增长 6.8%。改革开放以来，经济增长更快。1979—1989 年，社会总产值年平均增长 10.7%，国民收入年平均增长 8.7%，国民生产总值（GNP）年平均增长 9%。关于国民经济总量增长，各国一般认为 6% 就是高速，10% 就是超高速。我国的国民经济发展，在改革前的 26 年间（1953—1978 年），虽然经过"大跃进"和"文化大革命"的冲击，有几年是负增长，但国民收入的年平均增长率也还达到 6%。可见，我国经济发展并不算慢。这样的宏观经济总量增长率，只是稍低于日本、西德和亚洲"四小"在高速增长期间的增长率。据世界银行统计，亚洲"四小"的经济增长率在 1960—1980 年间达到 8.6%—

10%，进入 80 年代开始下降，并不比我国高。至于一些发达国家的增长率，大多在 1%—4% 之间徘徊。

几个资本主义国家 1980—1989 年的
国内生产总值（GDP）年平均增长率　　　（%）*

美国	英国	法国	西德	日本	意大利	加拿大	印度	巴西
3.1	2.5	2.2	1.9	4.2	2.3	3.3	5.8	1.8

　　*　美国和日本为国民生产总值（GNP）；印度为 1980—1988 年数字。

资料来源：国际货币基金组织《国际金融统计日报》1990 年 12 月；1990 年年报。

我国的人口众多，70 年代以前，人口增长率又很快，因而人均国民收入水平相当低，增长不够快，但也不算太慢。1952 年人均国民收入为 104 元，1989 年为 1189 元，以国民收入紧缩指数消除物价因素，增长近 5 倍，年平均增长率为 4.5%。改革开放以来，增长更快些，请看下表。

我国 1978—1989 年人均国民收入增长　　　（单位：元）

年份	人均国民收入增长	年份	人均国民收入增长
1978	315	1984	547
1979	346	1985	672
1980	376	1986	743
1981	397	1987	868
1982	422	1988	1078
1983	464	1989	1189

资料来源：《中国统计年鉴》（1990 年）。

1979—1989 年，我国人均国民收入在消除物价因素后，年平均增长率为 7.3%。但据世界银行报告的数字，说我国 80 年代的人均国民收入在 300 美元附近徘徊。这个数字是按人民币汇率换算成美元计算的。在此期间，我国汇率下调，而且汇率并不能反映商品价格结构的实际，故这个数字不足为据。联合国考虑到汇率比较方法的缺陷，曾试行购买力平价方法，即选 151 类 500 种商品，在国际可比的范围内，试算不同货币的购买力水平。世界银行也曾按此方法计算我国 1985 年的人均国民生产总值，约相当于 1100—1600 美元，即比汇率换算法高出 4—5 倍。不容否认，我国人均收入、人均消费水平确实很低，有待于努力增长，急起直追。但若把增长说成下降、徘徊，则不符合事实。

40 年来，我国已经建立起比较完整的工业体系，技术开发也有很大成就。

我国的粮食，1949 年为 11318 万吨，1989 年达到 40745 万吨，40 年增长 2.5 倍以上，在世界上尚属罕见。煤炭 1949 年为 0.32 亿吨，1989 年达到 10 亿吨，增长 30 倍以上；钢 1949 年为 15.8 万吨，1989 年达到 6000 万吨，增长 379 倍；发电量 1949 年为 43 亿度，1989 年达到 5800 亿度，增长 134 倍；石油 1949 年为 12 万吨，1989 年达到 13765 万吨，增长 1146 倍。再与外国比较，外国的上列产品与我国大体相当的产量所花费的增长时间，钢产量，美国花了 68 年（1872—1940 年），日本花了 56 年（1905—1961 年）；发电量，美国花了 52 年（1902—1954 年），日本花了 59 年（1920—1979 年）；石油产量，美国花了 90 年（1860—1950 年），至于产品的最高产量尚未达到我国产量水平的那些国家就无法比较了。

关于技术开发。科学技术是在一定的生产力水平条件下发展的。旧中国给我们留下来的产业部门，基本上都是采用落后技术的，没有象样的现代化机械制造业，不仅不能制造飞机，也不能制造汽车和巨型轮船。可是，新中国建国不久，自己制造的汽车开出来了，自己制造的飞机上天了，自己制造的巨型轮船下水了。现在已经建成比较完整的工业体系。而且原子弹、氢弹、导弹、系列火箭、通讯卫星、正负电子对撞机、生物工程、计算机技术等均已先后问世。这些技术开发，是在帝国主义封锁，苏联"老大哥"撕毁合同、撤退专家的条件下，由我们自己的科学家和工人们群策群力，艰苦奋斗，自力更生地创造出来的。现在，我们的航天技术已经能与世界先进水平相伯仲、论高低了。1986年以来，世界性的高临界温度超导材料研究，有了突破性进展。我国的科学家们积极钻研，团结奋战，在几次国际间的激烈角逐中，我国保持了领先地位。这项成就非同小可，因为超导战是与整个国家科学水平、经济实力联系在一起的。

我国在生产力落后、技术不发达的条件下，竟能在技术开发上取得这样的优异成绩，无疑是一些科学家们做出的贡献。只有在社会主义制度下，把科学家们的智慧凝聚为集体智慧才能创造出这样卓越的成果。当然，我们的技术开发，远非是全方位的。我国很多企业设备老化、工艺落后，还远远不能适应生产现代化的要求。

本世纪中叶以来，人类开始进入科学技术新的巨大发展的时代。科学上的重大发现引起技术上的重大突破，进而导致生产力更大的发展和社会更大的进步。我们必须足够地认识"科学技术是第一生产力"的重要意义，同时也必须看到我们同技术先进国家在科学技术上还存在巨大的差距。任重道远，还有赖于发挥集体智慧的优势，艰苦跋涉，继续奋斗。

总之，40年来的实践证明，我国的经济发展，不论按总量还是按人均产量计算都不算慢，技术开发上更有突出的成就。这些，都显示了社会主义制度的优越性，是社会主义创造性发展的结果。不容否认，我们的生产效率还不高，产业结构还不够合理，技术水平也有待提高。为了建成有中国特色的社会主义还必须从我国的国情出发，不断改革、发展。发展是无止境的，社会主义惟有在发展中前进。

有必要指出，我国还处于社会主义初级阶段，我们的生产力水平还相当低，综合国力处于中间偏下地位。而且社会主义的敌人，亡我之心不死，不断丑化社会主义，想用"和平演变"手段，把我们导向资本主义。我们必须居安思危，有危机感和忧患意识。我们肯定了社会主义的优越性，而且相信在发展中将愈益显示其优越性。然而我们也不能存在幻想、空想，更不可把并不优越的方面夸大为优越。我们是在社会生产力水平很落后的国家取得胜利、取得政权的。我们的社会生产力和技术水平，虽然经过了40年建设，但仍比发达的资本主义国家低得多。列宁曾经说，社会主义应该有比资本主义高得多的社会劳动生产率。作为新兴的、继起的生产方式，理所当然地要比被它取代了的历史上已经形成的前一个社会生产方式有更高的社会劳动生产率。然而像我国这样在生产力很落后的条件下取得胜利的国家，直到现在也还不存在高于资本主义的社会劳动生产率。事实上要想在短时间内就超过资本主义历时300年来积累下来的社会生产力水平，那不过是虚妄的幻想。按照我国现已决定的经济建设发展设想，是要在下世纪中叶达到中等发达国家的水平。即使这个设想，经过努力达到了，那也只是与之持平。要想在劳动生产率上超过它们乃至比它们高得多，恐怕还要经过一段艰苦奋斗的过程。作为经验教训来说，最为重要的是要克服急于求成的思想，不犯或少犯决策性的错误，而且无论在宏观上、微观上，决策和管理都必须实行科学化、民主化、法制化的原则。

社会主义的优越性必须肯定，但这是从社会发展史的观点上，就这一社会制度的本质属性同其他社会制度比较来说的。社会主义的目标，是消灭人剥削人的制度，消除收入上的过大差距，在政治上、经济上实行人人平等；它可以从总体利益出发，优化配置社会资源，而不为少数人利益或局部利益所左右，从而为节约劳动时间和社会经济的持续、稳定发展提供可能性。在这个意义上，它较之资本主义制度，显然具有优越性。当然，这只是规范性的分析，至于在一定的国度，一定的时间内，这种优越性在什么程度上得到实现，它还要受到具体的社会经济条件和各种因素的制约。例如，资源、人口、原来的生产力基础、国际市场条件、国际政治环境等等。所以，我们切不可往社会主义制度上抹黑，但也决不要把幻想、空想说成优越性。

我们坚信，取消人剥削人的社会主义制度较之资本主义具有无可比拟的优越性。但社会主义社会仍然存在不同利益主体，存在着相互间的矛盾，即使到了将来也不是无矛盾的社会，而且也难免工作上失误。何况我国现在还是个发展中的社会主义国家，困难更多些。社会主义在发展中，它的优越性必将在发展中越来越显著。我们千万不要因为在实践过程中出现了这样或那样的问题就否定它的优越性；另一方面也不要存在天真的幻想，任意把社会主义渲染为人间天堂。

二、社会主义公有制的完善和革新

科学社会主义是以生产资料公有制作为社会经济基础的。社会主义公有制是对私有制的否定，那种既非人民政权，又不实行公有制的所谓社会主义，在本质上不同于马克思主义的科学社会主义。

十月革命以来，社会主义国家通行的社会主义公有制采取全民所有制和集体所有制两种形式。我国在《宪法》上明文规定，中华人民共和国的生产资料的社会主义公有制为全民所有制和劳动群众集体所有制。

我国现行的全民所有制实质上是国家所有制，因为国家是全民的总代表。生产资料国有制和国有经济，是在一定的历史条件下依靠国家政权的力量，建立并发展起来的。但如何使它真正体现出人民的权利和意愿，这是一个一直没有得到完满解决的问题，有待于改革、发展。关于集体所有制，在理论上是肯定的，在《宪法》上也有规定，但在认识上却不一致，而且忽左忽右；在实践上更是形式多样，各有千秋，因而也有待于改革、发展。

马克思、恩格斯当年构想的未来的社会主义，是消灭资本主义私有制，建立联合起来的个人对全部生产力总和共同占有的公有制。其组织形式为由自由平等的劳动者组成的联合体。这些生产者共同占有生产资料，共同劳动。马克思又把这种公有制称之为"联合起来的、社会的个人所有制。"① 而且在《资本论》第1卷第24章结尾时还提出在"生产资料的共同占有基础上，重新建立个人所有制。

马克思为什么把社会主义公有制称作个人所有制，而且提出重建个人所有制？这个问题使一些人困惑莫解，理论界至今争论不休。其实，马克思《资本论》中提出重建个人所有制的同时就已明白指出，这种个人所有制不是私有制。人们正是每每把个人所有制与私有制混为一谈而引起误解。这里所说的个人，需要大书特书的是：联合起来的、社会的个人，而不是分散的、孤独

---

① 参阅《马克思恩格斯全集》第 48 卷，第 21 页。这里讲的个人所有制的"个人"，按德文文法为所有格。"联合起来的、社会的"两个形容词，是用以限定"个人"的。可查阅拙文《论社会的个人所有制》，刊于《中国社会科学》1988 年第 3 期。

的、单个的个人；这里所说的个人所有制是建立在生产资料由联合起来的个人共同占有基础上的个人所有制，而不是土地和生产资料属于劳动者个人私有，以自己劳动为基础的小生产者所有制。马克思之所以提出"重建"个人所有制是从哲学意义上予以分析的，亦即"这是否定之否定"。他把资本主义以前小生产者个人私有制作为所有制关系辩证发展过程的起点予以考察。当资本主义私有制取代了生产资料为小生产者私有的个人所有制时，马克思把它看作是第一个否定；当劳动社会化和生产资料愈益集中而资本主义生产方式又容纳不了时，它便被联合起来的个人所有制所代替。相对于第一个否定而言，这便是否定之否定。所谓"重建"就是"回归"到原出发点，但不是简单的"回归"，又恢复到资本主义以前那种劳动与生产资料直接结合在一起的小生产者各自单干的原点，而是向更高阶段发展为生产资料的共同占有、联合占有。劳动者只有通过联合才能实现占有，只有联合起来的个人对生产力总和的占有才能消灭私有制，并建立起联合起来的、社会的个人所有制。这种所有制表明，劳动者是生产资料的主人，并非无所有者，但又不是把生产资料分给每人一份，使劳动者成为分散的小生产者。大规模的生产社会化、劳动社会化，在客观上要求生产力总和的占有，不允许把整体的、大规模的生产力瓜分若干份为单独的个人所有。"在无产阶级的占有制下，许多生产工具应当受每一个个人支配，而财产则受所有的个人支配。现代的普遍交往不可能通过任何其他的途径受一个个人支配，只有通过受全部个人支配的途径。"① 那种把人人各分得一份或"人人皆有"看作是重建个人所有制，纯属曲解。

　　在这里，至关重要的是把个人所有制同私有制区别开来。人

---

① 《马克思恩格斯全集》第 3 卷，第 76 页。

们从阶级社会观察中得到的印象，一般都是把个人所有制等同于私有制，把它同公有制对立起来。其实，所有制同它的占有方式、实现方式并非总是等同的、一致的。从历史上考察，在原始社会，联合占有同个人所有是一致的（尽管那时的生产手段很简陋），那时的个人所有是公有而不是私有。在阶级社会中，生产资料是为剥削者私人占有的阶级所有制，而劳动者却一无所有。只有小生产者私人占有同个人所有才是一致的（在封建社会较广泛地存在）。在社会主义社会，这种个人联合占有、社会共同占有的个人所有制实质上是公有制的同义语，它通过联合体的组织形式来实现劳动与生产资料的直接统一。

所有制表明的是生产资料为谁所有的产权问题，而其实质则是表明劳动者与劳动客观条件的关系。在社会生产中，劳动是主体，生产资料是主体活动的客观条件。把自然资源除开不说，所有生产资料都是劳动创造的，是劳动的主观条件的客观化。资产存量是历史上劳动物化积累起来形成的。在再生产过程中，生产资料又成为劳动主体活动所必需的客观条件。在这个意义上，生产资料理所当然地应为劳动者个人所有。社会主义社会实行联合起来的、社会的个人所有制，这就消除了物化劳动对活劳动的支配，从而实现了主体劳动与客观劳动条件的统一。只有这种所有制，才能实现同一社会的人真正处于平等的基础上，充分发挥个人的才能。而且也只有在集体中，个人的才能方可获得全面发展。

把共同占有形式的社会主义，共产主义公有制称作联合起来的、社会的个人所有制，从形式逻辑的观点看，可能很难理解。殊不知这里所体现的正是个人与社会、个人与集体的辩证关系。"个人是社会存在物"，任何个人都不能离开社会、离开集体而存在而活动；另一方面，社会、集体也不是抽象的空架子而是由个人组成的，离开了所有的个人也就无所谓社会，无所谓集体了。所以，无论任何时候也不应忽视个人的地位和作用。劳动者在社会主义、共产主义社会是生产资料的主人，在联合占有、共同占有的基础上，个人是实实在在的所有者。所有制并不是抽象的、静止的经济范畴，它制约着经济运行中的各种经济关系。它的作用是通过对生产资料和劳动产品的占有、支配和使用显示出来的。劳动者作为生产资料主人的权利、利益和意愿将通过自主权、管理权、分配权等而具体实现。劳动者作为劳动的体现者，处于为共同生产提供劳动要素的地位；作为生产资料的联合所有者，又处于自我支配劳动及其成果的主人地位。正是这样的生产关系，不仅在企业中确定了劳动者的主人地位，而且也在总体上确定劳动人民在社会主义国家的主人地位，从而"使社会全体成员的才能得到全面的发展"。① 从目的论的角度来说，为了个人的发展是共产主义、社会主义社会生产永恒的目的。共产主义就是"通过个人并且为了人而对人的本质的真正的占有"。② 正是在这个意义上，联合起来的、社会的个人所有制成为人的全面发展的社会基础。所以，社会主义所有制改革和发展应以此为理论基础。

不无遗憾的是：虽然我们从来明确肯定地认为劳动者是社会主义国家的主人，并且强调群众路线和依靠群众，但在我们现实的经济体制中，特别是在国有企业中还未能体现出劳动者的主人地位。在宣传工作中，一向突出集体主义，这当然是正确的，然而集体与个人的关系则较少论及，至于发挥个人的聪明才智，尤少论及，惟恐有"人性论"、"个人本位论"的嫌疑。其实，离

---

① 《马克思恩格斯全集》第 4 卷，第 371 页。
② 《马克思恩格斯全集》第 42 卷，第 120 页。

开了个人还有什么集体之可言！这些，是需要在改革中予以解决的。相信经过政治体制、经济体制改革，当可使我们的社会主义制度日趋完善。

我国的企业，无论国家所有制（全民所有制）或集体所有制，从理论上说，均属于在生产资料共同占有的基础上，联合起来的、社会的个人所有制；其劳动性质均属于联合劳动而不是雇佣劳动；在组织形式上，大致上相当于马克思恩格斯当年设想的劳动者联合体。只是我们今天还处于社会主义初级阶段和商品经济的条件下，因而我们的所有制水平和"联合体"水平都还比较低。这就向我们提出一个问题，从我国现实的国情出发，究竟应采取什么样的社会主义公有制结构模式，才更有利于发扬劳动群众的主动性、积极性和创造性。

我国的社会主义公有制有两种形式，即国家所有制和集体所有制。把两者各放在什么位置上，从制度上看是公有制结构问题，从战略上看则是在经济战线上的力量部署问题。有两种战略指导思想：一种是重国有，轻集体，突出国有制地位，不区分行业、不分巨细，把什么都由国家包揽下来，以至急于过渡，把集体企业收归国有等等；另一种是以国有制为主导，抓关键，抓要害，只对有关国家经济命脉的大型企业和部分中型企业实行国有，余者主要是依靠劳动群众自愿地组织起来，集体兴办。我赞成后一种战略指导思想。因此，我认为我国社会主义公有制结构的战略目标模式应该是：以国家所有制为主导，广泛地、普遍地发展劳动群众的集体所有制经济。这两种形式的公有制应该长期并存，而不是急于升级、过渡。随着社会生产力的发展，两者在长期的发展过程中，互相补充，互相学习，互相渗透，有朝一日，终将水到渠成，融为一体。可以设想，到那时的公有制既不是今天的国有制，也不是今天的集体所有制，而是在生产资料共同占有基础上的一种新型的公有制。

这个战略目标模式的突出点在于高度重视群众性、民主性，把作为生产资料主人的劳动者放在应有的位置上，让他们充分发扬主动性、积极性和创造性。这个战略目标模式在肯定以国有制为主导的条件下，突出了集体所有制的战略地位。其所以如此，是因为集体所有制经济更符合我国生产力水平的现实需要，而且集体制较之国有制更为直接地体现着群众性、民主性。

我国《宪法》规定，我们的目标是把我国建设成为高度文明、高度民主的社会主义国家。《宪法》还规定，集体经济组织有实行民主管理的权利；在 1988 年颁布的《全民所有制工业企业法》中也规定职工有权参加民主管理。这就是说，我国一向是重视群众性和民主性的。问题在于把理论原则和法律条文变为现实。这也正是社会主义制度发展所需要的。

社会主义民主，既有政治民主，又有经济民主。公民既要对政权行使民主权利，又要在自己所在的单位行使民主权利。民主的实现需要具体化。在经济单位实行民主管理，这就把劳动者的民主权利具体实现了。进一步看，产业部门、经济单位都实现了民主管理，那么社会主义经济的民主化也就为社会主义政治的民主化奠定了牢固的基础。

在我国，国有经济居于主体地位并起主导作用。这是解放以来在历史上形成的，而且也是我国经济实际发展所必需的。解放过程中没收的敌伪资产和官僚资本，理所当然的要收归国有，而不是把它瓜分为每人一份。以这些资产为基础积累起来的资产以及国家其他来源的资金，用于发展产业而新建的企业当然仍属国有。正是由于国家掌握了经济命脉，并拥有雄厚的经济实力，才能在确定经济发展方向以及对不同经济成分、不同产业部门的协调、配置方面起主导作用。而且也惟有国有经济起主导作用，才可以保障个别利益和局部利益不致超过整体利益。诚然，多年来，我们未把国有与国营加以区别，又把计划经济误作统制经济，统得过多，管得过严，以致"官气"十足，弊端丛生。这些，当然必须经过改革，使国有制得到完善和发展。

在1989年风波之前的一段时间，鼓吹私有化的滥调盛极一时，他们公然发布《私有制宣言》，主张取消国有制，也就是妄图以私有制取代社会主义。社会主义不可能建立在私有制的基础上。我们必须坚持改革，对于制度上和各个方面的弊病，必须坚决除掉。但改革的目的是为了完善社会主义制度，而不是取消社会主义制度。

在我国现实经济中，有必要把劳动群众集体所有制的发展提到战略地位上来。我认为这是最佳选择。

经济事业本来是亿万劳动群众自己的事，特别是消费资料的生产、流通以及与消费资料密切相关的许多行业（如制造消费资料生产手段的行业），更是直接与劳动群众息息相关。既然是劳动群众自己的事，理应发动群众，依靠群众，让群众自愿地组织起来，自己集资，自己管理，自己兴办。国家在政策上、物资上给以必要的扶持和资助就是了。这也正是我们党一贯主张和实施的群众路线的本义。我国生产力不发达，国家资金有限，把规模不太大的消费品生产、流通企业和一些服务性行业，凡是群众自己有力量办的事业，一律让群众自行集资，集体兴办，国家就可以腾出相当数量的资金去举办更为重要的事业。这样做，既符合群众利益，又符合国家利益。为什么对群众自己能办的经济事业，国家偏偏要包办代替呢？由此可见，广泛地、普遍地发展劳动群众集体所有制的集体企业、合作企业是个战略性问题。遗憾的是在社会主义公有制结构问题上，我们的指导思想始终是"重国有，轻集体"，至今也还未把劳动群众的集体所有制放在应有的位置上来。40年来，合作企业、集体企业的发展几起几落，一再"升级"、"过渡"，这两年，不少地方又出现集体变国营的现象，而且大有蔓延之势。

为什么对集体所有制一而再，再而三地反复"升级"、"过渡"，而得不到根本的制止呢？其思想根源就在于存在不切实际的空想，总是认为"越大越公越好"，而集体所有制不过是社会主义公有制的低级形式，不如全民所有制大公无私。因而尽管宪法上已明文规定，劳动群众集体所有制为社会主义公有制两种形式中的一种，但至今仍有人说它是半社会主义性质，或称之为处于集体经济与个体经济之间的过渡形式。不容否认，集体所有制是代表部分劳动群众利益的，较之全民所有制当然是低级形式，然而任何事物都是从小到大，从低级向高级发展的。随着社会生产力的发展，企业规模的扩大，以及单位企业向联合化、集团化的发展，集体所有制企业的社会化程度和公有性必将逐步提高。何况我们现阶段的全民所有制也不是百分之百的大公无私的，它也在发展中。

说到底，集体所有制之所以需要存在和发展，还是由于它是我国现实经济发展所必需的。主要是因为这种所有制形式适合于广大劳动群众现实的认识水平。例如，集资入股，共同劳动，每人既是入股者又是劳动者，在劳动中按每人劳动的数量和质量付酬，在盈余分配时，按劳分红和按股分红各占一定的比例。这样，就把个人利益真实地建立在集体经济利益的基础上了。个人与集体，同呼吸，共命运，盈利共享，风险共担。每个人为集体经济利益而努力奋斗，同时也就实现了个人利益。正是这种所有制，让劳动群众亲自体会到，他们是企业的主人，个人利益与集体利益如实地融为一体了。在我看来，在我国现实的社会主义阶段，这种符合于社会生产力水平，符合于劳动群众认识水平的集体所有制，恰好是把马克思当年设想的，在生产资料共同占有基础上，联合起来的、社会的个人所有制具体地实现了。诚然，马克思当年设想的那种所有制，并非指个人入股集资，然而在我国的现阶段恰好可以通过这个阶梯走向社会主义公有制的更高形式。譬如说，我国的全民所有制，从其本义来说，也属于联合起来的、社会的个人所有制，然而许多劳动群众并不这样看。这当然与劳动者的认识水平有关。不过，从这种比较中，倒是愈益显示出集体所有制更符合我国经济发展的现实需要。另一方面我国生产力水平还很低，不可能也不应该把群众自己能办的经济事业都包下来。上文已经提到，不再重述。

这种入股集资形式的劳动群众集体所有制，应否视为处于个体与集体之间的经济形式呢？集体所有制确有两重性。然而从辩证的、发展的观点看，由于它已走上集体化、社会化的道路，发生了质的飞跃，因而应属于社会主义公有制。有人认为，既然是公有制，为什么还要个人入股并按股分红呢？在我看来，集体所有制之所以是低级形式正在于此。然而，这个不足之处也是集体所有制的优点之所在。因为它适合于我国国情，符合于群众的认识水平，有利于经济发展。当然它还需要向高级形式发展。譬如说，某个集体制企业，当它提留的公共积累已可满足扩大再生产的需要，并且有余，那就可以退还个人股金，从而不再按股分红。显然，这就向公有制高级形式迈进了一大步。而且它们还要向联合化发展。

合作企业、集体企业随着社会生产力的发展，必然要走联合化的道路，尤其是实行大跨度的联合，联合的规模越大，公有化水平越高，实际上也就不再是代表少数人利益而是向社会化方向发展，从而在所有制上必将同全民所有制日趋接近而无本质的区别。联合化的前途是不可限量的。恩格斯在评论巴黎公社拟议的把一切合作社结成一个联盟计划时说，"这种组织不但应该在每一个工厂内以工人的联合为基础，而且应该把这一切联合体结成一个大的联盟；简言之，这种组织，正如马克思正确地指出的，'归根到底必然导致共产主义。'"① 这就是社会主义公有制的前途和远景。

三、经济体制的改革和创新

这里讲的经济体制主要是指经济管理体制，它与社会主义公有制是紧密联系的。

我国对国有制企业，多年来把国有与国营混为一谈，管理又过严过死，以致流弊很多。集体制企业主要是不规范，在城镇中有不少属于"二国营"（或称二全民），还有名为集体，实为私营的假集体。所有这些，都要经过改革、整顿，使集体制经济焕发青春。

经济体制的改革需要同政治体制的改革相协调。政治体制改革应该先行，或同步并行，决不能滞后。由于经济体制需要党政分工、政企分开，实践证明，假如政治体制改革滞后，经济体制的这种改革就很难推行，甚至是不可能的。经济单位当然要实行正规的党的一元化领导，并接受政府的方针、政策性指导，然而不能以党代政或党政不分；也不能以政代企、政企不分，把企业作为政府的下属，按行政意愿指挥生产。

---

① 《马克思恩格斯全集》第 2 卷，第 333—334 页。

（一）关于国有企业的改革。

国有企业必须把生产资料的所有权与生产资料的占有、支配、使用权即经营管理权分开，[①] 使企业真正成为独立自主的商品生产者、经济法人，自主经营、自负盈亏。国家作为生产资料所有者在确定经营方向后，应即把经营管理权交给企业。企业根据经营管理上的需要和市场变化情况，有权主动处理一切问题。这是经济单位不同于政府部门一个下属单位的基本差别。国家作为所有者可以提出方针性的指导意见，并有责任进行必要的监督，但它的权利应限于最后取得契约规定的利润。至于对企业的经常性经营管理问题则不得越俎代庖，也不能动则掣肘，限制或妨碍企业的活动。我们过去一直把国有误为国营，就是没有把所有权与经营管理权分开造成的。这几年在改革中已明确提出两权分开，但还应通过立法，用法律法令把它固定下来。企业必须守法，所有者也必须守法，不得例外。

企业被授予了独立自主的经营管理权，就成为经济法人，有权支配企业的财产，并保证把企业办好，保证资产增值，实现自负盈亏，不允许只负盈而不负亏。在管理上要发扬民主，实行在民主管理基础上的厂长（经理）负责制。

不论哪种所有制的企业，只要是独立的商品生产者就要把握市场变化，按商品经济规律行事。在企业内部必须兢兢业业，励精图治，增强竞争意识，培育并内生出自律机制，实行自我约束，如出现亏损也要在企业范围内，在前后期之间以盈余补亏损。负盈而不负亏的畸形现象，恰好说明企业不是真正的商品生

---

① 关于所有、占有、使用以及经营管理等如何区分，尚无统一的界定。在这里，我是按我的理解来论述的。

产者。这种现象的出现，企业当然难辞其咎，然而更为深刻的、本质的根源，乃在于我国的经济体制长期地存在"大供给制"、"大包干制"的缺陷。这里说的供给制不是指我国在战争时期在部队和地方干部中曾经实行过的生活用品供给制。那种供给制，在全国解放后即已废除了。然而它的流风遗韵犹留存至今，特别是并非以供给制的名义而是把它的精神实质转移到经济管理中去。其主要特点是：企业的资金、设备物资由国家无偿供给，保证职工的"铁饭碗"，盈利上交国家，亏损由国家包下来。近年来，在实行承包的改革中甚至有"亏损包干"的明文规定，真是愈出愈奇，不愧为典型的、不折不扣的大供给制、大包干制。这种经济体制导致各个地区、部门、单位纷纷争投资、争项目，伸手向国家要钱、要物。国家想用经济杠杆，例如利率、税率等加以控制吗？他们满不在乎，反正都是国家的钱，亏损也没关系，天破了有女娲补！有些负责人实际上是不负责任。这种体制如不彻底改革，势必贻患无穷。所以我认为，废除大供给制、大包干制是经济体制改革的要害。遗憾的是，时至今日，这个问题的严重性尚未引起足够重视，自然也就没有采取相应的改革措施。

改革以来，曾经提出固定资产的有偿使用，但并未如实地实施。国有企业亏损额，近几年，年年高达 400 亿至 500 亿元以上。国家考虑到各种因素，宁愿由国家补贴，而不愿实行关停并转。所谓《破产法》也不过徒有其名而已。长此以往，其不良后果将日益严重。我认为，必须彻底改革大供给制、大包干制的错误陈规。国有企业无论是由国家委派经理、厂长经营管理，或采取承包、租赁形式，都必须完成任务，保证生产增长，保证资产增加。要实行严格的责任制，层层负责，环环相扣。而且要订立合同，经过法律公证，委托方和承办方都必须履行合同。由于经营管理不善而造成亏损，以致不能在企业范围内前后期自行弥补者，应按合同规定受到制裁，严重者要受法律制裁。国有企业必须实行所有权与经营管理权分开。现在推行的承包形式（实际上相当于租赁）是可行的，但必须进一步完善，坚决克服短期行为。

国有企业实行承包或租赁的最好形式应是：一人牵头，集体承包（或租赁），协作生产，集约经营，科学管理与民主管理并举。保证优质、高产，实现效率第一。这种承包或租赁形式，大致上相当于马克思恩格斯在总结巴黎公社经验时予以肯定的，公社所有，租赁给劳动者合作经营的方式。惜乎这项宝贵的历史经验在一些社会主义国家被淹没而不彰了。我认为它符合我国的国情，我们应该把它发扬光大，作为我国国有企业改革的方向。国有而不官办，走集体经营的道路，它必将使我国社会主义经济独放异彩。

经济体制改革的另一个重要问题是必须保证实现劳动者的主人翁地位。

在前面已经谈到，劳动者是我们社会主义国家的主人。无论在全民所有制（国有制）企业或集体所有制企业，劳动者同样是主人。这在理论上，在法律上都是毫无疑义的。然而在国有制企业中怎样才能体现出劳动者的主人翁地位，而不简单是"干活、拿工资"的劳动者呢？这主要是通过民主管理和劳动产品的分配来得到实现。

国有企业由职工实行集体承包，协作生产，可有利于民主管理的实现。企业的民主管理组织，以职工大会（或代表大会）为最高权力机关，决定企业的方针、任务，选举或罢免经理（厂长）、委员等；组成企业管理委员会，作为经常性的民主管理组织，委员包括主要行政干部、技术干部和职工代表，委员由

选举产生，经理（厂长）为委员会当然主任；组成监察委员会
负责监察事宜，委员应包括党、政、工会各方面的人员，由选举
产生，但经理（厂长）、管理委员不得为监察委员。企业应实行
经理（厂长）负责制，它应建立在民主管理的基础上，接受职
工的监督。现代化企业必须有权威性的指挥和科学管理。因而民
主管理、科学管理、经理（厂长）负责制三者应该很好地结合
起来。我国是个民主不发达的国家，这有它的历史原因。几千年
的封建社会自无民主可言；在革命过程中，经过几十年的革命战
争，不能不强调统一集中；解放后又把企业的国有与国营（实
质上是官办）相混同。体制本身就是强调统一集中的，在意识
形态方面由于缺乏民主素养，指挥者对统一集中自然是驾轻就
熟，而被指挥者也就按惯性行事，"你决定，我服从"就是了。
正是在这种形势下，尽管我国在理论上、法令上肯定了企业要建
立职工代表大会、实行民主管理等等，但至今认真贯彻实施民主
管理的企业，仍然是为数不多。因此，在经济体制改革中，应该
通过国家所有、集体经营形式，把民主管理作为改革的重心，如
实地实现劳动者作主人的权利、意愿、利益。劳动者掌了权，这
就必能发扬劳动者的创造力、积极性和责任感，从而使我们的社
会主义经济更加繁荣昌盛，而社会主义红旗也必将更加鲜艳。让
那些猖獗狂吠，说中国没有民主的人去为他们的日暮途穷而哭泣
吧。

为了国有企业的健康成长，并充分发挥国有经济的主导作
用，国家应该集中人力、物力办好有关国计民生的大中型企业。
至于大量的小型企业以及某些不一定要由国家直接举办的中型企
业，最好实行有偿转让，改为集体所有制，合作经营。例如，国
有工业1989年底共有10.23万个，其中大中型的仅1.23万个。
国家何必要在9万个小型企业上，经之营之，煞费苦心呢？尤其

是那些服务性行业，如日用消费品、副食品零售店、饮食店、澡堂、理发馆等数量更大，而且又都是同群众生活息息相关的。把这类店铺实行有偿转让，让群众自己组织起来，办成消费合作商店、各类服务社，将会更加符合群众利益，可能比国有、官办，办得更好。国家还可收回钱，另办其他事业。辩证地看，这不是对国有经济的削弱，反而可以更好地发挥主导作用。这种改革的有利性和可行性是很明显的。关键在于改革思想的转变，即转变由国家大包大揽的思想，正确理解集体经济的战略地位。

（二）关于集体经济组织的改革。

集体所有制企业容纳性很强。不同层次的生产力水平，各行各业，都可以采取集体所有制形式兴办企业，企业规模也可大可小。只要有利于发展生产、繁荣经济，就可以采取不同样式组建起来。历史经验证明，正由于它适应于不同的生产力发展水平，适应于商品经济发展的需要，因而尽管多年来几起几落，却始终是"野火烧不尽，春风吹又生"。尤其是近年来，乘改革开放的东风，集体制企业，千帆竞发，百舸争流，呈现出一片繁荣兴旺景象。在960万平方公里的神州大地上，城镇、乡村，处处有"集体"。据统计，城乡各种形式的集体经济、合作经济创造的国民收入占全国收入总额的50％以上。无疑，它已成为国民经济的主力军。这应该归功于它的容纳性强，也正是它的优点所在。然而与此同时，它也为这类企业带来了多样化、不规范的缺点。人们不禁要问，集体制企业究竟有没有规范化的共同特征？答复是肯定的。我认为，这也恰好是集体所有制企业体制改革需要解决的基本问题。当然，从不规范到规范化是个发展过程，对大量的集体企业的改革，很难一步到位，切不可"一刀切"。而且，所谓规范化也不排除同中有异。

下面，简要谈谈集体经济改革应该注意的几个要点。①

第一，集体企业的产权属于该企业的职工，即集体劳动者。集体劳动者是企业的主人，他们自愿组合，自筹资金，自主经营，自负盈亏，原则上不是由什么单位主办的。这样做，真正体现了《宪法》上规定的劳动群众的集体所有制（劳动群众这个限制词很重要），也符合国务院1983年关于合作经济组织、集体经济组织的规定。不过，在我国现实经济中，城镇集体企业绝大部分有主办单位或挂靠单位，而且只有这类企业才被视为典型的集体企业；至于无主办单位的民办集体企业，人们却有不同看法，每每有把真集体打成合伙私营者。上海主人印刷厂的一场风波就是一个典型事例。该厂被打成"假集体"后，经过上海市人大、市政府的关注，以及理论界、舆论上的呼吁，终于恢复了"真集体"的本来面目。

民办集体企业、合作企业，由劳动者自愿组合，入股集资，实行合作式股份制（请注意，它在本质上有别于资本股份制），这本来是集体所有制的本义。民办就是不同于官办，它不需要什么"婆婆"。何况这种经济形式，既符合于现实的经济发展需要，又符合于劳动群众的觉悟水平，确实把个人利益与集体利益融为一体。它不愧为社会主义公有制经济的一个重要组成部分。这正是我们应该大力宣传，广泛发展的经济形式。为什么偏偏要追求纯而又纯，把它们推向私有制方面去呢？当然，它们也要进行改革，不断提高和完善。

上面指出，在现实的集体企业中，大部分有主办单位，而且

---

① 首先要说明，我国农业实行统分结合的合作经济形式，适合于农业发展的需要；乡镇集体企业的资金来源和积累用途均与农业密切联系，有其特殊规定性。这里谈的改革要点不包括这两种经济形式。

有许多是主办单位直接出资经营的，名为集体，实为仿国营。不过，这个类型企业的兴起，有它的历史背景和历史功绩，其中多数不是为盈利而是为安排就业而投资兴办的。考虑到严格意义上的集体企业、合作企业，除本企业职工入股外，一般不吸收企业外股份，但它又是需要国营和社会的赞助、支援的，因而其改革模式，应是普遍推行职工入股。至于主办单位或企业外其他单位投资，在投资者自愿的条件下，最好把投资改为无偿赞助，划归为企业集体积累；亦可改为贷款，不参与分红，企业只支付一定的利息。如此，企业就成为名副其实的劳动群众集体所有制企业了。假如有的单位仍愿作为投资者参与分红，只要有利于现实经济的发展，也是可行的。不过，这实际上是混合所有制，而不是严格意义上的劳动群众集体所有制了。

第二，集体企业职工属于联合劳动性质。其特点是人人参加劳动，人人出资入股，即人人都是劳动者又都是出资者，实现了劳动与资金的统一。马克思把它比作自己当自己的"资本家"。联合劳动是对雇佣劳动的否定。我国现阶段，允许私人经营，仍有雇佣资本存在，因而强调非雇佣劳动，仍有现实意义，并非无的放矢。我在上文之所以强调集体企业产权属于劳动者，正是为了保证联合劳动的实现。两者是不可分的。假如集体企业吸收企业外的私人资金入股，试想那还是劳动群众的集体所有制吗？这里说的人人劳动是指不同的分工。从总体上看，服务性企业也属于不同的社会分工。

第三，集体企业由劳动者掌权，实行民主管理。关于民主管理的重要性和组织形式等，上文已经论及。那些意见，对集体企业完全适用。正规的集体企业没有"婆婆"，民主管理较易推行，而且早期组建的集体所有制合作组织，在《示范章程》中均有关于民主管理的规定，如理事会、监事会等。这些，应该予以发扬光大。这里，再强调一下，集体企业也必须实行经理（厂长）负责制，要把民主管理、科学管理与统一指挥正确地结合起来。

第四，集体企业的劳动产品分配权属于劳动者。产品分配权是对财产所有权的具体实现。集体企业职工对自己的劳动产品的分配有自主权和决定权。在平素劳动中实行按劳分配，这是社会主义社会共同遵循的分配原则。同时要兼顾国家、集体和个人利益。对国家利益基本上是照章纳税。在盈余分配时，对公共积累和公益金的提留与个人分红，以及按劳分红与按股分红，应各占适当比例。一般应根据不同行业和盈余数量来确定。

过去的经验教训，一般是对公共积累比例偏高；对按股分红存有戒心，分配比例偏小。

集体企业必须提留公共积累，不量化到个人，也不准私分，永远为集体所有。这也是集体企业不同于合伙经营的一个基本区别。个人分红所得，亦可拿出一部分作为增加的个人股份，用于积累。

关于按股分红，国务院文件和中共中央文件均有明文规定，并且指出它仍属于社会主义性质。可是，在实践中，人们却每每害怕按股分红有资本主义嫌疑。其实，劳动者以其劳动所得用于积累（入股）以扩大再生产，同资本家把剥削来的剩余价值用作资本，再去剥削，在性质上是根本不同的。劳动者把所得作为储蓄存入银行可以相应地得到利息，为什么把它投入自己所在的企业来发展生产不可以得到必要的报酬呢？何况入股还要担一定的风险呢？因此，为了经济发展，为了集聚更多的资金，我们必须肯定并且强调，要按适当的比例进行股金分红。

第五，集体企业应向联合化、集团化发展。集体经济的各个单位都要不断增强、扩大自己的经济实力，然而单个企业的力量毕竟是有限的，因而各单位应该联合起来，走联合化、集团化的道路。这样，就可以使集体经济的实力不断发展壮大，并可在商品经济的竞争中立于不败之地。

集体经济联合化、集团化组织的宗旨是致力于经济实力的发展。原则上应是联合起来，通力协作，互助互补，共存共荣，而不是"大鱼吃小鱼"。但根据商品经济发展的需要，对个别不适于发展的单位亦可进行兼并。联合化、集团化主要是横向发展，跨行业、跨地区、跨所有制的联合；也可以纵向发展，如合作社的各级联合社，集团公司的母公司、子公司、孙公司等。但纵向联合必须以基层组织为基础。

联合组织也应实行民主管理，上层机构应由基层组织的代表组成代表大会，作为最高权力机关。有的仿效公司方式，把基层代表称作董事，组成董事会作为权力机关。只要能履行民主职能，名义上叫代表会或董事会关系不大。我国一些联合组织，多是按上层人士意愿组建的，缺乏民主基础，应进行改革、创新。

除企业自身的改革外，个别的政策、法令条文，凡不利于集体经济、合作经济发展者亦有加以改革的必要。集体所有制与全民所有制同是社会主义公有制，本无高低上下之分。然而有的政策、法令规定对集体所有制却不是一视同仁，而每每是压低集体制企业及其职工，致使集体制企业职工有自卑感，不满地自嘲为"二等公民"。我不想列举具体事例，只是希望并且呼吁：取消不平等待遇，以促进集体所有制经济的发展。

关于"假集体"，肯定是应该清理的。但集体企业在入股、分红问题上每易同私人合伙鉴别不清，必须严格掌握政策、法令界限。这里涉及对《宪法》和国务院文件有关条文的理解和解释问题。在实施中的政策、法令，不同于学术理论问题的百家争鸣。执行中一有偏差，则是差之毫厘，谬以千里。不是把真的当成假的，就是把假的当成真的。这里不去讨论合作股份制与合伙经营如何划分，只想提出一个发展方向问题，供作参考。

个体经济、私营经济的存在和发展，在我国现阶段是完全必要的。然而它们的前途如何？到哪里去？走向何方？这也是私营者个人经常盘算的问题。中央对私营经济早就提出"加强管理，兴利除弊，逐步引导"的方针。如何引导呢？就发展前途来说，就是给他们指出方向。在我看来，他们惟一的、可行的必由之路，就是走合作经济、集体经济的道路，这也是国家导向应该采取而且必须采取的指针。当然这丝毫也不意味着要搞个硬性的合作化、集体化运动来改变私营经济的所有制性质，这里说的仅仅是发展方向和导向。所谓导向当然含有因势利导之意。如何因势利导？这就是在宣传教育方面，为个体经济、私营经济指明发展方向、发展前途，说明合作经济、集体经济的原则和组织方式，让他们在完全自觉、自愿的基础上，水到渠成，转化为集体所有，合作经营。追求生活富裕是人们的共同愿望，然而新中国的公民，惟利是图，以当资本家为最大光荣的人恐怕也为数不多。所以，只要我们做好宣传教育工作，个体户、私营户，将会有越来越多的人走上集体化、合作化的道路。

从上面的论述中，自然要提出一个极为重要的理论、也是政策性的问题，即当我们确实检查出了名为集体实为私营的"假集体"时，我们应该怎么办？把它一股脑推向私营经济的阵营中去好呢？还是审时度势，把它导向"真集体"的路上来好呢？我认为应该而且必须是后者。假如查出的冒名者志在营利，只是为了利用"集体"的名义取得它不应得到的利益，而且并不热衷于集体，那就让它恢复私营的真面目好了。另一种情况是，被查出者虽然是合伙经营，不符合集体经济组织的要求，但他们羡慕集体，真诚地愿意遵循集体企业章程，走集体化的道路。我们应该怎么办呢？我认为，这恰好应该因势利导，让他们经过改组，革面革心，转化为名副其实的集体企业，而不是把它推向私营经济方面去。深望主其事者，明辨是非，高瞻远瞩，让社会主义的道路越走越宽，集体经济的力量越来越强大。

四、在革命化、科学化的道路上

社会在发展，科学技术在发展，社会生产力永远不会停止在某一点上。生产关系与生产力、上层建筑与经济基础总是在矛盾运动中发展变化。革命化、科学化是社会生产力发展、社会生产发展的客观要求。人的意识形态要适应并推动社会发展的需要就必须永远在革命化、科学化的道路上前进！辩证法是与僵化的、反科学的观点不相容的。

（一）提高人的素质，发展科技和教育事业。

历史是劳动人民创造的。社会生产、社会制度的发展变化总是同人们的社会行为分不开的。社会存在决定人们的意识，而人们的主观能动性又反作用于社会，推动社会的发展、前进。人是生产力中最重要的要素。这是辩证唯物主义者的基本观点。基于此，在社会主义社会，提高人的素质，提高人的革命化、科学化的素质，就成为社会经济发展的一个根本性问题。

提高人的素质，必须是全面提高。其中极为重要的是提高文化科学水平。科学技术的发展和应用，不仅要有科学家、工程技术家，而且必须有掌握、运用科学技术的劳动者。现代的科学技术——高科技、新科技，不是科盲、文盲所能胜任的。列宁早就指出，没有全体人民群众在文化方面的整个发展，没有文化变革，我们就不能成为完全的社会主义国家。科学是最高意义上的革命力量，我国已提出："科学技术是第一生产力"。但我国现实的人口素质尤其是文化素质，同我们要实现的经济建设技术开发的任务极不相称。这在很大程度上是由社会历史条件造成的。在解放前，劳动人民在饥饿死亡线上挣扎，文盲比例很大（没有准确统计数字）。愚昧总是同贫穷联系在一起。解放后，百废待兴，不能不把实现工业化列为重点，为发展社会生产而奋斗。教科文事业虽有发展，然而远不能满足需要。至今我国受过高等教育者在人口中的比例还远远低于发达国家，也低于发展中国家的印度，而且还有 2.3 亿文盲。面对这一现实，为了振兴中华，为了发展社会主义，必须确立强化科学技术力量和百年大计、教育为本的社会发展战略。这不应仅仅是科技和教育本身的发展战略，而应是从总体出发的社会发展战略。

现代物理学和化学对物质结构和功能关系的认识，已使得人们可以按照需要设计具有不同性能的微电子、光电子材料，从而推动信息技术的发展。一个以新型材料和原子级精密加工技术为基础，以信息智能和生物技术为龙头的产业革命，在下世纪初叶将席卷全球，智能机器人将大规模进入生产线……[①]所有这些科技成就，将成为一个国家为争取生存和发展的最重要的因素。我们正处于跨世纪的时代。21 世纪将是高科技发展的世纪。高科技必然孕育着生产力新的突破，科学技术已成为现代社会生产力中最活跃的因素，物化在商品中的技术比重将越来越大。客观形势表明，经济建设必须依靠科学技术、而科学技术又必须面向经济建设。这就要求我们一定要培育建立科技进步与经济发展密切结合的充满生机活力的新机制。

[①]　参阅周光召：《迎接世界科技挑战，发展我国科技事业》，1991 年 2 月 27 日《人民日报》。

　　新的科技革命必然在国际范围中带来严酷的竞争，实质上是综合国力的竞争，而科技的竞争实质上又是人才的竞争。人才，尤其是高科技人才的竞争，说到底是教育的竞争。发展教育，培育人才，人才开发科技，科技促进经济，经济增强综合国力。这是促使我国繁荣富强，人民生活富裕幸福的必由之路。

　　愚昧无知是与社会主义不相容的。我们必须彻底克服"读书无用论"和轻视脑力劳动的极端错误的观念，真正树立起尊重知识、尊重人才、尊重知识产业的良好社会风尚。读书有用，知识分子不是"老九"，更不臭，知识分子也不是实际上最无知，① 更不是知识越多越反动。相反，振兴中华，发展社会主义，没有知识，没有知识分子是绝对不行的。知识产业是脑力劳动物化为产品形成的，是知识分子灵魂的结晶。我国至今还流传着知识分子（知识青年）必须参加体力劳动锻炼的陈旧观念。我认为，说知识分子要深入社会、了解社会，例如进行社会调查，了解工程技术的实况是完全必要的，但这不等于只有参加体力劳动才算"锻炼"。当生产力不发达的条件下，千千万万人不得不去从事体力劳动，甚至是笨重的体力劳动，这种劳动当然是可贵的，值得尊敬的，但这不等于说体力劳动比脑力劳动更重要。众所周知，马克思主义不是在劳动者阶级中自发地产生的，马克思、恩格斯、列宁都是高级知识分子；中国共产党老一代领导人，哪一位不是知识分子？即使有少数是工农出身的，也都知识化了，有较高的文化素养；至于当今的领导人，假如这些人不担任党政领导工作，不也都是教授、高级工程师吗？……总之，尊重知识，尊重人才，尊重知识产业，不要只停留在口号上，而

---

　　① 40 年代在整风中提出"知识分子实际上最无知"，是针对脱离实际、尚空谈的事例来说的。把它作为反知识分子的信条是根本错误的。

是必须落实，成为社会实践。这就首先需要更新观念，正确理解经济建设与科学技术与教育的关系，下决心把经济建设发展转移到依靠科技进步的轨道上来，不遗余力地优先发展教育。

教育是劳动力再生产的必要条件。教育发展理所当然地要适应社会发展的要求，它必须面向现代化、面向世界、面向未来——21世纪。随着计算机产业的兴起，智能机器人的进入生产领域，以信息产业为龙头的新技术革命浪潮方兴未艾。因而在战略上高度重视教育，以及教育面向现代化、面向未来的任务就越来越重要了。不言而喻，这不过是举其要者言之，教育当然要以提高素质为根本，培养有科学文化、有社会主义觉悟的全面发展的人才。与此同时，从我国的国情出发，当前教育事业的发展，应该普及与提高并举。全面推行义务教育和消灭文盲是刻不容缓的；广泛发展职业教育、大量培育高级人才，亦为现实经济发展所必需。

在教育制度方面，我国长期以来实行的基本上属于学校教育，一次性教育。这已经不能满足社会经济发展的需要了。教育制度的发展方向应该是灵活的、多元的教育体系，包括学校教育、职业培训和社会文化教育。它打破了局限于学校教育，一次性教育的传统教育形式。学校教育当然是必需的，但同时也要发展学校之外的教育。以成人为主的继续教育、终生教育并不是学校教育范围所能容纳得了的，而且它的发展范围势必越来越广泛。与此相适应，办学方式需要多样化，出资渠道也需要多元化，不要局限于国家的教育拨款。

由于科学技术的迅速发展，即使是已经受过高等教育、职业教育的科技人员、管理人员，也还需要继续教育；劳动者为掌握新知识、新技术也需要培训、再培训。第二次世界大战后，成人教育、继续教育的广泛兴起，突飞猛进，正是反映了科技进步、社会发展的要求。成人教育已成为世界性的教育革命化的新潮流，它已不再是可有可无，仅属于补习性的事业。有些发达国家已提出教育应成为人的终身过程。日本则把实现终身学习社会作为教育改革的基本课题，教育家把它称作终生教育。我国自古有"学无止境"、"活到老、学到老"的格言，应该把它制度化，作为教育事业的组成部分，再也不能只把学校教育，一次性教育看做是教育的全部了。

为了加速教育事业发展，国家自然要狠抓教育，适当增加教育经费。不过，教育事业的广泛发展，仅仅依靠国家财力是不够的。更为重要的是大力倡导、广泛推行社会办学，即集体办学、企业办学、社会人士合作办学、个人办学，有钱出钱，有力出力。这种群众路线的办学方式，必然推动我国教育事业的欣欣向荣，百花争艳。例如，在农村，凡是具备人力、财力条件的地方均可举办农业职业学校，以及配合科技兴农举办技术培训班等；在城市，有条件的企业自办或参与举办职业中学或专科，既有利于发展教育事业，又符合结合实际的要求，何乐而不为？有些人愿意献出多年积蓄下的钱办学，有些发了财的人（个体户、私人经营者）愿做些有利于社会的事业，有些社会人士、知识分子（特别是退下来的人）愿在教育事业上贡献力量，把他们组织起来，兴办教育，不是极大的好事吗？总之，教育事业是一项社会工程，社会集资，群策群力，共同办学，将必能把我国的教育事业办得又快又好。当然，社会办学必须有国家的支持，特别是在教材和培训师资方面的扶持。再就是要破除传统教育的老观念，不要总是觉得社会办学不正规，不能登大雅之堂，而是要加强检查监督，帮助它们提高，使之日渐走上规范化的道路。切不可先批准了，办起来后又不承认了（这类事曾经一再发生过），这样做，对办学者和求学者都是沉重的打击。

在提高人的素质方面，还要特别重视干部素质的提高。社会主义事业是由大量干部带领千百万人民共同进行的。干部素质的高低对革命与建设的关系极为重大。干部素质，首要的是勤勤恳恳，全心全意为人民服务、为社会主义献身的政治素质。从总体看，我国的大多数干部是具备这个政治素质的。不过，更深层次的要求则是革命化、科学化的思想素质问题。在这个方面未免参差不齐。例如，中央反复强调，对上级的决定在贯彻实施中应按照各地区情况予以具体化。然而办起事来，却总是一哄而起，"一窝蜂"，"一刀切"，不善于实事求是，因地制宜。这就表明干部思想素质还相当低，有赖于继续教育，使之不断提高。

领导机关在决策上难免发生失误，一贯正确是不可能的。然而假如在决策上一再失误，或在同一性质问题的决策上反复失误（例如对经济建设的急于求成），这就反映了干部的思想素质不高，并未达到革命化、科学化的要求。

决策过程是一个认识事物、分析矛盾、作出决定的过程。凡是涉及社会、国家的全局性重大决策，对政治、经济、文化等各方面的发展都有影响，因而必须总揽全局，审时度势，对社会的、自然的诸多因素进行全面的、系统的、辩证的分析。决策的正确与否，是同决策者的知识、经验、理论素养密切相关的。近几十年来，随着电子计算机的发展，决策理论和方法也有了长足发展，特别是计算机知识库的日趋完善，对决策科学化当可起重要的"参谋"作用。不过，电脑毕竟不能取代人脑。所以，决策的科学性、正确性最终是要取决于决策者的马克思主义理论素养。惟有善于掌握和运用马克思主义的科学理论，明辨方向，抓住根本，才能做出正确的、科学的判断和决策。这就是说，为改造世界而进行社会主义建设的广大群众和革命干部，必须在改造客观世界的同时，也改造自己的主观世界。这对干部特别是领导

干部来说，尤为重要。

我国是在共产党领导下，有组织、有计划地进行社会主义建设的。在经济建设方面，全局性的重大问题，都是由高层领导机关作出决策，然后公布实施的。因而决策的正确或失误，必然影响全局。多年来成绩伟大，必须肯定，然而有些重大失误，也不容讳言。在上文中已经分析过，我国在经济建设中的突出问题是反复出现大起大落、结构失衡的强烈波动。造成这种失误的思想根源在于冒进、急于求成的"左"倾幼稚病。问题的严重性更在于失误的反复出现。"春秋责备贤者"，这不能不归咎于领导。从40年代整风运动以来，领导上反复强调从实际出发和实事求是，显然这是科学的态度；然而上面所说的那些失误，又显然是不从实际出发，不实事求是的反科学态度。这种言行脱节现象的出现又是为什么？我们知道，马克思主义的活的灵魂是具体地分析具体问题。违背客观实际，作出错误的决策，归根到底，还是思想方法问题，需要继续改造主观世界。另一方面，决策的科学化还有赖于制度保证，即科学化与民主化、法制化三位一体，密不可分，要以民主化、法制化保证科学化的实现。民主化也要定为制度，重大问题必须经过科学论证，并向有关专家咨询。最后表决，必须履行少数服从多数原则，不是个人或某人说了算。这些，必须定为制度，以立法形式固定下来。如此，方可保证在决策上不犯错误或少犯错误。

（二）弘扬有计划商品经济理论，正确处理计划与市场的关系。

在我国现实经济中，还有许多问题有待于解决，惟有经过改革才能使社会主义制度日趋完善，使社会主义经济蒸蒸日上。从有计划发展的角度来说，我认为最为重要的是弘扬有计划的商品经济理论，处理好计划与市场的关系，实现资源配置优化。就现实经济的发展需要来说，优化资源配置是刻不容缓的。然而它的实现有赖于正确的理论指导，正确理解计划与市场的关系，经过反复实践的比较，对两者的结合创造出可操作的模式。

社会主义经济是在公有制基础上有计划的商品经济。这是中国共产党总结了40年来中国社会主义经济发展的经验，也是考察了其他社会主义国家的经验所得出的结论。十月革命以来，以及战后各个社会主义国家经济发展的实践都在证明，商品、货币是取消不了的（将来如何，这里不去讨论），根本不具备以直接计算劳动消耗时间来取代"价值"的条件。不论哪个国家，消费资料均属商品，基本上通过市场进行交换；生产资料实行调拨，即不经过市场的交换，但只限于一些重要物资，至于一般生产资料也还是经过市场进行商品交换。而且所谓"调拨"的那些物资，也是按货币计价交换，而不是无偿取用，实质上仍属于商品交换性质，只是不经过市场而已。不少经济学家，囿于社会主义社会不存在商品、价值或生产资料不是商品只存在商品外壳的教义，不敢面向现实，硬说社会主义社会不存在商品经济，甚至把它归结为"产品经济"（在我国，是指改革以前）。这是根本不符合事实的。在中央集权的计划体制下，我们长时期地把统制经济误作计划经济来实施，诸如硬性调拨，凭票凭证定量供应，靠主观意志和行政命令定价等等，无一不是统制经济的手段。在我看来，这不过是以统制经济的手段进行商品生产和商品交换，在名义上则称之为计划经济。在改革开放中，我们面向事实，突破了条条框框的陈规，正式宣称我国的社会主义经济是在公有制基础上的有计划的商品经济。这是对马克思主义经济理论的创造性发展，同时也必然大大促进社会主义经济的发展。

我们的商品经济是有计划的而不是无政府状态的；它是建立

在公有制而不是私有制的基础上。这是我们同资本主义商品经济的根本区别。有必要指出，只要我们坚持社会主义公有制，决不会由于发展有计划的商品经济而导致社会主义的变质，演变成资本主义。商品经济是几种社会制度所共有的。在原始社会的末期商品交换就已经开始了。奴隶社会、封建社会、资本主义社会都有商品生产、商品交换的发展，只是在资本主义社会商品经济发展到了高峰。这就是说，商品经济并不是资本主义社会所特有的，在公有制下同样可以发展商品经济。人们每每担心，发展商品经济会导致资本主义。我认为，保证商品经济沿着社会主义道路发展的关键在于坚持社会主义公有制。假如放弃公有制，想以私有制刺激商品经济的发展，结果必然断送整个社会主义事业。这正是沉痛的血的教训之所在。警惕，警惕！慎勿重蹈覆辙。当然，这并不是要消除在现实条件下允许存在的作为社会主义经济补充的那部分私有经济。

为什么在社会主义制度下，还要发展商品经济呢？简要说来，就是由于社会主义生产属于社会化大生产，还存在着社会分工，所有生产基本上是为交换而生产，通过交换来满足相互间的需要。而公有制的各个部门、各个单位之间，在总体利益一致的前提下，都还存在着各自的经济利益。国有企业也是独立的经济法人。这就决定了在交换者之间需要实行等价交换的商品经济原则。同理，对劳动者实行的等量劳动与等量劳动相交换的"按劳分配"，其实也是商品经济下通行的等价交换原则。既然在生产、分配、交换、流通等各个领域都通行着商品经济原则，这种社会经济理所当然地属于商品经济而非其他。现在，我们既然名正言顺地肯定了社会主义经济是有计划的商品经济，那就应该大胆地按商品经济原则促进社会主义经济的发展。

人们关心的另一个重大问题是，在公有制和计划经济体制下，实施商品经济能行得通吗？商品经济能有计划地发展吗？

　　诚然，从商品经济发展史上看，它的确是在私有制基础上发展起来的。政治经济学上关于商品的界定和商品经济诸关系的论述，都是以私有制为前提。马克思在《资本论》中论述、剖析的也是资本家所有制的经济。这就无怪乎当代西方的一些经济学家认为社会主义经济要实行改革，只有走私有制的自由市场经济之路，市场经济是不能与公有制相结合的。国内怀疑商品经济能否在公有制下实施者，也不乏其人。我肯定地认为，社会主义公有制经济，可以，应该，而且必须实行商品经济。其理由已略如前述（本文不专论这个问题），要害在于社会主义公有制并非铁板一块，而是在统一的公有制的"大公"之下，还有千千万单位的"小公"，大公与小公、小公与小公都有各自的利益；至于个人，在集体利益下也存在个人利益。所以，只要我们彻底改掉大包干制、大锅饭的管理体制，在总体利益的前提下，充分发扬利益机制的动力作用，商品经济必能发展、繁荣。

　　商品经济是为交换而生产，要通过市场交换进而满足需要。只有市场充分发育了，才能促进商品经济的繁荣。至于这种商品经济是否称作市场经济，我看倒不必在用语上兜圈子。商品经济可以有资本主义的和社会主义的之分，市场经济同样也可以有资本主义的和社会主义的之分嘛！关键在于在我们这里不是私有制的自由市场经济。毋庸讳言，市场是要由工商行政部门加以管理的（外国也不例外），而且要由国家实行必要的调节、控制。我们的有计划的商品经济，它的运行当然要由国家计划加以指导，不这样也就不成为有计划的商品经济了。当然国家计划只能是粗线条的、轮廓式的指导性计划（不排除有少量的指令性计划），主要是导航，指明方向，而不是包罗万象，细大不捐，靠行政命令，管得过严过死。另一方面，既然是商品经济，那么，它的运行就要受商品经济的基本规律——价值规律的支配，通过市场机制进行调节。这就需要正确地理解和对待计划机制与市场机制相结合，计划调节与市场调节相结合的问题。这种结合，不是空想而是符合客观要求，可能实现的。

有计划的商品经济，首先就要承认计划机制与市场机制同时并存。其真谛就在于自觉地运用价值规律来指导社会主义商品经济的运行和发展，使这只"无形之手"为我所用，为我服务。商品经济的运行要在市场上通过商品交换才能得到实现，价值规律就是以市场机制为契机而显示其作用，而市场运行机制是自发的，它恰是计划性的对立物。有计划的商品经济就是在计划性与自发性的对立矛盾运动中发展。

我们知道，计划性就是经常自觉地保持的比例性。社会化生产在客观上要求商品生产和商品交换要在社会分工中相互协作，实现有秩序、成比例的协调发展。正是针对这种客观要求，恩格斯提出要对社会生产进行社会的有计划的调节。怎样进行有计划的调节呢？这就是要使我们的主观准确地或比较准确地反映客观经济形势。计划的制定，总是要在进行广泛的社会经济调查，掌握全面、系统的统计资料的基础上，经过综合分析，反复测算，再对未来经济的变化予以估测、判断，才能制定出比较正确的计划。而当计划实施后，也还需要根据情况变化，对计划进行某些修改。记得曾经有"五年计划，计划五年"的讽刺话，其实，这恰好反映计划应该依循客观情况而制定，又依循客观情况变化而予以修改。基于此，我们说，在有计划的商品经济的条件下，要正确认识计划机制与市场机制、计划性与自发性是互相对立的，又是互相联结的，它们具有同一性，互相转化，互相渗透。

既然我们的社会主义经济是商品经济，商品要经过市场进行交换，那就要在计划机制中引入市场机制，掌握市场信息，了解市场实现情况，依循市场运行规律制定计划。当计划比较准确地反映了市场变化的客观实际时，则市场的自发性转化为计划性，也就是实现了计划调节。当此之时，计划调节与市场调节表现出同一性。反之，当计划不能准确反映市场变化的实际时，则虽有计划性的愿望，但仍然要受市场自发性的支配而听命于市场调节。一般说来，当计划不符合市场需要时，必然要通过市场反馈而调整计划，使计划调节与市场调节一致起来。宏观经济计划如此，微观经济计划也如此。由于微观经济单位（企业）更直接地接近市场，因而可以更敏感地反映市场变化而灵活运营。这也就决定了宏观经济计划只能是粗线条的、指示方向的间接控制计划。它的任务应是着眼于全局，在总量、结构、规模、效率、比例和速度上予以控制。假如宏观经济计划，不分主次、巨细，贪多贪大，无所不包，企图控制整个经济活动，反而会"画虎不成反类狗"。我们在集权计划体制下的失误和教训，正是这样。

我们从资本主义商品经济的社会实践中看到，市场机制在商品供求变化的市场竞争中制约着商品价格变化，进而对实行社会分工的商品生产起调节作用。也就是以价值为重心，自发地实现其分配社会资源——资本和劳动的机能。据此，市场机制可以视为商品经济的自行调控装置。无疑，这种让社会的生产、流通和分配受市场机制自发地进行事后调整，一般可使社会经济发展保持一定的比例。但在盲目竞争中也不免出现失衡，甚至出现危机。我们从这里得到一个启示：既然社会化生产需要在宏观上有"无形的"自我调控装置在事后起规制作用，那么，我们为什么不可以模拟市场机制，设置一个计划调控装置，实行社会有意识的事前规制呢？其实，商品经济条件下的计划机制可以看作是对市场机制的模拟。因为计划机制的基本功能在于有计划地分配社会劳动（即社会资源，包括活劳动），对社会生产、流通和分配进行社会的有计划的调节。在商品经济条件下，计划的科学性就是要以认识市场和市场运行规律为依据。经济规律是看不见、摸不着的，实际上需要我们把握在市场机制作用下出现的市场商品供求和价格变化的信息，进而以它们为参数，经过综合上升，再制订出计划。可见，计划就是模拟市场，对未来进行预测而设置的计划调控装置。在计划付诸实施后，还要经过市场反馈予以修正。这就是说，计划机制与市场机制并非互相排斥，非此即彼，而是具有同一性，相反相成，相互转化的。这种见解，不是一般议论，而是可以操作的。例如设计数学模型进行模拟预测。

上文说的以市场动向为依据，基本上是就近期计划、短期计划而言，至于长期计划、远景计划，尽管也要从客观实际出发，然而仅靠当前市场提供的信息是远远不够的。因为对未来若干年的长远计划，其主要着眼点是战略发展的方向和目标。它涉及国民经济的增长率和积累率，以及投资方向（资源在部门间的分配），并且同产业结构地区布局的设计和新技术的采用联系在一起。所有这些，当前的市场信息是无能为力的。它需要的是科学分析，高瞻远瞩，根据国内外政治经济形势的多种因素作出科学的判断和决策。可见，那种"市场万能论"、一切听命于市场机制的自动调节云云，不过是一些肤浅幼稚的议论罢了。

最后，我想再一次着重指出，社会主义经济之所以能够在革命化、科学化的道路上不断发展，首要问题在于优化社会资源配置和提高生产效率。马克思之所以把节约劳动、按比例分配劳动称作是未来社会的首要规律，其深远意义正在于此。我国现实的社会主义经济是有计划的商品经济，它还不能不受价值规律的支配。其实，价值规律就是以价值为尺度，刺激先进，鞭打落后，以实现其优胜劣汰的功能，同时由此而后发地实现其按一定比例分配资本与劳动资源的功能。可见，这两个规律的功能是一脉相通的，关键在于我们要善于自觉地运用。如所谓优化社会资源配置，说到底，无非依循市场信息和生产发展的需要，按恰当的比例分配社会资源。这可以说是按比例规律的要求，而在商品经济条件下，它也同样是价值规律的要求。又如节约劳动，效率第一问题，可以说以社会平均劳动为尺度的节约劳动规律的要求，同样可以说是以价值为尺度的价值规律的要求。从理论上搞清这些问题，对于促进社会主义经济发展，必将大有裨益。

多少年来，我们总是盲目追求高速度，不强调效率，不检验投入与产出之比，不重视优质、低耗，结果落得个高速度、高消耗、低效率，多快而不好省。其所以如此，原因很多（在上文中已作了某些分析）。从理论上说，在某种程度上，它与不承认社会主义经济存在资本和资本效率范畴有关，有的人则是对此存有戒心。其实，剩余价值、利润是反映不同的生产关系的。在我们的商品经济中，资本平均利润率规律也在发生作用（即使把资本改称资金也不过是用语不同）。规律是客观存在的，你承认它也好，不承认它也好，它总是在那里发生作用。在一个不断扩大再生产和不断向前发展的社会中，不可能没有剩余劳动、剩余产品。社会储备和积累基金的必要性将是永远存在的。否认剩余价值、利润、平均资本利润率等在社会主义经济的存在，既是脱离实际的空想，又缺乏基本的理论认识。马克思早在一百多年前就指出："如果我们把工资和剩余价值，必要劳动和剩余劳动的独特资本主义性质去掉，那么，剩下的就不再是这几种形式，而只是它们的为一切社会生产方式所共有的基础。"①

社会主义经济是在资本主义发展已经形成的社会大生产的基础上发展、前进的。资本主义已经为我们准备了社会化大生产的

---

① 《马克思恩格斯全集》第25卷，第990页。

物质基础，一旦由无产阶级炸掉其生产关系的外壳，就可以在原有社会生产力的基础上发展社会主义经济。社会实践证明，把政权性质、生产关系的不同除开不说，社会主义商品经济的运行机制同资本主义商品经济的运行机制基本上是相同的，一些生产要素也是相同的。本质的区别在于为谁服务，满足哪个阶级的需要。列宁说得好，在无产阶级实行统治的条件下，"利润也是满足'社会'需要的。应该说，在这种条件下，剩余产品不归私有者阶级，而归全体劳动者，而且只归他们。"① 所以，我们经济理论工作者，应该清除那些不正确的条条框框，正本清源，不说那些学院式的空话，敢于言人之所未言，以实事求是的科学态度，弘扬社会主义有计划的商品经济理论，以促进社会主义经济的发展。

社会主义在发展中，让我们充满胜利信心，在革命化、科学化的道路上，沿着社会主义方向永远前进。

（原载《我的经济观》②，江苏人民出版社）

---

① 列宁：《对布哈林〈过渡时期的经济〉一书的评论》单行本，1959 年出版，第 42 页。

以科学的态度对待科学

我就百家争鸣问题谈几点意见。

1. 学术自由要以政治民主为保障。

百家争鸣是发展科学的必由之路。要做到这一点，首先要以科学的态度对待科学，不得以任何借口来阻挠、压制、打击对科学的研究和探讨。问题的实质是学术自由要以政治民主为保障。没有真正的民主就没有言论、出版的自由，也就不可能有学术上的自由探讨。"双百"方针提出30年来，正反两方面的经验充分证明了这一点。

"双百"方针提出不久就被扼杀了，进而提出所谓"百家"，说到底不过是"两家"。由于是"以阶级斗争为纲"，目标是兴无灭资，其实质成为一家独鸣。只是到了十一届三中全会以后，才开始出现了百家争鸣的局面。以经济学界来说，比如关于社会主义所有制和社会主义生产目的的讨论，关于商品生产、价值规律、计划和市场关系的讨论，以及关于社会经济发展战略、体制改革的讨论，都相当热烈，并且收到了良好的效果。然而不容否认，其间也不是一帆风顺的。例如关于社会主义的商品经济问题，以指导性计划为主等问题，都曾受到指责。还有些未正式出笼的指责，甚至还有所谓反对"资产阶级自由化"的小报告等等。我说的是指责，如果是学者之间的争鸣、商榷，那就又当别论了。

在我国，"五四"运动时提出科学与民主问题，至今已经67年了；"双百"方针提出也30年了。然而要真正贯彻百家争鸣，仍然要求助于赛先生和德先生！

2. 开放禁区，准确地说应是解除禁区。

我指的是经典著作和政策问题两个禁区。对经典著作的某些观点能不能有异议？政策问题能不能讨论？这两个问题，长期萦回于脑际。这两个问题要讨论起来，恐怕比一般学术问题更困难。

我们的方向是社会主义，我们的理论基础是马克思主义。对于马克思主义者来说，这个原则是不能改变的，我们必须坚持马克思主义。我认为马克思主义并未失效，在经济学方面，《资本论》中的一些原理原则对社会主义经济都具有方法论上的指导意义。所谓坚持马克思主义并不是照搬照套，也不是从经典著作中找现成答案。马克思、恩格斯怎么可能在一百多年前就为我们设计好社会主义经济运行的模式或蓝图呢？我们的任务应是运用马克思主义的立场、观点、方法，以新的社会实践和科学实践去丰富、发展马克思主义。马克思主义是发展的，惟有结合实际，不断创新，才具有生命力。

关于现实政策，应该允许讨论。讨论政策，这是人民应该享有的权利。人们主张划分学术和政治的界限，我从来不主张划分，尤其在经济学方面，政治与学术是难得分开的。什么叫划分界限？说穿了，无非是不准讨论政策问题。理论风云总是同政治风云交错在一起，过去就是借口政治问题来整人。时至今日，不是什么划分学术与政治界限而是取消禁区的问题。当然，要讨论政策问题，必须有政治民主的保障，更确切些说，是要有立法的保障。否则，一旦风云突变，"哓舌者"就有被打成"右派"的危险。

再从理论结合实际方面来说，也不能不讨论政策性问题，因为现行政策就是最大的实际。过去不准讨论政策问题，实质上是不愿听取不同意见。那些解释政策、颂扬政策的言论，不是从来也未禁止过吗？允许对政策问题讨论、评论，倾听不同意见和反面意见，不要等待错误发展严重之后再来纠偏，这不是更有利于社会经济的发展吗？

3．在真理面前人人平等。

既然是百家争鸣，各家就应处于平等地位。我们应该养成平心静气，各抒己见，对学术问题进行讨论、评论、商榷的风气。不要动辄以真理的化身自居，甚至采取高压手段。这就是说，不论权威、专家、学者或者所谓小人物，在争鸣中都必须是平等的，切不可凭借权势，妄图压倒一切。特别是有的政治权威或学术权威，每每"一锤定音"。调子一定了，不管对不对，大家就都随着唱。这个陋习，应予革除。否则不利于争鸣。

4．老中青共同前进。

在现实生活中有所谓代沟问题，家庭中有，社会上有，理论界也有。我倒觉得其间并没有不可逾越的鸿沟。我从来认为应该后来居上，一代胜过一代。这是客观规律。后起之秀应该在争鸣中敢于突破，敢于创新，当然也要认识到学术探讨的艰巨性、复杂性，不要认为真理都在自己手里，老一辈那些东西都不管用了。至于青年人有些缺点，犯点错误，我们也不必杞人忧天。

我常自称老朽，承认知识老化和对新鲜事物的迟钝。但我也必须代表老人说，老同朽毕竟不是一码事，人老了，思想不一定僵化、腐朽。青老之间也要争鸣，切不可互相排斥，而应是互相补充，共同前进。

5. 个人在争鸣中应有科学态度，不做风派，不和稀泥。

我已说过，要平等地讨论问题。然而也要有思想准备，不正确的批判或压力也许难以完全避免。如果你碰上了，怎么办？我主张一定要保持科学态度，不做风派，不和稀泥。我们应该做坚持真理、修正错误的科学家；不要做理论上的投机商；更不要做朝秦暮楚的政客。

我主张建立学派，培养新秀。但学派必须是志同道合者的自愿结合，切不可人工拼凑，来个"一阵风"。

（刊于《经济研究》1986 年第 7 期）

作者主要著作目录

自　著

《实用工业会计和成本计算》（笔名杨娱天），华北新华书店1947年。

《实用统计方法》（笔名杨娱天），华北新华书店，东北新华书店两次再版。

《我国八年来的经济建设》，人民出版社1958年。

《统计理论基本问题》，统计出版社1956年。

《国民经济综合平衡的理论和方法论》，人民出版社1984年。

《杨坚白选集》，山西人民出版社1993年。

主编、参加写作

《社会主义社会国民收入的若干理论问题》，中国社会科学出版社1983年。

《当代中国经济》（共同主编，并参加写作），中国社会科学出版社1987年。

《统计学原理》（合著），上海人民出版社1987年。

《合作经济学概论》（主编，并参加写作），中国社会科学出版社1990年。

《社会主义宏观经济论》（主编，并参加写作），东北财经大学出版社1990年。

《新中国经济的变迁和分析》（合著），江苏人民出版社1991年。

《中国国民收入实证分析》（主编，并参加写作），经济管理出版社 1992 年。

《宏观经济调控与政策》（主编），经济科学出版社 2000 年。

作者年表

1911 年 4 月，出生于辽宁省本溪市。

1918 年，7 岁入学。

1931 年，"九·一八"事变后辍学。

1932 年后半年，参加革命，从事地下工作。

1933 年 6 月，被捕入狱。

1938 年 6 月，出狱。

1938 年后半年，入关，经香港、澳门，流浪到重庆。

1939 年，在重庆的东北救亡总会任《反攻》编辑。

1940 年初，率宣传队北上，到洛阳。

1940 年夏，宣传队解散，改作工业合作工作。

1941 年初，渡黄河，上太行。在太行山根据地做工业管理工作。

1943—1946 年，整风学习。

1947 年，在工业管理部门做研究工作。

1948—1950 年，在辽北、辽西省政府研究室工作。

1951—1954 年秋，在东北统计局工作，开始研究国民收入及国民经济综合平衡。

1954 年秋—1955 年，在国家统计局计算国民收入，研究综合平衡。

1956—1958 年 10 月，在国家计委世界经济研究局做研究工作。

1958 年 10 月，调入中国社会科学院经济研究所，做经济理论研究工作。

1987 年，离休，仍任中国社会科学院研究生院教授，培养研究生。